Mein erfolgreiches Orchester

Armin Wunsch

Mein erfolgreiches Orchester

Techniken und Strategien für Zusammenarbeit und Entwicklung im Orchester

Mit einem Vorwort von Reinhard Goebel

Armin Wunsch
Maintal, Deutschland

Preface by
Reinhard Goebel
anna iskina arts management, Basel, Schweiz

Grafikerin
Bobbel Jacobs
UnArtig Grafik-Design, Frankfurt, Deutschland

ISBN 978-3-658-33234-1   ISBN 978-3-658-33235-8 (eBook)
https://doi.org/10.1007/978-3-658-33235-8

Die Deutsche Nationalbibliothek verzeichnet diese Publikation in der Deutschen Nationalbibliografie; detaillierte bibliografische Daten sind im Internet über http://dnb.d-nb.de abrufbar.

© Der/die Herausgeber bzw. der/die Autor(en), exklusiv lizenziert durch Springer Fachmedien Wiesbaden GmbH, ein Teil von Springer Nature 2021
Das Werk einschließlich aller seiner Teile ist urheberrechtlich geschützt. Jede Verwertung, die nicht ausdrücklich vom Urheberrechtsgesetz zugelassen ist, bedarf der vorherigen Zustimmung der Verlage. Das gilt insbesondere für Vervielfältigungen, Bearbeitungen, Übersetzungen, Mikroverfilmungen und die Einspeicherung und Verarbeitung in elektronischen Systemen.
Die Wiedergabe von allgemein beschreibenden Bezeichnungen, Marken, Unternehmensnamen etc. in diesem Werk bedeutet nicht, dass diese frei durch jedermann benutzt werden dürfen. Die Berechtigung zur Benutzung unterliegt, auch ohne gesonderten Hinweis hierzu, den Regeln des Markenrechts. Die Rechte des jeweiligen Zeicheninhabers sind zu beachten.
Der Verlag, die Autoren und die Herausgeber gehen davon aus, dass die Angaben und Informationen in diesem Werk zum Zeitpunkt der Veröffentlichung vollständig und korrekt sind. Weder der Verlag, noch die Autoren oder die Herausgeber übernehmen, ausdrücklich oder implizit, Gewähr für den Inhalt des Werkes, etwaige Fehler oder Äußerungen. Der Verlag bleibt im Hinblick auf geografische Zuordnungen und Gebietsbezeichnungen in veröffentlichten Karten und Institutionsadressen neutral.

Planung/Lektorat: Eva Brechtel-Wahl
Springer ist ein Imprint der eingetragenen Gesellschaft Springer Fachmedien Wiesbaden GmbH und ist ein Teil von Springer Nature.
Die Anschrift der Gesellschaft ist: Abraham-Lincoln-Str. 46, 65189 Wiesbaden, Germany

Für Ben, Mia und Lilly

Vorwort von Reinhard Goebel

Deutschland wird weltweit ob seiner dicht besiedelten Orchester-Landschaft bewundert und beneidet – und man konnte im Corona-Jahr 2020 allenthalben sehen, dass durch die partielle Schließung der Konzertsäle und – falls es doch zu Konzerten kam – die Reduzierung der Sitzplätze ein Unterangebot entstand, welches zur Folge hatte, dass die Konzert-Karten meist innerhalb weniger Stunden ausverkauft waren, wichtiger aber noch: die Orchester „pausenlose" Konzerte bis zu viermal hintereinander innerhalb von 24 Stunden darboten – und DAS ohne Tarif-Verhandlungen, Streik und ohne muffige Gesichter!

Die meisten Musiker atmeten nach dem ersten Lockdown erleichtert aus, froh und glücklich, endlich wieder „Hand anlegen" zu dürfen und das Publikum dankte es mit kaum enden wollendem Beifall (so jedenfalls erlebte ich es – nicht als einziger mit Tränen in den Augen – in Leipzig, Berlin, Salzburg, aber auch in Ahaus und Iserlohn!!).

Musiker zu sein, ist ein ganz wundervoller Beruf, meistens sogar eine Berufung: außer dem Naturtalent und der Hochbegabung, die mit dem sprichwörtlichen „Viertelstündchen üben" weit vorne ins Orchester kommen, haben wir alle doch – je freiwilliger, umso besser – auf viele Freibad-Besuche und Partys verzichtet und immer wieder Hürden genommen, bis dann der Platz im Orchester fest und sicher ist – oder das im Eigenbau hochgezogene Ensemble als „eine feste Größe" gilt.

„Einigkeit macht kleine Dinge groß, Zwietracht große Dinge klein": so steht es an einem Stadttor in Danzig – und was für den Zwei-Personen-Haushalt (nicht nur in Danzig) gilt, das gilt umso mehr für die musikalische Größt-Familie, die wir Orchester nennen. Obgleich hier arbeitsteilig gearbeitet wird, muss doch jeder

Handgriff, jede Aktion genau an einem auf die Millisekunde festgelegten Zeitpunkt erfolgen: innere und äußere Verspannungen, Unlust, Säuernis, überhaupt jegliche negative Einstellung tun diesem Organismus „Orchester" gar nicht gut.

Davon, wie subtil die Mittel des letztlich ja auch Selbst-Boykotts solch' zänkischer Subjekte sind, wie hartnäckig auch die Weigerung, doch mal einen Psychologen, einen Therapeuten gar aufzusuchen, davon kann manches Orchester auch -leider- heute noch ein mehrstrophig' Lied singen. Eine Strophe handelt mit Sicherheit davon, dass man versäumte, bei einem ersten Zwischenfall die dunkelrote Karte zu zeigen.

So sehr es als Vorteil gesehen wird, dass man heute in deutschen Orchestern vergleichsweise ungestört – unkündbar also – 65 Jahre alt werden kann (hinter der Hand sprach man früher bei einem ungenannten Spitzen-Orchester von „Selbstmord-Rate"- die „Kündigung" seitens des autokratischen Chefs bestand aus Psycho-Terror übelster Art), so beruhigend ist es doch, beim zweiten Besuch in einem englischen Orchester den permanent gähnenden, mit überschlagenen Beinen voll auf der Bremse sitzenden Bratscher am letzten Pult der Gruppe nicht mehr sehen zu müssen.....das Orchester selbst hatte ihm gekündigt.

Vor-und Nachteile beider Systeme wiegen sich gegeneinander auf: dem qualvollen „lebenslänglich" mit einem oder auch mehreren ungeliebten Pult-Nachbarn steht das bis weit über die Grenzen der Belastbarkeit gehende Gefordertsein der Musiker in angelsächsischen Ländern gegenüber: alljährlich ein Probespiel! Da kann man sich keine Grippe erlauben, eine fokale Dystonie schon gar nicht.

Aber was rede ich hier! Ich bin ja ohnehin eher – oder sogar nur? – ein Kuriosum: nach 35 Jahren Bühnen-Karriere mit reichlich ups and downs wohl die Geige, nicht aber das Handtuch werfend als Spezialist für Musik des 18. Jhdts – Musik, die in der Regel ursprünglich ohne Dirigent „funktionierte" – erst im Alter von 55 Jahren vor moderne Orchester tretend, und das dann auch noch mit Glasfiber-Baton und eben nicht – wie man's „zurück zur Natur" von mir erwartet hätte – mit bloßen Händen!

Ich liebe Orchester, ich liebe die Menschen, die einen, die mich als „senior musician" schätzen, mehr noch fast die anderen, die ich gewinnen kann – und versuche meinerseits, den Musikern nicht nur so weit wie möglich entgegen zu kommen, sondern erst einmal mit guten Manieren voran zu gehen.

Dazu gehört nicht nur, Damen und Herren mit ihren Namen und nicht – wie jüngst im Feuilleton genüsslich breitgetratscht – mit lediglich ihrer instrumentalen Funktion und möglichst noch verächtlichem Unterton garniert „Pauke bitte..." anzureden, nicht nur, Noten-Materiale bis auf Punkt, Komma, Strich und auch passable Blätterstellen eigenhändig eingerichtet darzureichen, also dort bereits meine wissende Kompetenz einzuarbeiten, sondern auch und vor allem das musikalische Kunstwerk raisonabel und diskutabel erklären zu können.

Das ist es auch, was ich meinen wenigen Studenten – die meist von „Feuervogel" und „Bilder einer Ausstellung" zu träumen wagen, aber die Partitur der „Brandenburgischen Konzerte" in der Universitäts-Bibliothek ausleihen – abverlange: ohne eigenhändig bezeichnete „Posthorn-Serenade" kommt keiner an mir vorbei, auch nicht ohne einen halbstündigen Vortrag zum Thema „tempo ordinario".

Denn für das Wohlbefinden eines Orchesters sind Kenntnisse und Wissen– also ein klein wenig mehr als „what a wonderful piece" – conditio sine qua non. Wenn sich dieser übergreifenden Fach-Kompetenz dann Witz, Charme, Wärme und Humor zugesellen: umso besser – verflucht: gerade habe ich dringende Desiderate genannt.

Der Dirigent muss nicht sicher nicht jedes Instrument bedienen können – frei nach Kant „um zu erkennen, dass die Suppe versalzen ist, muss ich nicht selbst kochen können" – aber die Möglichkeiten des Streich-Bogens, mit dem ja immerhin zwei Drittel der Musiker eines Orchesters ihre Töne aus den Instrumenten locken, die sollten schon nicht nur la-la, sondern mit ihren meist französischen Fach-Ausdrücken und – mehr noch – ihren klanglichen Auswirkungen genau bekannt sein......auch dies nur eines von vielen und doch ein sehr wichtiges Puzzle-Teilchen aus der Werkzeugkiste des Dirigenten!

Gerade habe ich zwei Bücher weggeworfen, mich also aktiv an der hochmodernen cancel-culture beteiligt und mich dadurch selbstvergewissert, dass ich noch up-to-date bin: das erste waren – kaum drei Jahre alte – 150 Seiten untertönig ambitiöser Tipps aus der Gruppe der Second-Violinen eines südamerikanischen Orchesters für und an Dirigenten, das andere ein Bändchen mit „supposed-to-be-funny"- Aussprüchen über Dirigieren und Dirigenten: nein, „Dirigieren verdirbt den Charakter" nicht, das tut es nun wirklich nicht – oder etwa doch?

Einmal am Tag Igor Stravinskys gar nicht spaßiges Dictum zu lesen, zu verinnerlichen und das „Spieglein an der Wand" zu befragen, reicht eigentlich aus:

> „Ebenso wie die Politik zieht das Dirigieren selten einen genialen Geist an. Dirigieren ist eher ein Karrieremachen und das Ausnutzen individueller Eigenarten, als ein Beruf, in dem ein genau geformtes Fachwissen angewendet wird. Ein Dirigent kann für seine Arbeit weniger befähigt sein, als es seine Musiker sind. Es wird ihm eine Stellung eingeräumt, die in keinem Verhältnis zu seinem wahren Wert in der Musikwelt steht. Die Fähigkeit, Machtpolitik zu betreiben, ist bei solchen Menschen ebenso verbreitet, wie die Krankheit des Egoismus. Unter der Gunst des unwissenden Publikums gedeihen diese Eigenarten wie Unkraut in tropischer Sonne."

Ich habe Armin Wunschs nachfolgendes Buch in der Entstehungsphase immer wieder kurz überfliegen dürfen – und freue mich auf die Voll-Lektüre: neben Mozart-und Bach-Jahrbüchern interessiert mich alles, was die Interaktion zwischen Menschen von Blockaden und Barrieren befreit, alles, was zu zivilisiertem Umgang auch mit einer Opposition und der Kenntnisnahme ihrer gegenteiligen Meinung beiträgt.

Ich wünsche diesem Buch ganz viele orchestermusizierende Leser, die sich im täglichen Umgang mit den Kollegen der horizont-erweiternden Lektüre erinnern und dadurch dem Orchester, dem neben dem Kloster gefühlt letzten solidarischen Kollektiv, ein Überleben in stürmischen Zeiten ermöglichen werden.

Inhaltsverzeichnis

1 **Mein erfolgreiches Orchester – vom Erfolg jedes einzelnen zum Erfolg des Ensembles** 1
   Literatur 7

2 **Das Hierarchiesystem eines Orchesters** 9
   2.1 Welten und Rollen 12
   2.2 Führungskräfte im Orchester 18
        2.2.1 Fähigkeiten und Kompetenzen der Führungskräfte im Orchester 19
   Literatur 24

3 **Zielführende und erfolgreiche Kommunikation** 25
   3.1 Feedbackkultur – Feedbackregeln 28
   3.2 Stroke-Kompetenz: Grundbedürfnisse für eine gewinnende Kommunikation 30
   3.3 Die Transaktionsanalyse der Kommunikation 35
   3.4 Kommt das an, was ich sage? – Die vier Seiten einer Nachricht 44
   3.5 Dramadreieck und Gewinner-Dreieck 48
   Literatur 53

4 **Resilienz – psychische Widerstandsfähigkeit in der Orchesterwelt** 55
   4.1 Akzeptanz 57
        4.1.1 Optimale Spannung und Konzentration 62
   4.2 Optimismus 66
   4.3 Selbstwirksamkeit 68

4.4	Verantwortung	70
4.5	Netzwerkorientierung	74
4.6	Lösungsorientierung	76
4.7	Vision	79
4.8	Die 7 Bausteine eines resilienten Orchesters	79
	Literatur	84
5	**Persönliche Ziele und Werte**	**85**
5.1	Werteanalyse	87
5.2	S.M.A.R.T. – Ziele	89
5.3	Motto-Ziele	92
5.4	Lebensziele	94
5.5	Autonomie: Das Ziel von Veränderung	96
5.5.1	Glaubenssätze	100
	Literatur	102
6	**Konflikte im Orchesteralltag**	**103**
6.1	Konflikte als Entwicklungspotenzial	106
6.2	Intrapersonale Konflikte	107
6.2.1	Antreiberverhalten	108
6.2.2	Gefühle und Ersatzgefühle	114
6.3	Interpersonale Konflikte und Psychospiele	121
6.4	Lösung von Konflikten	129
6.4.1	Konflikte selber lösen	135
6.4.2	Lösungen mit Konflikthelfer*innen	142
6.4.3	Agenda für die Konflikthelfer*innen	143
6.4.4	Ablauf einer Verhandlung mit Konflikthelfer*innen	144
	Literatur	150
7	**Verträge und Änderungsverträge im Orchesteralltag**	**151**
7.1	Verträge im Probenalltag eines Orchesters	153
7.2	Verträge im Orchester außerhalb der Proben	153
7.3	Nur ein guter Vertrag ist ein hilfreicher Vertrag	157
	Literatur	159
8	**Das System Orchester inspiriert**	**161**
8.1	Probensaal statt Büro	162
8.2	Individuelles und kollektives Arbeiten	164
8.3	Lang- und kurzfristige Ziele	166
8.4	Qualitäts- und Erfolgsdruck	167
8.5	Gemeinsames emotionales Erleben und Kreativität	168

8.6	Recruiting	169
8.7	Fachliche Vorgesetzte sind nicht die dienstrechtlichen Vorgesetzten	171
8.8	Ein lebendiges soziales Miteinander und kulturelle Vielfalt	172
	Literatur	173

Anhänge 175

Mein erfolgreiches Orchester – vom Erfolg jedes einzelnen zum Erfolg des Ensembles

„Erfolgreich sein" – Klingt das nach einem Ergebnis moderner Methoden der Selbstoptimierung? Nach einem gesellschaftlichen Wahn einer wirtschaftlich orientierten Denkweise? Bedeutet Erfolg, dass man sich gegen seine Konkurrenz durchsetzen muss und seine Mitmenschen auf halber Strecke zurücklässt?

Stellt sich die Frage nach Erfolg in diesem Sinne denn überhaupt im künstlerischen Umfeld, oder ist das ein Widerspruch in sich? Geht es bei der künstlerischen Arbeit nicht vielmehr um einen gemeinschaftlichen Schaffensprozess, der seinen Zweck dann erfüllt, wenn er seinem Publikum einen erlebnisreichen und schönen Konzertabend bereitet und dabei zufrieden und glücklich zurücklässt? Darum, seinen Anteil und vielleicht sogar Auftrag im gesellschaftlichen Leben zu erfüllen, die Menschen kulturell zu bereichern und so das Zusammenleben für alle ein kleines Stück besser zu machen? Ist der musikalische Vortrag ein wirksames Mittel, auf subtile und metaphorische Weise Stellung zu beziehen und erfüllen Musikerinnen und Musiker damit einen höheren gesellschaftlichen Auftrag jenseits der profitorientierten Grundordnung? Sicher ist, dass Musiker*innen einen innerlichen Treiber spüren, eine Energie, sich zu zeigen, etwas zu vermitteln und etwas zu erschaffen, was für den Zuhörenden eine Bereicherung darstellt und etwas bewegen kann. Einen großen Anteil daran haben auch die Komponistinnen und Komponisten, die mit ihren Werken auf stille oder auch lautere Weise Protest an gesellschaftlichen und politischen Umständen üben und somit gemeinsam mit den Musiker*innen zum Sprachrohr einer nach Freiheit und Demokratie strebenden und in vielen Fällen auch unterdrückten Gesellschaft werden.

Verwenden wir den Begriff „Erfolg" nicht im unternehmerischen Verständnis der Kostendeckung und Gewinnmaximierung, sondern vielmehr im persönlichen Sinne immateriellen Erfolgs darin, seine Bestimmung gefunden zu haben und die sich selbst gesteckten und von außen vorgegebenen Ziele erfüllen zu können, dann fühlt sich der Begriff auch im künstlerischen Kontext vertraut und erstrebenswert an: Der persönliche Erfolg, eine Aufnahmeprüfung an einer renommierten Musikhochschule bestanden zu haben. Der Erfolg, die instrumentalen Fähigkeiten so zu entwickeln, wie man es sich persönlich wünscht und die es einem ermöglichen, den präferierten künstlerischen Weg einzuschlagen. Der Erfolg, in dem Orchester ein Probespiel zu gewinnen und eine Probezeit zu bestehen, welches dieselben musikalischen Ziele, Werte und Ausdrucksformen verkörpert, wie man selbst. Ein erfolgreicher Konzertabend mit einem ausverkauften Saal, lange anhaltender Beifall und eine lobesreiche Konzertkritik. Wertschätzung von außen, die einem Bestätigung gibt, das richtige zu tun und auf dem richtigen Weg zu sein.

Was bringt aber der persönliche instrumentale Erfolg, wenn sich der Erfolg des gesamten Orchesters nicht so recht einstellen mag, wenn die Abonnentenzahlen schlecht sind, die Säle leer bleiben und sich die wirtschaftliche Situation eines Ensembles kritisch entwickelt? Was bringen auf der anderen Seite die großen Erfolge eines Orchesters, wenn man selbst als Orchestermitglied dabei nicht glücklich und zufrieden sein kann? Wenn man sich in seiner Haut und mit seinem Instrument nicht wohlfühlt, wenn man persönlich nicht das erreicht hat, was man sich gewünscht hätte. Zum Erfolg eines gesamten Orchesters gehört im Sinne eines wechselseitigen kausalen Zusammenhangs immer auch der persönliche Erfolg und das Erfolgserleben seines jeden einzelnen Mitglieds.

Wenn man eine für sich wertvolle Position in einem Orchester bekommen hat, wie kann man dann erreichen, dass sich das persönliche Erfolgserleben im Alltag einstellt und auch erhalten bleibt? Sehr viele Musiker*innen bleiben ein Berufsleben lang in dem Orchester, in dem sie ihre erste Stelle bekommen haben, eine positive Gestaltung dieser langen Zeit ist dabei durchaus eine Herausforderung. Um in einem Orchester dauerhaft seine Erfüllung zu finden, ist neben der künstlerischen Haltung und Persönlichkeit ein hoher Grad an Autonomie gefragt: ein wacher Umgang mit der beruflichen Situation bereits im Studium und eine Bewusstheit für die eigenen Wünsche, Werte und Ziele für den ganz persönlichen musikalischen Weg. Zur Autonomie gehört die Fähigkeit zu Spontaneität, eine Eigenschaft, mit Freude im Hier und Jetzt zu sein, um mit Flexibilität auf die aktuelle Situation reagieren zu können. Sich nicht für Veränderungen verschließen und für unerwartete Wendungen offen und empfänglich zu sein. Zur Autonomie gehört der Wunsch zur echten Intimität mit seinen Mitmenschen – also auch Mit-Musiker*innen – die Fähigkeit zu authentischen Begegnungen und Beziehungen und ein gesundes Maß an Verantwortungsgefühl für sich und seine Umwelt.

Die vielfältigen Rahmenbedingungen eines Orchesters sind ebenfalls entscheidend für den Erfolg der einzelnen Mitglieder und des Kollektivs. Einige

Bedingungen können im Sinne einer Autonomie gut individuell gesteuert werden, andere Bedingungen sind für die einzelnen Musiker*innen weniger gut selbst beeinflussbar:

Das Spielniveau eines Orchesters orientiert sich immer an seinem schwächsten Glied, auf diese Weise sind beim Spielen alle Orchestermitglieder gleich wichtig und gleichwertig und das Musizieren erfolgt immer auf Augenhöhe. Während man Mitarbeiter*innen im Büroalltag je nach Leistungsstärke zeitweise oder dauerhaft Aufgaben unterschiedlichen Niveaus zuweisen kann, um das Gesamtniveau des Unternehmens zu halten, ist das im Orchester nicht möglich. Auch nur der kleinste Fehler eines einzelnen Orchestermitglieds kann im Einzelfall von allen wahrgenommen werden, von Orchester und Publikum gleichermaßen und somit das Gesamtniveau einer Darbietung negativ beeinflussen. In einem Orchester kann sich niemand wirklich verstecken. Neben der Gleichwertigkeit aller Musiker*innen beim Musizieren selber, gibt es im musikalisch-organisatorischen Bereich durchaus Unterschiede in Aufgaben und Verantwortlichkeiten. Das Hierarchiesystem eines Orchesters ist komplex und bildet diese verschiedenen Verantwortlichkeiten entsprechend ab. Die höchste musikalische Instanz eines Orchesters ist die Dirigentin bzw. der Dirigent. Die Meinungen über die Einflussmöglichkeiten und Verantwortlichkeiten von Dirigent*innen gehen zum Teil sehr weit auseinander. So hat man aus der Publikumsperspektive vielleicht oft den Eindruck, dass Dirigent*innen das gesamte Geschehen lenken und gestalten, die Musiker*innen selber sehen das aber zum Teil anders und differenzierter. Sehr treffend beschreibt diesen Einfluss der Dirigent Daniel Barenboim (2004, S. 118):

> „Wenn man einen erstklassigen Orchestermusiker über Dirigenten befragte, würde er antworten, dass nur wenige von Ihnen tatsächlich einen Einfluss auf das Orchester haben. Die Musiker spielen die Tempi, die der Dirigent angibt, fügen die Nuancen und die Balance, die er sich vorstellt, hinzu, und das ist es. Aber mit einem guten Dirigenten kann der musikalische Kontakt so stark werden, dass die Musiker auf die kleinste Bewegung seiner Hand, seines Fingers, seiner Augen oder seines Körpers reagieren. (…)"

Der Einfluss ist also je nach Kompetenz und Güte der Dirigent*innen unterschiedlich. Grundsätzlich wäre aber zu konstatieren, dass Dirigent*innen die programmatische Ausrichtung des Orchesters prägen, sie gestalten die Proben und den Probenablauf und somit den Spannungsverlauf des Prozesses vor dem Konzert und sie stehen als Leitfigur und Inspirationsquelle dem Orchester vor. Auf diese Weise sind sie ein entscheidender Faktor der Orchesterkultur im Sinne der Arbeitsatmosphäre und des Umgangs miteinander. Die technischen Fähigkeiten, die Erfahrungen mit dem Repertoire und mit Orchestern ganz allgemein tragen entscheidend dazu bei, ob eine Aufführung ein Erfolg wird und ob das Orchester seine Stärken einsetzen und Höchstleistungen überhaupt richtig zeigen kann. Dirigent*innen sorgen im Idealfall für ein einheitliches Verständnis für die Interpretation eines Werkes, sie geben die Impulse für ein gemeinsames Empfinden für Zeiteinteilung und Rhythmus, für gemeinsames Atmen und dann letztendlich auch für das richtige Zusammenspiel.

Einen weiteren entscheidenden Beitrag zur Güte und zum Erfolg einer Aufführung leistet die Auswahl und der Zustand der Instrumente und der entsprechend benötigten Materialien wie Rohre, Mundstücke, Saiten, Schlägel, etc. Das Instrument sollte den individuellen Ansprüchen des Musikers/ der Musikerin bezüglich der Technik und Gestaltungsmöglichkeiten genügen.

Viele weitere Rahmenbedingungen werden entscheidend vom Orchestermanagement mitgestaltet und gestellt: ein passender Proben- und Konzertsaal mit der entsprechenden Klimatisierung und einer angemessenen Akustik, gute und faire Arbeitsverträge mit einer gerechten Entlohnung, das richtige Arbeitslicht, passende Orchesterstühle und Notenpulte, gutes Notenmaterial und gut ausgelotete Projektphasen mit ausreichend Aktivität aber auch genügend Ruhephasen und Zeiten für das individuelle Üben.

Die optimalen individuellen und kollektiven Rahmenbedingungen bilden eine gute Basis für eine dauerhafte persönliche musikalische Erfüllung in einem Ensemble. Das Erlebnis des höchsten Glücks kann allerdings nur in einem spezifischen Moment selbst entstehen. Kein Dauerzustand, sondern ein, beim Musizieren, aktuelles Erleben einer musikalischen Ekstase und tiefen Konzentration im Geiste der Musik, ein Gänsehautmoment, der sich fast zur Hybris zu steigern vermag. Diese besonderen erstrebenswerten Erlebnisse in einer musikalischen Laufbahn animieren zur Wiederholung und leisten auf diese Weise einen wichtigen Beitrag zum Gefühl der Sinnhaftigkeit des eigenen Tuns und zur psychischen Widerstandsfähigkeit (Resilienz) der Musikerinnen und Musiker. Diese Art der Verbundenheit mit sich, dem Instrument und dem Orchester, die Verschmelzung von Handeln und Bewusstsein wird als „Flow" bezeichnet. Die dazugehörige Theorie wurde ursprünglich in den 70er Jahren von dem amerikanischen Psychologen Mihály Csíkszentmihályi entwickelt und später, Anfang der 21. Jahrhunderts, von dem Diplom-Psychologen und ausgebildeten Geiger Andreas Burzik auf die Orchesterwelt angewendet (2002, S. 14). Diese Erfahrung des „kontinuierlichen Fließens" beim Musizieren ist dabei an bestimmte Bedingungen geknüpft, die zum Teil ganz individuell bewusst beeinflussbar sind:

Die Basis bildet eine fundierte Ausbildung, gute instrumentale technische Fertigkeiten, mit denen die Anforderungen der zu spielenden Orchesterliteratur gut und sicher zu bewältigen sind. Der Schaffens- und Tätigkeitsrausch entsteht dann, wenn im Moment des Musizierens eine gute Balance zwischen Über- und Unterforderung gegeben ist und somit ein Gefühl höchster Kompetenz entsteht. Eine starke Identifikation mit der eigenen Tätigkeit und eine entsprechende Wertschätzung der eigenen Leistung durch die Kolleg*innen und die Dirigent*innen führt zu einem starken Gemeinschaftsgefühl im eigenen Orchester. Die Wertschätzung wird dabei durch die Akzeptanz und Aufmerksamkeit der Öffentlichkeit zusätzlich unterstützt. Wichtig sind die Möglichkeiten der Mitbestimmung und eine Atmosphäre, die die Entwicklung der eigenen Persönlichkeit und Autonomie fördert. Eine weitere Grundvoraussetzung ist die Möglichkeit des freien Musizierens in einem positiven Spannungsfeld ohne störende Gefühle von Groll und Ärger, ohne innere oder äußere Belastungsfaktoren. Ein Flow kann daher nur in einem Umfeld entstehen, in dem die Menschen mit guten kommunikativen Fähigkeiten und einer gut ausgebildeten Konfliktkompetenz einen respektvollen Umgang miteinander pflegen.

Das vorliegende Buch fördert diese wichtigen kommunikativen Fähigkeiten der Musiker*innen für ein gewinnendes Zusammenleben im Orchester, jedes Kapitel des Buches fokussiert dabei einen Teilaspekt des Berufslebens jenseits der musikalischen Inhalte. Das Buch gibt Impulse und Denkanstöße für eine persönliche Entwicklung, reflektiert den Alltag der Musikerinnen und Musiker und begleitet sie bei ihren Konflikten und Krisen. Auf diese Weise leistet es einen wichtigen Beitrag auf dem Weg zu den persönlichen und kollektiven Erfolgen.

Hierbei werden verschiedene Methoden der Transaktionsanalyse und verwandte Konzepte und Theorien verwendet, die im Business-Kontext gerne auch von Coaches und Beratern eingesetzt werden (eine Zusammenfassung der verwendeten Methoden ist im *Anhang 3 Übersicht der Konzepte kompakt* aufgeführt).

Die Transaktionsanalyse ist eine Persönlichkeits- und Interaktionstheorie sowie ein analytisches Instrument für die Entwicklung von Organisationsstrukturen (Zeitschrift für Transaktionsanalyse 2020, S. 174). Gegründet wurde sie von dem Psychiater Eric Berne in den 50er und 60er Jahren des 20. Jahrhunderts. Sie entstammt der tiefenpsychologisch orientierten Therapieschule und wurde später auch in anderen Bereichen jenseits von Psychotherapie eingesetzt. Heutzutage unterstützt sie erfolgreich Menschen in den Arbeitsfeldern: Psychotherapie, Organisation, Beratung und Bildung. Die Methode eignet sich dazu, die Arbeitsstrukturen, wie zum Beispiel die eines Orchesters, und die damit verbundenen zwischenmenschlichen Kommunikationen zu analysieren und zu entwickeln. Sie unterstützt Menschen dabei, die eigene Wirklichkeit mit ihrem Denken, Fühlen und Verhalten zu reflektieren und Beziehungen zu gestalten. Die Verwendung transaktionsanalytischer Konzepte hat zum Ziel, Zusammenleben und

Zusammenarbeit sinnvoll und freudvoll zu organisieren und Handlungsalternativen zu entwickeln. Dies geschieht vor allem durch Stärkung und Förderung der Eigenverantwortlichkeit und Autonomie der Menschen. Die Modelle und Konzepte der Transaktionsanalyse geben den Menschen die Möglichkeit, die eigenen Lebenserfahrungen zu konzeptualisieren – Konflikte, Empathie, Inspiration und Gefühle und alle undefinierten Empfindungen oder ihre Intuition hinsichtlich ihrer Beziehungen und alltäglichen Begegnungen zu artikulieren (Newton 2014, S. 81).

Die Methoden werden im Buch immer wieder anhand anschaulicher Praxisfälle erläutert, die sich so auch im Orchesteralltag abspielen könnten oder sich in dieser oder ähnlicher Form auch immer wieder ereignen. Alle Fälle sind aber rein fiktiv und entsprechen keinen real lebenden Personen und Ereignisse (alle Ähnlichkeiten mit Lebenden und Verstorbenen wären rein zufällig und nicht beabsichtigt).

Besonders häufig begegnen wir den Orchestermusiker*innen Paul und Christine, beide sind Cellist*innen in einem Kammerorchester. Paul ist dort seit 20 Jahren als Solo-Cellist beschäftigt und wird von seinen Kolleg*innen der Cellogruppe und auch vom restlichen Orchester vor allem als Spieler und Künstlerpersönlichkeit sehr geschätzt. Er ist trotz seines vorangeschrittenen Alters ein hervorragender Cellist und spielt so auch immer wieder Solokonzerte mit seinem Orchester. Als Mensch und Kollege gilt er aber eher als gefürchtet. Er ist oft schlecht gelaunt und pflegt keinen guten Umgang mit seinen Kolleg*innen, wodurch es immer wieder zu Konflikten kommt. Besonders häufig führt dies zu Streitigkeiten mit seiner neuen Stellvertreter-Kollegin Christine, mit der er gemeinsam am ersten Pult des Kammerorchesters sitzt. Christine ist dort erst seit ein paar Monaten beschäftigt und befindet sich noch in der Probezeit.

Neben den allgemeinen theoretischen Teilen und den Praxisfällen bietet das Buch zu jedem Teilaspekt immer wieder die Möglichkeit der Selbstreflexion. Die vielen beschriebenen praxisnahen Methoden können auf diese Weise im persönlichen Alltag direkt eingesetzt und erprobt werden. Es empfiehlt sich, diese Selbstreflexionen schriftlich zu beantworten, um so einen Entwicklungsprozess besser nachvollziehen und für sich bewerten zu können. Der besseren Übersicht halber sind diese Reflexionsteile immer mit einem grauen Kasten hinterlegt und entsprechend mit „Selbstreflexion… " gekennzeichnet.

Beginnen wir an dieser Stelle mit der ersten Selbstreflexion:

Selbstreflexion Erfolg
1. Was bedeutet Erfolg für Sie persönlich?
2. Erleben Sie sich und Ihr Orchester als erfolgreich?
3. Ist es Ihnen überhaupt wichtig, erfolgreich zu sein?
4. Was treibt Sie an, den Orchesteralltag immer wieder mit Spannung, Freude und mit einer guten Entwicklungsperspektive erleben zu können?
5. An welche Flow-Erlebnisse können Sie sich gut erinnern?
6. Welche äußerlichen Umstände sind Ihnen wichtig, um Ihre persönliche Leistung im Orchesteralltag bringen zu können? Sind die Umstände gegeben, oder gibt es Aspekte, die dringend der Verbesserung bedürfen?
7. Was können Sie dazu beitragen, diese Umstände für sich zu verändern?
8. Und zum Schluss: was erwarten Sie sich von diesem Buch?

Literatur

Barenboim, Daniel. 2004. *Die Musik – mein Leben.* Berlin: List Ullstein

Burzik, Andreas. 2002. *Flow-Erfahrungen bei Orchestermusikern.* Das Orchester 01

Was ist Transaktionsanalyse? 2020. In Zeitschrift für Transaktionsanalyse. 03. Paderborn: Junfermann Verlag

Newton, Trudi. 2014. *Der Resilienz-Zyklus: eine Metapher und ihre Bedeutung.* Zeitschrift für Transaktionsanalyse. 02.Paderborn: Junfermann Verlag

Das Hierarchiesystem eines Orchesters 2

(...) „Weil ein Orchester, müssen Sie sich vorstellen, ist und muss sein ein streng hierarchisch gegliedertes Gebilde und als solches ein Abbild der menschlichen Gesellschaft. Nicht einer bestimmten menschlichen Gesellschaft, sondern der menschlichen Gesellschaft schlechthin." (...) (aus: Patrick Süskind – Der Kontrabass, S. 56)

In der Tat: Ein Orchester ist ein komplexes und vielschichtiges hierarchisches System (vgl. Abb. 2.1). Vom Grunde her gibt es sogar zwei Hierarchieebenen, in denen sich die Musikerinnen und Musiker bewegen: den verschiedenen musikalischen Instanzen und den arbeits- und dienstrechtlichen Instanzen.

Die musikalischen Instanzen
Das musikalische „Zugpferd" jedes Orchesters, die höchste musikalische Instanz, ist die Chefdirigentin bzw. der Chefdirigent, in Opernhäusern sind es die Generalmusikdirektor*innen. Sie sind für den musikalischen Arbeitsprozess verantwortlich, repräsentieren die Orchester, geben die Richtung der musikalischen Interpretation vor und gestalten die grundsätzliche künstlerische Strategie eines Orchesters entscheidend mit. Dirigent*innen sind in der Regel befristet als Chefdirigent*in beschäftigt und bleiben im Schnitt drei bis acht Jahre bei einem Orchester, in Einzelfällen auch kürzer oder länger. Die Dauer der Beschäftigung und eine Entscheidung für eine mögliche Vertragsverlängerung richten sich danach, wie lange die Zusammenarbeit für beide Seiten künstlerisch fruchtbar und attraktiv erscheint, häufig aber auch danach, welche weiteren interessanten Angebote ein Chefdirigent während der Vertragslaufzeit von anderen Orchestern noch so bekommt. Hinter einem Wechsel der Chefdirigentenpositionen stecken somit häufig auch karrieretechnische strategische Beweggründe, die bestimmten Gesetzmäßigkeiten des Marktes folgen. Die ersten Ansprechpartner im Orchester für die Dirigent*innen

© Der/die Autor(en), exklusiv lizenziert durch Springer Fachmedien
Wiesbaden GmbH, ein Teil von Springer Nature 2021
A. Wunsch, *Mein erfolgreiches Orchester*,
https://doi.org/10.1007/978-3-658-33235-8_2

Abb. 2.1 Hierarchiesystem Orchester. (© Armin Wunsch)

im künstlerischen Prozess sind die Konzertmeisterinnen bzw. die Konzertmeister und in zweiter Instanz auch die Stimmführer*innen der anderen Streichergruppen und die Solo-Bläser*innen. Die Konzertmeister*innen sind die Vermittler zwischen Dirigent*in und Orchester, setzen die musikalischen Ideen der Dirigent*innen in praktische Handlungsimpulse um und vertreten und vermitteln ihm/ihr im Gegenzug die musikalische Kultur und Tradition des Orchesters. Dirigent*innen treffen in Zusammenarbeit mit dem Orchester und der Intendanz wichtige musikalische Entscheidungen, wenn diese Themen auch dienstrechtliche Bereiche tangieren, müssen sie sich an die Intendanz oder das Management wenden. Dies kann zum Beispiel bei wichtigen Besetzungsentscheidungen im Orchester oder bei der Gestaltung der dienstlichen Planung eine Rolle spielen.

In Hierarchien geht es klassischer Weise auch immer um Weisungsbefugnisse. Die typische Ausprägung von Hierarchiestrukturen mit Vorgesetzten und Mitarbeiter*innen ist allerdings in einem Orchester nicht unbedingt hilfreich und blockiert zum Teil die künstlerische Arbeit. Im Grunde wird im Alltag ein agiler Umgang auf Augenhöhe miteinander gelebt, in dem der gemeinsame künstlerische Entwicklungsprozess mit seinen Ergebnissen immer wichtiger ist, als hierarchische

Konstrukte und formale Dienstwege. Vielmehr sind die Führungspositionen im Orchester wie Konzertmeister*in, Stimmführer*in und Solo-Bläser*in musikalische Säulen, Musiker*innen, denen man musikalisch und auch menschlich gerne folgt, weil sie auf ihrem Instrument außerordentlich begabt und ausgebildet sind, interpretatorisch gute Ideen haben und eine große künstlerische Strahlkraft besitzen. Sie legen technische Spielanweisungen, wie z. B. Bogenstriche und Artikulationen untereinander fest und sind für das Ergebnis ihrer eigenen Stimmgruppe verantwortlich: für einen einheitlichen Klang, eine saubere Intonation, eine rhythmische musikalische Einheitlichkeit und Präzision. Innerhalb der Stimmgruppen gibt es noch eine weitere Führungsebene: die sogenannten Stellvertreter*innen. Sie spielen meist direkt neben den Stimmführer*innen oder Solo-Bläser*innen und unterstützen sie bei ihrer Arbeit und Kommunikation innerhalb seiner Gruppe.

Allerdings gibt es Situationen, in denen die Fragen der Weisungsbefugnis der Führungskräfte und der Rahmen ihrer Verantwortlichkeiten immer wieder auftauchen und innerhalb des Orchesters intensiv diskutiert werden. Die Erwartungen sind oft sehr unterschiedlich und es entstehen zum Teil tiefer gehende Konflikte, wenn keine Einigkeit darüber erzielt werden kann und die Probleme und offenen Fragen nicht gelöst werden. Die wichtigste Frage: Welche Aufgaben über die rein musikalischen hinaus haben die Führungskräfte eines Orchesters. Welches Rollenverständnis haben sie und welche Führungskompetenzen im klassischen Sinne werden von ihnen erwartet? Welche gewichtige Rolle spielen bei der Auswahl von Führungskräften eben diese Führungskompetenzen neben den musikalischen Fähigkeiten?

Die arbeits- und dienstrechtlichen Instanzen
Neben den komplexen und vielseitigen musikalischen Entscheidungswegen spielt das Orchestermanagement bzw. das Orchesterbüro mit seinem eigenen separaten hierarchischen System eine wichtige Rolle für die Orchestermusiker*innen. Das Management plant und organisiert die Proben und Konzerte, sie sind die arbeits- und dienstrechtliche Instanz und geben dem Orchester die Werke und den entsprechenden Dienstplan für eine Spielzeit bzw. ein anstehendes Projekt vor. Der Dienstplan legt fest, welche Anzahl an Musiker*innen für die anstehenden Projekte erforderlich ist, die genaue personelle Besetzung regeln die Gruppen nach musikalischen Gesichtspunkten dann wiederum selbst. Bei den Proben und Konzerten prüft das Management, ob die vorgenommene Einteilung korrekt ist und die erforderlichen Musiker*innen anwesend sind. Sie haben die arbeitsrechtlichen Werkzeuge in der Hand, um dienstliche Regelungen durchzusetzen und bei Nichteinhaltung zu ahnden. Weiterhin prüfen sie die formalen rechtlichen Voraussetzungen bei Einstellungsverfahren und vergeben Arbeitsverträge an feste Musiker*innen, aber auch an freie Gastmusiker*innen, Solist*innen und Dirigent*innen.

Neben den Entscheidungsträgern dieser beiden Hierarchieinstanzen gibt es in vielen Organisationszusammenhängen häufig noch eine Intendanz, die beide Bereiche abdeckt, also in künstlerischer, organisatorischer und dienstrechtlicher Hinsicht die Gesamtverantwortung trägt. Je nach Organisationszusammenhang hat eine Intendantin oder ein Intendant mehr oder weniger musikalische Kompetenzen und die inhaltliche Mitgestaltung ist entsprechend unterschiedlich aufgestellt.

Für eine erfolgreiche Arbeit eines Orchesters ist zwischen den Dirigent*innen, den Orchestermusiker*innen und ihrem Management ein reger Austausch erforderlich. Gemeinsame musikalische und organisatorische Strategien müssen abgestimmt und festgelegt werden, alltägliche Fragen und Themen werden besprochen und erörtert. Ein größeres Sinfonieorchester hat im Schnitt 80–120 Musiker*innen. Um die Kommunikation bei dieser Vielzahl an Orchestermitgliedern zu erleichtern, die Entscheidungswege entsprechend zu verkürzen und zu beschleunigen, wählt das Orchester in regelmäßigen Abständen einen Orchestervorstand aus den eigenen Reihen, der in allen organisatorischen Fragen und bei den strategischen Entscheidungen die Haltung und Meinung des Orchesters vor den Dirigent*innen und dem Management vertritt.

2.1 Welten und Rollen

Mit seinem 3-Welten-Modell erklärt der Wirtschaftswissenschaftler, Erziehungswissenschaftler, Psychologe und Begründer der systemischen Transaktionsanalyse Bernd Schmid (2003, S. 66) sehr anschaulich, in welchen Welten und Rollen wir uns mit unserer Persönlichkeit im Alltag bewegen (vgl. Abb. 2.2):

Privatwelt
In der **Privatwelt** haben wir beispielsweise die Rollen: Mutter, Ehefrau, Tante, Oma, Freundin, Bekannte und so weiter. Wenn wir uns in dieser Privatwelt bewegen, sind wir in der konkreten Situation mit unserer ganzen Persönlichkeit in dieser Welt verortet, mit unseren Gedanken, Gefühlen und in unserem Handeln bewegen und entscheiden wir aus diesen Rollen heraus. Wir planen unser Familienleben, organisieren Ausflüge, gehen unseren Hobbys nach, treffen Freunde und Bekannte, erziehen unsere Kinder, besuchen Enkelkinder – wir haben aus dieser Welt heraus unsere ganz spezifischen Interessen und Wünsche und eine bestimmte Vorstellung der Gestaltung von Lebenskonzepten.

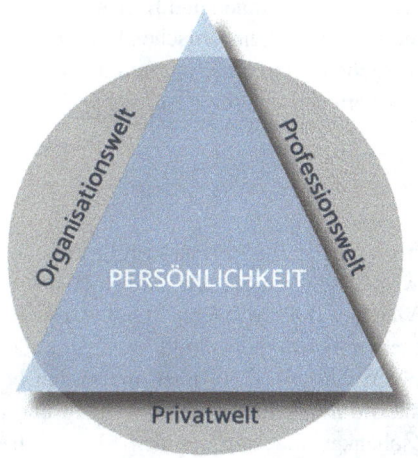

Abb. 2.2 3-Welten-Modell. (© Bernd Schmid)

Professionswelt
Sind wir mit unserer Persönlichkeit in unserer **Professionswelt** unterwegs, sind wir, wenn wir im Musiker-Umfeld bleiben, beispielsweise in den Rollen: Musiker, Diplomierter Orchestermusiker und Profi-Harfenist oder Student von Professor XY, Absolvent der Hochschule XY. In dieser Welt sind wir mit unserer ganzen Persönlichkeit, mit unseren Gedanken, Gefühlen und unserem Handeln in unseren professionellen Rollen unterwegs – wenn wir uns im Alltag zurückziehen, alleine mit unserem Instrument üben, vielleicht einen Meisterkurs besuchen, immer dann, wenn wir unsere Professionelle Rolle pflegen und gestalten. Hier geht es noch nicht um unsere Person im konkreten beruflichen Umfeld, die Rolle im Orchester, sondern erstmal nur um die reine Profi-Rolle, die aus der Ausbildung oder dem Studium heraus entstanden ist und aus der heraus auch unsere gewünschte professionelle berufliche Weiterentwicklung und Qualifikation geplant wird.

Organisationswelt
Wenn wir uns mit unserer Persönlichkeit, mit unseren Gedanken, Gefühlen und unserem Handeln in der **Organisationswelt** bewegen, sind wir in unseren Rollen z. B.: Solo-Harfenistin im Orchester XY, Orchestervorstand in diesem Orchester etc. Also in unserer Rolle in dem Unternehmen, in dem Orchester, in dem wir beschäftigt und angestellt sind. Wir bewegen und beschäftigen uns in diesen Rollen aus der Kultur heraus und den Regeln entsprechend, die in dem Umfeld herrschen. Wir

proben und konzertieren mit Kolleginnen und Kollegen, besprechen die Orchester-relevanten Themen und planen den künstlerischen Betrieb. Wir bewegen uns in dem ganz spezifischen vorgegebenen Hierarchiesystem aus unseren Rollen heraus, die uns mit unserem Arbeitsvertrag oder Arbeitsauftrag verbindlich zugeteilt wurden.

> **Selbstreflexion 3-Welten**
> In welchen Rollen sind Sie in Ihrer Privatwelt, Professionswelt und Organisationswelt unterwegs? Notieren Sie alle Ihre Rollen und ordnen Sie diese den 3 Welten zu. Was fällt Ihnen dabei auf? Gibt es eine bestimmte Gewichtung? Gibt es an einer bestimmten Stelle eine besonders hohe Aktivität und Konzentration? Welche Welt ist Ihnen momentan besonders wichtig? Gibt es Welten, die Sie momentan weniger erfüllen und denen Sie wieder mehr Beachtung schenken möchten? Fühlen Sie sich bei der Zuordnung in diese Rollen hinein, welche Haltung spüren Sie? Ist die Haltung in den verschiedenen Rollen unterschiedlich, wie fühlen sich die Rollen an?
> 1. Meine Rollen in der Privatwelt:
> 2. Meine Rollen in der Professionswelt:
> 3. Meine Rollen in der Organisationswelt:

Musiker*innen haben in einem Orchester oft ganz unterschiedliche Rollen: zum einen die musikalische professionelle Rolle aufgrund der Zuordnung des eigenen Instruments, aus der heraus die Zuordnung zur entsprechenden Instrumentengruppe erfolgt. Hinzu kommen im Orchester weitere mögliche musikalische Funktionen und organisatorische Rollen:

Instrumentengruppen

Bläser

Holzblasinstrumente: Flöte, Oboe, Klarinette, Fagott
Blechblasinstrumente: Horn, Trompete, Posaune, Tuba

Schlaginstrumente

Pauke, Schlagzeug

2.1 Welten und Rollen

Harfe, Tasteninstrumente

Streicher

1. Violine, 2. Violine, Viola, Violoncello, Kontrabass

Musikalische Funktionen

- Stimmführer*in, Solist*in oder Konzertmeister*in
- Stellvertreter*in

Organisatorische Rollen

- Einteiler*in
- Orchestervorstand
- Gewerkschaftsmitglied/Personalrat

Neben der persönlichen Verortung im Orchester aufgrund des Instruments, gibt es also zusätzliche Funktionen und Rollen, die einem zuteilwerden können. In seiner Rolle als Geiger kann man beispielsweise zusätzlich noch die Führungsfunktion „Konzertmeister" haben. Oder man wurde vom Orchester zum Orchestervorstand gewählt und arbeitet künftig zusätzlich in dieser Rolle. Man kann die Kollegin, den Kollegen im Alltag als Person nie ganz von seiner Rolle, seiner Funktion und den damit verbundenen Aufgaben trennen.

Mit einer Bewusstheit über die verschiedenen Welten und Rollen kann man sich Konflikte erklären, die entstehen, wenn die drei Welten zeitlich, räumlich oder gedanklich nicht zusammenpassen oder sich konträr zueinander verhalten.

Beispiel

Die Stellvertretende Solo-Cellistin Christine aus unserem Kammerorchester kann sich nicht entscheiden, ob sie mit ihrem Orchester auf eine mehrwöchige Asientournee gehen soll oder für die Periode besser Elternzeit beantragen sollte, um bei ihrer Familie bleiben zu können. Sie steht im Orchesterbüro und entscheidet sich dafür, an der Tournee teilzunehmen. In ihrer Professionswelt und Organisationswelt hat sie das Gefühl, die richtige Entscheidung getroffen zu haben. Am Abend, als sie ihre Entscheidung ihrem Mann und ihren Kindern mitteilt, sieht das aber plötzlich ganz anders aus. Es geht ihr mit einem Mal weniger gut mit der Entscheidung und sie hat das Gefühl, ihrer Familie damit nicht gerecht zu werden. Sie fühlt ein Dilemma, ist hin- und hergerissen zwischen den Welten. Im Kontext der Professionswelt hatte sie zwar schon vermutet, dass es nicht einfach sein würde, die Tournee mit der Familie unter einen Hut zu bringen, zu Hause, in der Privatwelt fühlt sich diese Entscheidung aber plötzlich nochmal ganz anders an und sie kommt zu Schluss, eine Fehlentscheidung getroffen zu haben.

Erfolgreiche und nachhaltige Entscheidungen kann man für sich treffen, wenn man immer alle Dimensionen der eigenen Persönlichkeit, also alle Rollen der verschiedenen Welten an einer Entscheidung teilhaben lässt. Auf diese Weise trifft man strategisch kluge Entscheidungen, die einen beruflich weiterbringen und auch in der Privatwelt glücklich und zufrieden zurücklassen. Man lässt sich nicht von beruflichen Erwartungshaltungen beeinflussen, sondern trifft diese Entscheidungen auf diese Weise ganz persönlich. Wenn es an einer Stelle nicht eine spontane Bauchentscheidung braucht, kann es notwendig sein, eine Entscheidung zu verschieben, um so genügend Zeit zu haben, sie ausreichend von ihren Rollen und Welten her beurteilen zu können.

Selbstreflexion Weltenkonflikt
Können Sie sich an Situationen erinnern, in denen Sie zwischen Ihren Welten hin- und hergerissen waren? Eine Konfliktsituation, die sich mit diesem Modell gut erklären ließe? Gibt es vielleicht auch Konflikte, die im Rahmen dieses Modells immer wieder auftauchen? Ein Muster, was sich durch Ihr Leben zieht?

1. Notieren Sie diese einzelnen Situationen und versuchen Sie, Parallelen zu anderen Situationen zu finden und für sich zu beschreiben.
2. Haben Sie eine Idee, aus welchem Grund diese typischen Konfliktsituationen immer wieder entstehen und wie Sie diese für sich lösen können?

Neben den Weltenkonflikten entstehen im Berufsleben immer wieder Rollenkonflikte. Diese entstehen, wenn man zu viele Rollen gleichzeitig erfüllen muss und vor allem Rollen innehat, die sich häufig konträr zueinander positionieren.

Selbstreflexion Rollenkonflikt
Stellen Sie sich vor, Sie sind Tuttist und Einteiler in einer Violingruppe, zusätzlich sind Sie vom Orchester zum Orchestervorstand gewählt worden.

2.1 Welten und Rollen

In dieser neuen Funktion sind Sie bei Gesprächen mit dem Management, der Intendanz und dem Chefdirigenten beteiligt. Thema dieser Gespräche: Sparmaßnahmen des Orchesters und die damit verbundene notwendige Streichung einer Planstelle. Um die Erhaltung des gesamten Orchesters auf Dauer sicher zu stellen, scheint der Weg der Streichung einer Planstelle unausweichlich, nun geht es darum, welche Planstelle dafür infrage kommt. Schnell verifiziert man genau eine Stelle aus Ihrer Gruppe. Die Planstelle ist momentan nicht besetzt und von der Dienstbelastung her wäre eine Einsparung rein rechnerisch gesehen sinnvoll. Die Einsparung betrifft Sie und Ihre Gruppe, deren Einteiler Sie sind, direkt. In Ihrer Rolle als Orchestervorstand können Sie die Entscheidung möglicherweise noch nachvollziehen und verstehen, in Ihrer Rolle als Einteiler sehen Sie das wahrscheinlich anders. Sie befinden sich in einem Interessen- und Rollenkonflikt und müssen nun zusehen, wie Sie diese Entscheidung, hinter der Sie in Ihrer Rolle als Einteiler nicht 100 % stehen können, in der Gruppe vertreten können.

1. Kennen Sie derartige Rollenkonflikte aus Ihrem Alltag? Beschreiben Sie die Situation/Situationen:
2. Was können Sie tun, um künftig diese Konflikte für sich zu lösen bzw. erst gar nicht in diese Situationen zu geraten?

Im Alltag lassen sich Rollenkonflikte nicht komplett vermeiden, es ist aber immer zu empfehlen, sich seiner Rollen und Welten in jeglichen Situationen bewusst zu sein (Rollenbewusstheit). Auf diese Weise entscheidet man sich womöglich dagegen, in einer Situation eine Rolle wie die des Orchestervorstandes anzunehmen, um persönliche Interessenkonflikte und eine zermürbende Lage der Zerrissenheit zu vermeiden. Wichtig ist es auch, dass man genau weiß und versteht, welche Aufgaben und Verantwortlichkeiten man innerhalb einer bestimmten Rolle hat und dass das eigene Verständnis mit den Erwartungen der Kolleginnen und Kollegen übereinstimmen. Möglicherweise werden einem von Kolleginnen und Kollegen sogar Aufgaben und Verantwortlichkeiten zugeschrieben, von denen man selber noch gar nichts wusste.

Selbstreflexion Aufgaben der verschiedenen Rollen
In einer vorherigen Übung haben Sie sich notiert, welche Rollen Sie in Ihrer Organisationswelt haben. Reflektieren Sie nun, welche Aufgaben Sie

innerhalb dieser Rollen haben. Ist Ihnen und auch Ihren Kolleginnen und Kollegen eindeutig bewusst und sind Sie sich mit Ihrem Umfeld einig darüber, welche Aufgaben und Verantwortlichkeiten mit der Rolle verbunden sind? Oft ist es auch hilfreich zu überlegen, welche Aufgaben diese Rolle eben nicht beinhalten. Also eine klare Abgrenzung zu anderen Rollen.

1. Welche Aufgaben haben Sie in Ihren oben genannten Rollen?
2. Welche Verantwortlichkeiten und Verbindlichkeiten sind mit diesen Aufgaben verbunden?
3. Stimmen Ihre Vorstellungen darüber mit denen Ihres Umfelds überein? Welche Unstimmigkeiten nehmen Sie möglicherweise wahr?

2.2 Führungskräfte im Orchester

Jeder Instrumentengruppe im Orchester sind zum Teil mehrere Führungskräfte vorangestellt. So sehen die Stellenpläne in den Bläser- und Streichergruppen jeweils einen oder zwei koordinierende Solist*innen und eine/n Stellvertreter*in vor. Auf diese Weise kommt eine beträchtliche Anzahl von ca. 35–45 Musiker*innen mit einer Führungsaufgabe zusammen. Wenn man die Gesamtzahl von 80–120 Musiker*innen eines Orchesters betrachtet, ist der Anteil der Führungskräfte vergleichsweise hoch.

Welche Aufgaben und Verantwortlichkeiten haben eigentlich die Führungskräfte eines Orchesters? Diese Frage hört man häufig von Menschen, die nicht in oder mit Orchestern direkt beschäftigt sind, aber auch zum Teil von Musikerinnen und Musikern aus Orchestern selbst. Es zeigt, dass das Verständnis und die Vorstellungen darüber sehr unterschiedlich sind und diese Frage nicht so einfach und eindeutig zu beantworten ist. Darüber hinaus stellt sich die Frage, welche Fähigkeiten und Kompetenzen müssen Musikerinnen und Musiker über die rein musikalischen hinaus eigentlich mitbringen, wenn Sie sich auf eine Führungsstelle bewerben?

Die musikalischen Kompetenzen und ihre Bühnenpräsenz stellen die Bewerberinnen und Bewerber in einem Probespiel unter Beweis. In mehreren Runden spielen die Kandidaten Solo-Konzerte aus dem spezifischen Repertoire des betreffenden Instruments dem Orchester vor, dazu kommt die Präsentation der einschlägigen Orchesterstellen aus dem Orchesterrepertoire. Die hier abgefragten Kompetenzen und Fähigkeiten werden im Studium gut vorbereitet und geübt und sind somit allen professionellen Musiker*innen, die im Orchester spielen oder sich auf

2.2 Führungskräfte im Orchester

Orchesterstellen bewerben, meist eindeutig klar und bewusst. Die musikalisch-organisatorischen Kompetenzen und Fähigkeiten können die Führungskräfte dann im Probejahr unter Beweis stellen. Zu den musikalisch-organisatorischen Kompetenzen gehören beispielsweise das Einrichten des Stimmmaterials mit Bogenstrichen und Artikulationen in Abstimmung mit den anderen Führungskräften und die Kommunikation der praktischen instrumenten-spezifischen Umsetzung der vom Dirigenten vorgegebenen Werk-interpretatorischen Ideen.

Welchen Stellenwert spielen aber die Führungskompetenzen, die über die musikalischen und musikalisch-organisatorischen hinausgehen und sich, wenn überhaupt, erst im Probejahr richtig zeigen können? Es ist schwer, diese Kompetenzen mit Worten klar zu fassen und mit dem Kandidaten in Feedbackgesprächen zu reflektieren. In der Regel sind diese Faktoren eher weiche Faktoren, die zur allgemeinen Orchesterkultur gehören und nicht schriftlich festgelegt sind. Meist ist das Verständnis dieser Faktoren auch oft sehr unterschiedlich bei den Musiker*innen des Orchesters. Die Tarifverträge legen fest, welche Instrumente und ggf. Nebeninstrumente die Musiker*innen spielen müssen, an welche Vertretungsregelungen sie sich halten müssen und welchen dienstlichen Verpflichtungen sie unterliegen. Geregelt ist aber nur selten und meist gar nicht, welche Anforderungen sie als Führungskraft ansonsten noch erfüllen sollen.

Die allgemeine Managementliteratur bietet viele Vorschläge an, welche Fähigkeiten über ihre fachlichen hinaus eine gute Führungskraft in Unternehmen ausmachen. Welche dieser Fähigkeiten passen aber an dieser Stelle gut in die Kultur eines Orchesters und repräsentieren deren Ziele? Welche Fähigkeiten machen jede einzelne Führungskraft und das ganze Orchester erfolgreich und unterstützen den Alltag bei den Proben und Konzerten?

2.2.1 Fähigkeiten und Kompetenzen der Führungskräfte im Orchester

Die Fähigkeiten und Kompetenzen einer Führungskraft in einem Orchester teilen sich auf in weiche und harte Faktoren, dabei betreffen diese zum einen die eigene Gruppe und zum Teil das gesamte Ensemble (s. Abb. 2.3).

Weiche Faktoren
Weiche Faktoren, man könnte sie auch „Soft-Skills" nennen, sind Fähigkeiten und Kompetenzen, die nicht oder nur schwer anhand von Daten und Fakten auszumachen und zu orientieren sind. Es sind Faktoren, die die Arbeitsatmosphäre und die emotionale Ebene der Zusammenarbeit betreffen:

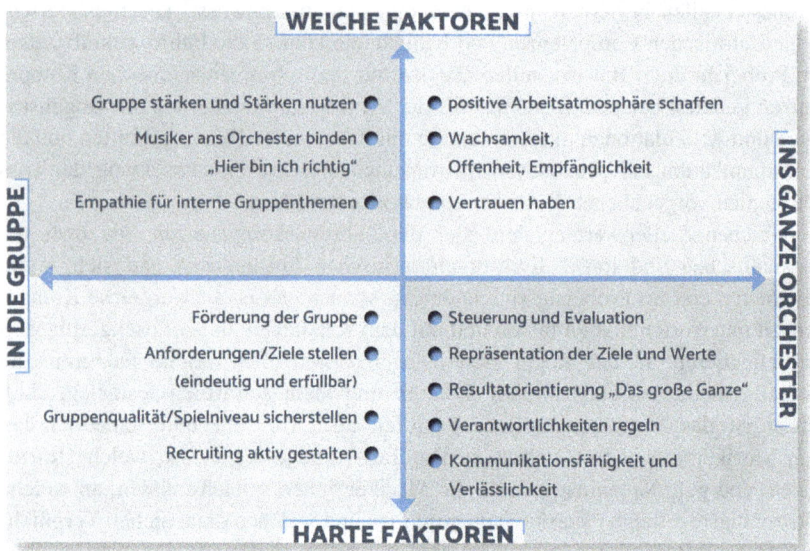

Abb. 2.3 Fähigkeiten und Kompetenzen der Führungskräfte im Orchester. (© Armin Wunsch)

Eine Stimmgruppe ist dann erfolgreich, wenn sie ihre **Stärken** gut im Orchester einsetzen kann. Als Verantwortliche/r einer Stimmgruppe sollte man also alles daransetzen, dass die eigenen Gruppenmitglieder ihre Stärken erkennen und zeigen können. Eine Gruppe ist dann stark, wenn die voranstehende Führungskraft eine offene, durchlässige und kooperative Art der Kommunikation und Feedbackkultur pflegt und diese auch im Sinne eines guten Vorbildes vorlebt. Wenn sie wertschätzend mit den Gruppenmitgliedern umgeht, werden diese auch untereinander wertschätzend arbeiten können und ihre Höchstleistung bringen. Ein wertschätzender Umgang muss nicht unbedingt immer ein Lob sein, Wertschätzung beginnt, wenn die Mitarbeiterinnen und Mitarbeiter spüren, dass die Führungskraft ihre Leistungen bemerkt und wahrnimmt. Die Gruppenmitglieder fühlen sich wertgeschätzt, wenn sie das Gefühl haben, ernst genommen zu werden und sie für die Gruppe, das Orchester und auch für die verantwortliche Führungskraft relevant und wichtig sind. Wertschätzung ist auch dann gegeben, wenn die Führungskraft von Ihrer Gruppe Höchstleistungen erwartet und einfordert und bei Schwierigkeiten und Konflikten den Glauben an die Gruppe nicht verliert und stattdessen im engen Kontakt an Verbesserung arbeitet.

2.2 Führungskräfte im Orchester

Ein weiterer wichtiger Aspekt im Führungsalltag ist **Vertrauen**. Vertrauen der eigenen Gruppenmitgliedern gegenüber und Vertrauen gegenüber den Kolleg*innen der anderen Gruppen. Vertrauen auf die Professionalität und den Gestaltungswillen eines jeden einzelnen.

Mit einem guten Gespür und einer **Empathie für die internen Gruppenthemen** können Konfliktherde rechtzeitig erkannt und besprochen werden, fachliche Bedürfnisse werden gut berücksichtigt und können rechtzeitig gefördert werden. Auf diese Weise steht eine Führungskraft in einem guten und regen Kontakt mit der Gruppe. Die Gruppenmitglieder werden als Resultat mit Freude dabei sein und die **positive Arbeitsatmosphäre** der eigenen Gruppe strahlt auf diese Weise auf das gesamte Orchester aus. Neben der Empathie für die eigene Gruppe, sollte eine Führungskraft für die Dynamiken und die großen Themen des gesamten Orchesters **wachsam, offen und empfänglich** sein.

Menschen haben die unterschiedlichsten persönlichen Gründe, warum sie gerne in einem Unternehmen bzw. in einem Orchester arbeiten und das Gefühl haben „hier bin ich richtig". Vielleicht stellt sich die ein oder andere Führungskraft an dieser Stelle die Frage: „was habe ich damit zu tun, das muss doch jeder für sich entscheiden?" Es mag einige persönliche und auch private Aspekte geben, die man aus der Führungsposition heraus nicht beeinflussen kann, wie z. B. der Partner, der in derselben Stadt einen Job hat und somit die Bindung an den Ort relevant ist. Es gibt aber einige Anteile, die man als Führungskraft sehr wohl mit beeinflussen kann: neben der oben genannten wertschätzenden Haltung und dem angenehmen kollegialen Miteinander spielt der Erfolg des Orchesters eine Rolle. Wenn alle Führungskräfte für ihre Gruppen und das Orchester gemeinsame klare **Ziele und Werte repräsentieren,** vertreten und verfolgen, wird das Erreichen dieses gemeinsamen Ziels ein starkes Gemeinschaftsgefühl auslösen, ein Gefühl von Relevanz und Stolz und das Gefühl, am richtigen Platz zu sein. Auf diese Weise haben die Führungskräfte neben ihren gruppeninternen Themen auch immer das gemeinsame große Ziel vor Augen: **Resultatorientierung „Das große Ganze".**

Harte Faktoren

Als Stimmführer oder Solist einer Gruppe ist man mit dafür verantwortlich, das **Spielniveau und die Qualität der Gruppe sicher zu stellen** und zu halten. Das Niveau soll hierbei zum Gesamtniveau des Orchesters passen und nicht andere Gruppen bei ihrer künstlerischen Gestaltung einschränken. Das künstlerische Gesamtergebnis orientiert sich immer am schwächsten Glied des Orchesters. Eine Melodie kann nur gut ausgestaltet werden, wenn die Begleitung gut gespielt wird, umgekehrt kann die Begleitung noch so gut sein, wenn die Melodie nicht stimmig ist, ist das Gesamtergebnis auch nichts wert.

Das Spielniveau und die Qualität eines Orchesters ist u. a. auch abhängig vom Instrumentarium der einzelnen Gruppenmitglieder. So ist es wichtig, dass alle gute und auch gut eingestellte Instrumente haben, Instrumente, die zum Gruppenklang passen und die technischen Anforderungen des Orchesters erfüllen. Die Akademist*innen und auch jungen neuen Kolleg*innen der Gruppe, die gerade ein Probespiel gewonnen haben, haben möglicherweise noch nicht die finanziellen Mittel, um ein hochwertiges Instrument zu besitzen oder es in entsprechender Form auf einem hohen Niveau zu halten. An dieser Stelle kann man als Führungskraft zum **Förderer** werden und die neuen Kolleg*innen bei der Verbesserung und Optimierung ihres Instrumentariums unterstützen und beraten. Fördern bedeute auch, den jungen Kolleg*innen als Mentor*in zur Seite zu stehen, um ihnen im Sinne des gesamten Orchesters einen guten Einstieg ins Berufsleben zu ermöglichen. Zudem sollte eine Führungskraft kreative Ideen und Maßnahmen zur Qualitätssicherung und -entwicklung ausarbeiten und umzusetzen. Das könnte zum Beispiel die Gründung eines Kammermusikensembles sein oder ein Vorschlag zur Teilnahme an einem guten und interessanten Meisterkurs, vielleicht auch die Planung und Leitung einer regelmäßigen Registerprobe. Als Führungskraft hat man die **Ziele** und Entwicklungsthemen der eigenen Gruppe stets vor Augen und kennt die Möglichkeiten, wie man diese Ziele erreichen und die **Anforderungen** dazu entsprechend klar vermitteln kann. Dabei sollte man Ziele vorgeben, die realistisch und erreichbar sind und auch im Verhältnis zum restlichen Orchester stimmig sind. Häufig fragen sich Führungskräfte, wie man seine Mitarbeiter*innen dazu motivieren kann, diese Ziele und Aufgaben auch wirklich zu erreichen. Leider lässt sich unser menschliches Gehirn in diesem Sinne nicht motivieren. Durch finanzielle Anreize, Regeln, Maßregelungen oder Aufbau von Druck kann man Menschen schon dazu bringen, die vorgegebenen Ziele zu erreichen. Wirklich persönlich beteiligte, engagierte und begeisterte Mitarbeiter*innen hat man aber schon aus rein neurophysiologischer Sicht nur dann bei sich im Team, wenn die Menschen von den Zielen und Ergebnissen im Innersten persönlich betroffen und berührt sind. Es muss etwas passieren, was ihnen ‚unter die Haut geht', etwas, was an ihre persönlichen Erfahrungen anknüpft (Hüther 2011, S. 126).

Zu den Aufgaben einer Führungskraft im Orchester gehört zudem das bewusste Steuern des **Recruitings** von neuen Musiker*innen für feste Planstellen, Zeitverträge, aber auch für das Engagement von Gastmusiker*innen. Dazu gehören Abstimmungsprozesse mit der eigenen Stimmgruppe über die musikalischen Anforderungen und die Auswahl von Musiker*innen. Eine Führungskraft hat stets einen guten Überblick über den aktuellen Bewerbermarkt und spricht auch proaktiv Musiker*innen an, die gut in die Gruppe passen und die man zu einer Bewerbung im eigenen Orchester bewegen könnte.

2.2 Führungskräfte im Orchester

Betrachten wir neben der eigenen Stimmgruppe das gesamte Orchester: Zu einem gut funktionierenden Orchester gehört eine **gute Kommunikation** unter den Führungskräften und im gesamten Ensemble, **Verlässlichkeit** und klare Absprachen zu den gemeinsamen Zielen und eine gut geregelte und kommunizierte Aufteilung der entsprechenden Aufgaben und **Verantwortlichkeiten**. Die Gruppe der Führungskräfte hat die Aufgabe, alle Vorgänge und Entwicklungen im und außerhalb des Probenprozesses gemeinsam zu **steuern**. Sie **evaluiert** zudem und hat ein gutes Gespür dafür, welche grundsätzlichen Themen aktuell wichtig sind und entsprechend strategisch in Angriff genommen werden müssen.

Selbstreflexion Führungsaufgaben

Reflektieren Sie die genannten Faktoren. Ob Sie nun Tuttistin oder Tuttist sind oder Führungskraft, Sie haben mit Sicherheit bestimmte persönliche Vorstellungen darüber, welche Aufgaben und Verantwortlichkeiten Führungskräfte im Orchester haben. Über die Verantwortlichkeiten der Führungskräfte hinaus, können aber auch die Mitarbeiterinnen und Mitarbeiter, bzw. Tuttistinnen und Tuttisten ihrerseits einiges dazu beitragen, dass die Zusammenarbeit und Probenarbeit gewinnend und erfolgreich ist.

1. Wenn Sie selber Führungskraft sind, welche Aufgaben und Verantwortlichkeiten haben Sie in dieser Rolle? Was erwarten Sie dabei von Ihren Mitarbeiter*innen, bzw. von den Mitgliedern Ihrer Stimmgruppe?
2. Wenn Sie Tuttistin oder Tuttist sind, was erwarten Sie von Ihren Führungskräften und was können Sie persönlich für eine gewinnende Zusammenarbeit in dem hierarchischen System eines Orchesters beitragen?
3. Ob Tuttist*in oder Führungskraft: haben Sie den Eindruck, dass die o. g. Verantwortlichkeiten und Aufgaben allen Beteiligten in Ihrem Orchester gleichermaßen bewusst sind? Besteht Einigkeit darüber und in welcher Form wurde oder wird darüber offen gesprochen? Welche weiterführenden Absprachen würden Sie sich wünschen?

Literatur

Hüther, Gerald. 2011. *Was wir sind und was wir sein könnten*. Frankfurt am Main: Fischer Verlag

Schmid, Bernd. 2003. *Systemische Professionalität und Transaktionsanalyse*. Bergisch-Gladbach: Edition Humanistische Psychologie (EHP)

Süskind, Patrick. 1980. *Der Kontrabass*. Zürich: Diogenes

Zielführende und erfolgreiche Kommunikation 3

MADEMOISELLE SILBERKLANG
Jeder Künstler strebt nach Ehre,
wünscht der einzige zu sein;
und wenn dieser Trieb nicht wäre,
bliebe jede Kunst nur klein.

MADAME HERZ, MADEMOISELLE SILBERKLANG, MONSIEUR VOGELSANG
Künstler müssen freilich streben,
stets des Vorzugs wert zu sein,
doch sich selbst den Vorzug geben,
über andre sich erheben,
macht den größten Künstler klein.

MONSIER VOGELSANG
Einigkeit rühm' ich vor allen
andern Tugenden uns an,
denn das Ganze muß gefallen,
und nicht groß ein einz'lner Mann.

MADAME HERZ, MADEMOISELLE SILBERKLANG, MONSIEUR VOGELSANG
Künstler müssen freilich streben usw.

MADAME HERZ
Jedes leiste, was ihm eigen,
halte Kunst, Natur gleich wert,
laßt das Publikum dann zeigen,
wem das größte Lob gehört.

MADAME HERZ, MADEMOISELLE SILBERKLANG, MONSIEUR VOGEL-
SANG
Künstler müssen freilich streben usw.

BUFF
Ich bin hier unter diesen Sängern
der erste Buffo, das ist klar.
Ich heiße Buff, nur um ein O
brauch' ich den Namen zu verlängern,
so heiß' ich ohne Streit: Buffo.
Ergo bin ich der erste Buffo;
und daß wie ich kein's singen kann,
sieht man den Herren doch wohl an.

MADAME HERZ, MADEMOISELLE SILBERKLANG, MONSIEUR VOGEL-
SANG
Künstler müssen freilich streben,
stets des Vorzugs wert zu sein,
doch sich selbst den Vorzug geben,
über andre sich erheben,
macht den größten Künstler klein.

(Schlussgesang aus „Der Schauspieldirektor" von Wolfgang Amadeus Mozart –
Libretto: Johann Gottlieb Stephanie der Jüngere)

Der Schauspieldirektor aus Mozarts gleichnamiger Oper stellt ein neues Ensemble zusammen und wird dabei mit den Eigenheiten, Rivalitäten und Konflikten der Schauspieler*innen und Sänger*innen konfrontiert. Jeder einzelner Künstler strebt nach seiner persönlichen künstlerischen Erfüllung und Verwirklichung, wirklich erfolgreich ist das gesamte Ensemble aber nur, wenn es in Einigkeit arbeitet und auftritt. Auch ein Orchester ist ein Ensemble mit vielen einzelnen individuellen Musiker*innen, deren Erfolg von der guten Zusammenarbeit aller Beteiligten abhängig ist. Ein so komplexes und vielschichtiges Hierarchiesystem wie das eines Orchesters erfordert dafür eine gute Kommunikationsfähigkeit aller Beteiligten. Diese Fähigkeiten erlernen viele Musikerinnen und Musiker im Rahmen der Herausforderungen im Orchesteralltag, in diesem Kapitel werden einige wichtige und hilfreiche transaktionsanalytische und verwandte Konzepte und Methoden erläutert, die bei einer zielführenden und erfolgreichen Kommunikation im Orchester unterstützen und gut im Berufsalltag der Musiker*innen integriert werden können. Die Konzepte erleichtern die Zusammenarbeit mit den Kolleginnen und Kollegen und ermöglichen angenehme und authentische Begegnungen.

3 Zielführende und erfolgreiche Kommunikation

Neben den intensiven und facettenreichen musikalischen Kommunikationen untereinander während des Musizierens, ist eine gute verbale Kommunikation die Basis für eine gelingende professionelle und zielführende Probenarbeit. Nur dann ist eine effektive und wertschätzende Zusammenarbeit möglich und jeder geht mit einem guten und zufriedenen Gefühl nach Hause.

Orchestermitglieder kommunizieren auf den verschiedensten Wegen und in unterschiedlichen Settings miteinander: neben der wichtigen Probenarbeit und im Umfeld der Konzerte erleben sie sich miteinander ohne Instrument in Zusammenhängen wie Orchesterversammlungen, in Gesprächen mit den Stimmgruppen oder mit einzelnen Kolleg*innen oder auch im Austausch mit den Dirigentinnen und Dirigenten und dem Orchestermanagement. Damit diese einzelnen Gespräche und Abstimmungsprozesse auch wirklich wirksam sein können, brauchen es immer ein fassbares und dokumentiertes Ergebnis, welches nachhaltig und relevant ist und wiederum die Grundlage für weitere Aktionen und Handlungen sein kann.

Die guten Kommunikationsfähigkeiten eines jeden einzelnen sind nur dann wirksam, wenn die Kommunikationswege für alle eindeutig klar festgelegt sind und auch die Rollen und Entscheidungskompetenzen der Funktionsträger außerhalb der musikalischen Aufgaben klar strukturiert und vermittelt sind.

> **Selbstreflexion Kommunikationsfähigkeiten**
> 1. Wie schätzen Sie Ihre persönlichen Kommunikationsfähigkeiten ein und woran machen Sie Ihre Einschätzung fest?
> 2. Wie haben Sie bei sich im Ensemble die Abstimmungsprozesse und Kommunikationswege organisiert?
> 3. Sind die Strukturen klar und sinnvoll? An welchen Stellen würden Sie sich Verbesserungen und Entwicklungen wünschen?

3.1 Feedbackkultur – Feedbackregeln

Der Cellist Paul ist bereits mehr als 20 Jahre in einem Kammerorchester als Solo-Cellist beschäftigt und gilt gerade bei seinen jüngeren Kolleginnen und Kollegen in der Gruppe als cholerisch und gefürchtet. Sie haben Respekt vor ihm, vor seinem differenzierten musikalischen Spiel und seiner Erfahrung, aber menschlich gesehen spielt niemand wirklich gerne neben ihm am Pult. Paul ist ein wenig griesgrämig und redet nicht gerne und auch nicht viel. Wenn ihn etwas am Spiel seines Pultnachbarn oder seiner Pultnachbarin stört, drehte er sich mitten im Spiel um und mustert sie/ihn mit grimmigen Blicken. So auch in der folgenden Situation: seit ein paar Monaten spielt die neue stellvertretende Solo-Cellistin Christine neben ihm am Pult. Sie hat mit Bravour ihr Probespiel bestanden und ist mit voller Freude und Begeisterung dabei. Sie proben eine Sinfonie von Mozart und während des letzten Satzes schaut Paul ständig grimmig zu seiner neuen jungen Kollegin und betont sein Spiel demonstrativ mit seinem Kopf. Sie vermutet, dass sie ihm zu schleppend spielt und nicht aktiv genug mit ihm zusammen die Basslinie für das Ensemble vorgibt und spielt fortan aktiver. Dies scheint Paul noch weniger zu gefallen und seine Gestik wird immer eindringlicher. Er ist sauer, hat einen roten Kopf und geht in der folgenden Pause hinter der Bühne die neue Kollegin vor den anderen Orchestermitgliedern mit deutlichen Worten an: „Du betonst immer völlig falsch! Das ist Dein großes Problem, Du hast einfach kein Gefühl für die richtige Betonung!" Christine fühlt sich von ihrem Kollegen angegriffen und weiß gar nicht so recht, wie sie darauf reagieren soll. Sie ist verunsichert und merklich gerührt. Schlussendlich dreht sie sich um, geht weg und sucht den Rat und Trost einer Kollegin.

Was war hier genau passiert und was hätten die Beteiligten anders machen können, um einen Gewinn aus der Situation ziehen zu können?

Paul sendet in seinem Feedback vor allem „Du"-Botschaften: „**Du** betonst immer völlig falsch!", „**Du** hast einfach kein Gefühl für die richtige Betonung!". Ganz wichtig für ein gelungenes Feedback ist, darauf zu achten, vor allem „Ich"-Botschaften zu senden und keine bewertenden Vorwürfe zu machen. Wenn man jemandem ein Feedback geben möchte, schildert man als erstes seine Wahrnehmung und erläutert, was man konkret gesehen oder gehört hat. Man nennt die konkreten Beispiele und verfällt nicht in Verallgemeinerungen wie „Du hast einfach kein Gefühl für die richtige Betonung!". Nachdem man seine Wahrnehmung geschildert hat, erläutert man im zweiten Schritt, was die Wahrnehmung in einem auslöst (Wirkung)? Im dritten und letzten Schritt formuliert man, was man sich alternativ wünschen würde. Ein gelungenes Feedback besteht also für

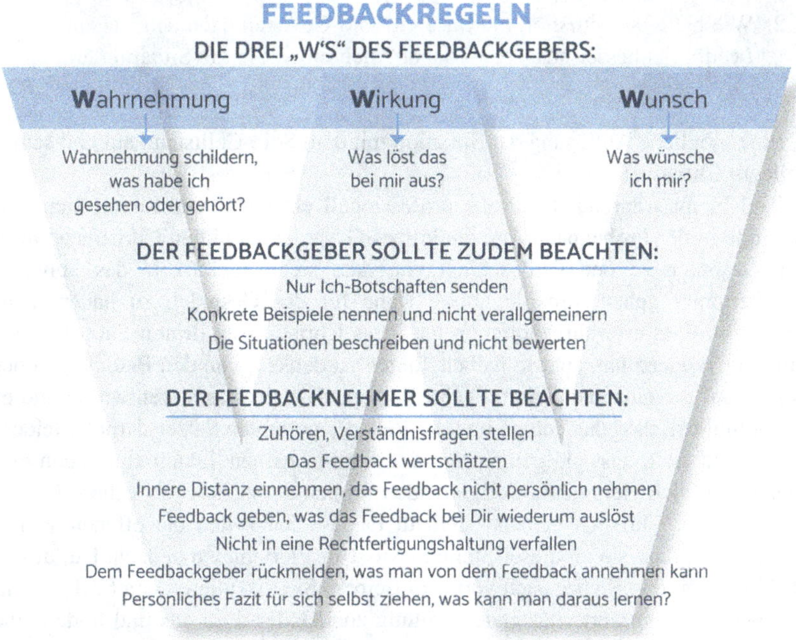

3.1 Feedbackkultur – Feedbackregeln

FEEDBACKREGELN

DIE DREI „W'S" DES FEEDBACKGEBERS:

Wahrnehmung	**W**irkung	**W**unsch
Wahrnehmung schildern, was habe ich gesehen oder gehört?	Was löst das bei mir aus?	Was wünsche ich mir?

DER FEEDBACKGEBER SOLLTE ZUDEM BEACHTEN:

Nur Ich-Botschaften senden
Konkrete Beispiele nennen und nicht verallgemeinern
Die Situationen beschreiben und nicht bewerten

DER FEEDBACKNEHMER SOLLTE BEACHTEN:

Zuhören, Verständnisfragen stellen
Das Feedback wertschätzen
Innere Distanz einnehmen, das Feedback nicht persönlich nehmen
Feedback geben, was das Feedback bei Dir wiederum auslöst
Nicht in eine Rechtfertigungshaltung verfallen
Dem Feedbackgeber rückmelden, was man von dem Feedback annehmen kann
Persönliches Fazit für sich selbst ziehen, was kann man daraus lernen?

Abb. 3.1 Feedbackregeln. (Nach Gührs und Nowak)

den **Feedbackgeber** aus einem Dreiklang der Ws (vgl. Gührs und Nowak 2003, S. 213) (s. Abb. 3.1). Der **Feedbacknehmer** nimmt im Idealfall das Feedback in Ruhe auf und unterbricht den Feedbackgeber bei seinen Ausführungen nicht. Er nimmt das Feedback nicht persönlich, gerät nicht in Rechtfertigungen, sondern gibt im Anschluss aus seiner Sicht wiederum ein entsprechendes Feedback nach den Feedbackregeln.

> **Selbstreflexion Feedback**
> 1. Können Sie sich an eine konkrete Situation erinnern, in der Sie jemandem Feedback gegeben haben oder in der Position des Feedbacknehmers waren? Beschreiben Sie die Situation und bewerten Sie den Verlauf des Feedbacks nach den Feedbackregeln.

> 2. Wie hätte die Situation mit unseren Solo-Cellisten nach den Regeln des Feedbacks besser ausgehen können? Schreiben Sie die Situation um.

Eine mögliche Auflösung der Situation mit dem Solo-Cellisten Paul und seiner Kollegin Christine:

Paul bleibt während der Probe professionell entspannt und nimmt sich vor, Christine in der Probenpause um ein kurzes Gespräch zu bitten. Christine stimmt dem Gespräch zu und Paul schlägt vor, dass sie dazu kurz in das Solisten-Stimmzimmer gehen, um die nötige Ruhe für das Gespräch zu haben. Paul beschreibt, dass er wahrgenommen hat, dass Christine im dritten Satz der Sinfonie die Tendenz hat, statt in halben Takten zu denken, von den Betonungen her zu sehr auf die einzelnen Viertel geht. Er sagt, dass ihn das stören würde und er das Gefühl hat, dass das Tempo und der Puls des gesamten Satzes darunter leiden. Er wünscht sich, dass sie gemeinsam den Satz in halben Takten empfinden und schlägt vor, sich vielleicht künftig vor den Proben gemeinsam über diese Fragen abzustimmen. Christine bedankt sich für das Feedback und die offenen Worte. Sie erläutert, dass sie an dieser Stelle bewusst in Viertelnoten gedacht hat, um so das Tempo eindringlicher nach vorne zu treiben. Sie diskutieren den Sachverhalt, tauschen sich mit wertschätzender Haltung zueinander dazu aus und finden eine für beide zufriedenstellende Lösung.

3.2 Stroke-Kompetenz: Grundbedürfnisse für eine gewinnende Kommunikation

Immer an der gleichen Stelle in einer Sinfonie, in einem bestimmten Takt, tauscht man mit seiner Pultnachbarin oder seinem Pultnachbarn während der Proben und auch im Konzert ein Lächeln aus. In der Transaktionsanalyse bezeichnet man diesen Austausch, eine kleine Einheit einer Kommunikation, als **Stroke.** Das kann ein Gespräch sein, aber eben auch nur ein kurzer Blick oder ein kurzes Nicken, wenn man in der Probenpause an einer Kollegin vorbeigeht. Eine kurze Kontaktaufnahme, ein kurzer Stimulus der Anerkennung. Dies gibt den Beteiligten ein gutes Gefühl, man fühlt sich wahrgenommen und gesehen. In der Transaktionsanalyse wird dieses Bedürfnis nach Anerkennung auch als **Stimulus-Hunger** bezeichnet (Stewart und Joines 1990, S. 116). Demnach ist es ein existenzielles Grundbedürfnis eines jeden Menschen, auf diese Weise gesehen und beachtet zu werden. Ein Bedürfnis nach körperlicher und seelischer Stimulation. Jeder

Mensch hat dabei einen ganz individuellen Bedarf an Art und Intensität der Stimulation. Je nachdem, wie man als Kind von seinen Eltern Strokes erhalten hat, sucht man auch als Erwachsener nach seinen gewohnten und gewünschten Anerkennungen. Manch einer wird durch positive Strokes, zum Beispiel einem Lob, zufriedenstellend stimuliert, ein anderer kann ein Lob so gar nicht gebrauchen und fühlt sich eher durch eine Kritik stimuliert und angeregt. Wenn man sich selber und seinen Stroke-Hunger gut kennt und weiß, welche Art und Intensität von Strokes man braucht und zufrieden macht, kann man diesen Zufluss von Strokes sehr gut selber steuern und beeinflussen. Man kann sich selber stroken oder auf Menschen zugehen, von denen man seinen Stimulus-Hunger gut befriedigt bekommt.

> **Selbstreflexion Strokes**
> Denken Sie an Ihre Kindheit zurück und erinnern Sie sich daran, wie Sie von Ihren Eltern oder anderen Bezugspersonen wie z. B. Lehrer*innen in der Schule oder im Instrumentalunterricht Anerkennung oder Kritik und Tadel erhalten haben. Fühlen Sie sich in typische Situationen ein und spüren Sie nach, wie es Ihnen ergangen ist.
> 1. Welche Anerkennung und Strokes haben Sie als Kind bekommen? Waren es eher positive oder negative Strokes?
> 2. Welche Strokes stimulieren Sie heutzutage am ehesten? Nach welchem Stimulus suchen Sie? Welche Anregung bekommen Sie vielleicht zu wenig, welche Strokes und welche Stimulationen vielleicht zu viel? Welche Wünsche haben Sie?

Verschiedene Arten von Strokes
Es gibt ganz verschiedene Arten und Kategorien von Strokes:

Verbale und nonverbale Strokes
Unter einem verbalen Stroke versteht man einen in Worten ausgesprochenen Stimulus. Ein gemeinsames Gespräch, aber auch schon ein kurzes „Hallo" zu einem Kollegen vor der Probe auf dem Gang gehört dazu.

Ein nonverbaler Stroke kann eine Geste sein, vielleicht ein kurzes Zunicken, ein Lächeln, ein grimmiger

Blick, ein Händedruck oder eine Umarmung. Aber auch die Kommunikation während des Musizierens besteht aus fortlaufenden nonverbalen Strokes. Musikalische Themen werden einander zugespielt, Fragen gestellt und Antworten gegeben, es wird miteinander gerungen, gegeneinander gekämpft, es entstehen aber auch Passagen der bedingungslosen Eintracht, Liebe und Zuneigung. Ein Feuerwerk von verschiedensten Strokes, ein intensives Miteinander der Aneinanderreihung von lebendigen und zum Teil ekstatisch fortlaufenden Stimulationen.

Positive und negative Strokes
Nicht nur positive Strokes wie ein Lob (verbal) oder Lächeln (nonverbal) stimulieren die Menschen. Vom Grundbedürfnis her ist es besser, negative Strokes zu erhalten, als überhaupt keine Zuwendung zu bekommen. Manch einer hat in seiner Kindheit eher negative Strokes erhalten, viel Kritik und auch Maßregelung erfahren. So jemand wird möglicherweise auch im Erwachsenenalter eher durch negative Strokes stimuliert werden.

Bedingte oder bedingungslose Strokes
Bedingungslose Strokes sind Stimulationen, die nicht von einer Situation oder Handlung einer Person abhängig sind, sondern eher auf der existenziellen Ebene ablaufen, wie z. B. „Ich mag Dich!" oder „Ich konnte Dich noch nie ausstehen!". Bedingte Strokes sind wiederum an eine Aktion oder eine Handlung einer Person geknüpft, wie z. B. „Das haben Sie aber gut gemacht!"

Authentisch und nicht authentische Strokes
Ob eine Zuwendung authentisch oder nicht authentisch ist, braucht oft noch die nonverbale Deutung. Wie jemand etwas sagt, wie er einen dabei anschaut und welche Körperhaltung er dabei hat, geben Indizien, ob eine Aussage ehrlich und echt gemeint ist, oder einen anderen versteckten Hintergrund hat. Einen nicht authentischen Stroke bezeichnet die Transaktionsanalyse auch als „Plastikstroke".

Targetstroke
Mit einem Targetstroke bezeichnet man eine Stimulation, die kurz und knapp auf den Punkt gebracht genau „ins Schwarze" trifft und die Person ins Nachdenken bringt oder auch stark berührt.

Schiefer Stroke
Ein schiefer Stroke ist ein vermeintlich positiver Stroke, hinter dem eigentlich ein negativer steckt. In ihm steckt keine echte positive Bewertung einer Person oder einer Handlung, sondern eine versteckte Abwertung.

Das Stroken beim Musizieren ist eine sehr intensive Art der Kontaktaufnahme untereinander. Gemeinsames Gestalten von Musik ist ein großartiges Erlebnis, eine

3.2 Stroke-Kompetenz: Grundbedürfnisse ...

zusätzliche Dimension in der Kommunikation, die durch alltägliche verbale Strokes wohl kaum ersetzt werden kann.

Im alltäglichen gemeinsamen Arbeiten im Orchester, während der Proben und um die Probenarbeit herum spielt Sprache und die verbale Kommunikation aber eine sehr wichtige und entscheidende Rolle. Der Solo-Cellist Paul in dem oben genannten Fall redet nicht gerne viel und gibt seinen Kolleginnen und Kollegen eher negative nonverbale Strokes. Für den guten Zusammenhalt in der Gruppe stört dieses Verhalten, die Kolleg*innen versuchen ihn zu meiden und nicht direkt mit ihm am Pult zu spielen. Das enge Miteinander, das intensive Arbeiten ist aber die Grundvoraussetzung für ein erfolgreiches Ergebnis einer gelingenden Interpretation und einen einheitlichen Gruppenklang. Als Solo-Cellist hat man eine tragende Rolle im Orchester und das Verhalten von Paul strahlt negativ in das gesamte Orchester. Gastdirigent*innen kommen möglicherweise nicht gerne zurück zum Orchester, weil sie sich ebenfalls nicht wohlfühlen, wenn der Grummelpeter Paul am ersten Pult eine schlechte und negative Arbeitsatmosphäre ausstrahlt.

Aufmerksam und einfühlsam auf die Bedürfnisse seiner Mitmenschen zu achten, zu schauen, welche Art und Intensität von Strokes sie für die gewinnende Arbeit brauchen, ist gerade in einem künstlerischen Arbeitsumfeld besonders wichtig.

Selbstreflexion Strokes
Nachdem Sie in der letzten Übung Ihre eigenen Stroke-Bedürfnisse erarbeitet haben, überlegen Sie in einem nächsten Schritt, welche Strokes Ihre Kolleginnen und Kollegen für ein gutes Miteinander brauchen. Gehen Sie Ihre Mitmenschen gedanklich nacheinander durch, die Ihnen im Arbeitsalltag wichtig sind und versuchen Sie folgendes zu ergründen:
1. Bei welcher Art von Ihren Strokes läuft die Kommunikation besonders gut und bei welchen Strokes ist die Kommunikation gestört oder bricht sogar ab? Bei welcher Art von Strokes bleibt ein ungutes Gefühl zurück?
2. Spüren Sie ein Bedürfnis, die Art Ihres Strokens zu entwickeln, um den Kontakt mit Ihren Mitmenschen zu intensivieren? Was möchten Sie dazu konkret verändern?

Eine gute erfolgreiche und zufriedenstellende Probenarbeit ist nicht nur von der Fähigkeit der Dirigentin oder des Dirigenten abhängig, auch eine gut funktionierende und wertschätzende Kommunikation der Musiker*innen untereinander ist ein entscheidender Faktor. Bei jeder Spielanweisung, sei sie auch noch so technisch oder beiläufig, spielen die persönlichen Stroke-Gewohnheiten und Wünsche jederzeit eine wichtige Rolle. Vielleicht haben Sie in der letzten Übung gemerkt, dass es oft gar nicht so offensichtlich ist, welche Arten von Strokes jemand benötigt, oder mit welcher Art von Strokes man in einen guten und befriedigenden Kommunikationsfluss kommt. Dies ist der Tatsache geschuldet, dass wir meist unbewusst nicht so gerne preisgeben, dass wir Strokes wollen oder wir uns nicht trauen, Strokes auszusprechen. Das kann beispielsweise dazu führen, dass eine Kollegin oder ein Kollege einem musikalischen Hinweis oder einer Bitte nicht direkt nachkommt, obwohl er/sie fachlich sogar derselben Meinung ist. Er/sie fühlt sich aber möglicherweise nicht genügend wertgeschätzt und persönlich gesehen, wünscht sich mehr Anerkennung. Auf diese Weise ist die Kommunikation dann gestört und man kommt nicht zu dem fachlichen Ergebnis, welches es eigentlich geben könnte. Oft ist es nicht leicht, wertschätzend zu sein, man möchte kein „Schleimer" sein und jemandem „Honig ums Maul schmieren". Dezentes und feines diplomatisches Stroken erfordert Übung.

Für den persönlichen Umgang mit den Strokes hat der Transaktionsanalytiker Claude Steiner das praktische Konzept der „Stroke-Ökonomie" entwickelt (1978, S. 15):

Stroke-Ökonomie
Nach der Theorie der Stroke-Ökonomie verfahren und agieren wir häufig nach den folgenden fünf einschränkenden Stroke-Regeln:

1. Gib keine Strokes, auch wenn Du sie brauchst.
2. Bitte nicht um Strokes, auch wenn Du sie brauchst.
3. Nimm keine Strokes an, auch wenn Du gerne möchtest.
4. Lehne keine Strokes ab, wenn Du sie nicht möchtest.
5. Gib Dir selbst keine Strokes

Diese einschränkenden Regeln beachten wir unterbewusst aus Scham oder falscher Bescheidenheit. Ein Lob alleine kann für manche Menschen schon peinlich sein, wenn es im Beisein von anderen Menschen gegeben wird. Mit diesen Regeln schränken wir unsere Lebensqualität ein und verwehren uns anregende und vielleicht auch angenehme und wertschätzende Impulse von anderen Menschen.

Wir können diese Regeln positiv umformulieren, sie auf diese Weise zu Erlaubnissen werden lassen und somit als Energiequelle und positive Kontaktaufnahme mit anderen Menschen verwenden:

1. Du darfst Strokes geben, wenn Du gerne möchtest.
2. Du darfst um Strokes bitten, wenn Du sie brauchst.
3. Du darfst Strokes annehmen, wenn Du sie haben willst.
4. Du darfst Strokes ablehnen, wenn Du sie nicht haben willst.
5. Du darfst dich selbst stroken.

> **Selbstreflexion Stroke-Ökonomie**
> Erinnern Sie sich an Ihre Umgehensweise mit Strokes. Wenn Sie sich dazu die Liste der letzten Selbstreflexion nochmal anschauen:
> 1. Wie bewerten Sie Ihre Angaben im Sinne der Stroke-Ökonomie? Haben Sie an manchen Stellen Strokes zurückgehalten oder hätten Sie sich an mancher Stelle Strokes gewünscht und keine bekommen?
> 2. Vielleicht haben Sie auch schon Strokes bekommen, die Sie gar nicht wollen und mögen. Wie reagieren Sie an dieser Stelle?

3.3 Die Transaktionsanalyse der Kommunikation

Ein Gespräch besteht aus einem permanenten gegenseitigen Austausch von Strokes. Nach einem Stimulus von Person A folgt eine Reaktion von Person B, darauf folgt wieder ein Stimulus zurück an Person A und so weiter. So ein Austausch kann auf rein sachlicher Ebene passieren, meist sind Gespräche aber geprägt durch die ganz spezifischen und unterschiedlichen Haltungen und Persönlichkeitsmuster der beteiligten Personen. Die typischen und häufig immer wiederkehrenden Muster werden bereits in der Kindheit angelegt und spiegeln unsere früheren Erfahrungen im Austausch mit unseren Eltern oder erwachsenen Bezugspersonen wider.

Der eine übernimmt und lebt häufig die elterlichen Direktiven und gibt sie in der ähnlichen Art wieder, wie es die Bezugspersonen damals vorgelebt haben. In diesem Moment bewegt sich diese Person mit ihrem Denken, Fühlen und Verhalten in einer elterlichen Persönlichkeitshaltung. Eric Berne, der Begründer der Transaktionsanalyse nennt diese Variante den **Eltern-Ichzustand** (Stewart und Joines 1990, S. 47). Hierbei gibt es zwei Eltern-Ichzustände, der fürsorgliche und der kritische Eltern-Ichzustand. Dem gegenüber steht der sogenannte **Kind-Ichzustand.** Kind-Ichzustände sind Haltungen, in denen man wieder so denkt, fühlt und handelt, wie man es als Kind schon getan hat. Der Kind-Ichzustand besteht wiederum aus drei verschiedenen Varianten: dem freien, angepassten und dem rebellischen Kind-Ichzustand. Die Eltern-Ich und Kind-Ichzustände kommen hierbei in positiver und negativer Ausprägung vor.

Der dritte Ichzustand ist der sogenannte **Erwachsenen-Ichzustand**. Aus diesem Zustand heraus reagiert ein Mensch, wenn er nicht aus rückgewandten, aus der Kindheit gewohnten Haltungen oder aus den Mustern elterlicher Direktiven heraus agiert, sondern mit vollem Bewusstsein und seinen aktuellen Fähigkeiten aus dem Hier und Jetzt aus der Gegenwart heraus denkt, fühlt und handelt. Aus diesem Zustand heraus verwendet man alle aktuell zur Verfügung stehenden Mittel und Kompetenzen der eigenen Persönlichkeit, um einen Sachverhalt zu beurteilen und ein Gespräch auf sachlicher und ergebnisorientierter Ebene wertschätzend und auf Augenhöhe zu führen.

Je nachdem, aus welchen Ich-Zuständen die Gesprächsbeteiligten heraus reagieren, wird ein Austausch einem bestimmten und in Teilen auch oft voraussagbaren Ablauf folgen und einen entsprechenden Ausgang haben.

Elf Perspektiven der Ichzustände

Aus diesen vorgenannten verschiedenen Ichzuständen und deren variantenreichen Ausprägungen heraus ergeben sich insgesamt 11 Perspektiven, die eine Person im Rahmen der in der Transaktionsanalyse bezeichneten **Ausdrucksformen der Persönlichkeit** einnehmen kann (vgl. Abb. 3.2):

Eltern-Ichzustand

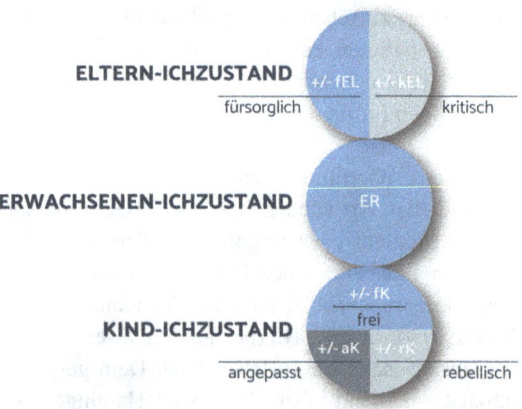

Abb. 3.2 Ausdrucksformen der Persönlichkeit. (Nach Eric Berne)

3.3 Die Transaktionsanalyse der Kommunikation

1. Der positiv fürsorgliche Eltern-Ichzustand (+fEL): Eine Person in diesem Ichzustand umsorgt sein Gegenüber in einer angemessenen und unterstützenden Form. Ein Beispielsatz aus dieser Haltung heraus wäre: „Ich sehe gerade, dass es Dir nicht gut geht, kann ich etwas für Dich tun?"
2. Der negativ fürsorgliche Eltern-Ichzustand (−fEL): Aus dieser Haltung heraus kümmert und sorgt sich eine Person in einer unangemessenen und überfürsorglichen Haltung um sein Gegenüber. Umgangssprachlich wird so eine Person gerne auch „Glucke" genannt. Beispielsweise eine Person, die meint zu wissen, was sein Gegenüber braucht, und ungefragt ständig hilft und Dinge anbietet, obwohl sie möglicherweise gar nicht gewünscht sind.
3. Der positiv kritische Eltern-Ichzustand (+kEL): Dieser Eltern-Ichzustand wird auch gerne orientierendes Eltern-Ich genannt. Hier handelt es sich um eine angemessene elterliche Direktive, die in der Kindheit dem Schutz und der Erziehung des Heranwachsenden dient. Später verwendet dient es dazu, Menschen eine klare und hilfreiche Orientierung zu geben, wie sie mit einer Situation umgehen können. Ein Vater spricht mit seinem dreijährigen Sohn in folgender Weise aus seinem positiven Eltern-Ich-Zustand heraus: „Pass bitte auf, da vorne ist eine Straße, halte bitte rechtzeitig an und schaue nach rechts und links, ob ein Auto kommt, erst dann darfst Du die Straße überqueren!"
4. Der negativ kritische Eltern-Ichzustand (−kEL): Eine Person, die aus diesem Zustand heraus agiert wird auch gerne „Verfolger" genannt. Ein gutes Beispiel hierfür wäre der strenge Chef, der ständig überkritisch alle Ergebnisse kontrolliert und bewertet und am liebsten alles selber macht, weil er es ja doch am besten kann und weiß.

Erwachsenen-Ichzustand

5. Der Erwachsenen-Ichzustand (ER), der nur in positiver Ausprägung besteht.

Kind-Ichzustand

6. Der positiv freie Kind-Ichzustand (+fK): Aus diesem Ichzustand heraus denken, handeln und fühlen wir wie ein freies Kind, was seinen Gefühlen und Ideen frei nachgibt und seinen kreativen und spontanen Wünschen folgt. Ein Satz aus meinem freien Kind-Ichzustand wäre beispielsweise: „Es ist so ein schöner Sommertag, ich habe große Lust zu baden, komm, wir springen einfach ins Wasser, kommst Du mit?"

7. Der negativ freie Kind-Ichzustand (−fK): Negativ reagiert man aus dem freien Kind-Ichzustand heraus, wenn man es übertreibt, zu risikofreudig seinen Wünschen nachgibt und sich dabei beispielsweise in Gefahr begibt oder sich selbst oder andere Menschen dabei schadet oder in ihrer Freiheit und Autonomie einschränkt.
8. Der positiv angepasste Kind-Ichzustand (+aK): Ein Mensch, der aus diesem Ichzustand heraus reagiert, passt sich den Direktiven seines Gegenübers an und folgt den Anweisungen und Ideen. Eine positive Anpassung ist beispielsweise auch gegeben, wenn man sich an die geltenden Gesetzte und Regeln einer Gesellschaft vertrauensvoll hält.
9. Der negativ angepasste Kind-Ichzustand (−aK): Ein Mensch, der aus diesem Ichzustand reagiert, übertreibt die Anpassung und ordnet sich ungefragt und unreflektiert in einem vorauseilenden Gehorsam jedem unter und will es dabei allen immer Recht machen. Typisch wäre hier zum Beispiel der „Schleimer", der in der Schule gerne seinem Lehrer die Tasche trägt.
10. Der positiv rebellische Kind-Ichzustand (+rK): Ein Mensch, der aus diesem Ichzustand heraus reagiert, rebelliert gerne gegen die Direktiven seines Gegenübers. Er lässt sich beispielsweise von seinem Chef nicht alles gefallen, konfrontiert und hinterfragt die Vorgaben und macht gerne mal eine spitze Seitenbemerkung, die ihm seine Autonomie und seine angemessene Eigenständigkeit lässt.
11. Der negativ rebellische Kind-Ichzustand (−rK): Ein Mensch, der aus diesem Ichzustand heraus reagiert, wird die Rebellion übertreiben. Vorgaben von außen werden immer und grundsätzlich abgelehnt, die Abwehr wirkt trotzig und übertrieben kindisch.

Selbstreflexion Ichzustände 1
Denken Sie an für Sie prägnante und typische Gesprächssituationen aus Ihrem Alltag:
1. Aus welchen Ichzuständen heraus reagieren Sie immer wieder gerne? Aus welchen Grundhaltungen heraus erleben Sie sich oft in der Kommunikation mit anderen Menschen?
2. Aus welchen Ichzuständen heraus hingegen reagieren Sie gar nicht oder eher selten? Welche Zustände sind für Sie eher fremd?

3.3 Die Transaktionsanalyse der Kommunikation

> 3. Wenn Sie sich in diese Ichzustände einfühlen, an welche Situationen in Ihrer Kindheit können Sie sich dabei erinnern, in denen Sie ähnlich gefühlt oder reagiert haben?

Parallele Transaktionen
Betrachten wir nun, wie sich diese verschiedenen Varianten der Ich-Zustände im alltäglichen Austausch mit anderen Personen verhalten und welche Art der Transaktionen daraus entstehen:

Beispiel
Erinnern wir uns an das Beispiel des Solocellisten Paul, der in einer Probenpause seine neue Kollegin angegangen war. Wie können wir diese Situation mit dem Prinzip der Ichzustände und der funktionalen Analyse auflösen und erklären (vgl. Abb. 3.3)? Paul sagte zu seiner Kollegin (Stimulus): „Du betonst immer völlig falsch! Das ist Dein großes Problem, Du hast einfach kein Gefühl für die richtige Betonung!" Paul fühlt, denkt und handelt in diesem Moment aus seinem negativ kritischem Eltern-Ichzustand (−kEL) heraus. Diese Art des Verfolgens wurde Paul von seinem Vater vorgelebt und hat ihn nachhaltig geprägt. Sein Vater war ebenfalls ein erfolgreicher Cellist und Paul konnte häufig erleben, wie sein Vater seine Schüler auf gleiche Weise kritisch ermahnt hat: „Du übst nicht richtig, die Stelle hat gestern schon nicht richtig funktioniert und so wie Du übst, wird das nie was!" Im Erwachsenenalter hat Paul die Haltung seines Vaters übernommen und agiert entsprechend.

Christine, die neue Kollegin, fühlt sich von ihrem Kollegen Paul angegriffen und wusste zunächst gar nicht, wie sie darauf reagieren sollte. Sie war merklich verunsichert und den Tränen nahe, vielleicht sagt sie noch: „Das tut mir leid, dass ich dich verärgert habe, wie kann ich das nur besser machen?" (Reaktion). Christine fühlt, denkt und handelt in diesem Moment aus ihrem negativ angepassten Kind-Ich-Zustand heraus. Sie fühlt sich wie damals als Kind, wenn Sie von ihrer strengen Mutter ermahnt und beschämt wurde und unter Tränen zu ihrem Vater gelaufen war.

In der Transaktionsanalyse wird diese Art der Kommunikation bzw. dieser Austausch von Transaktionen als **„parallele Transaktion"** bezeichnet. Paul agiert aus seinem negativ kritischen Eltern-Ichzustand heraus und spricht auf diese Weise den negativ angepassten Kind-Ichzustand von Christine an und Christine reagiert genau aus diesem Zustand heraus wieder parallel zurück zum negativ kritischen Eltern-Ichzustand von Paul.

Abb. 3.3 Parallele Transaktion

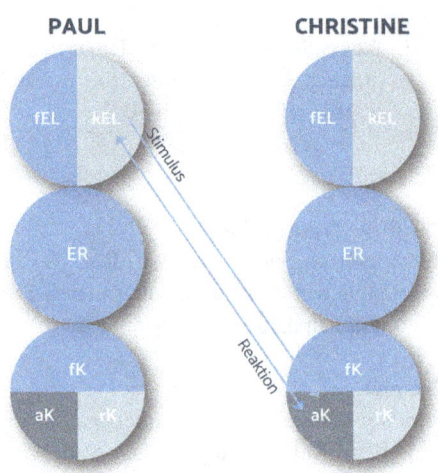

Verdeckte Transaktion

Neben der parallelen Transaktion existieren noch die Varianten der durchkreuzten und der verdeckten Transaktion: Im Fall einer **verdeckten Transaktion** gibt Person A einen Stimulus vermeintlich aus seinem Erwachsenen-Ichzustand heraus. Unterbewusst und verdeckt läuft aber ein Stimulus aus einem anderen Ichzustand heraus. Die Person B nimmt diesen Stimulus wahr und merkt unterbewusst oder auch bewusst, dass etwas mit dem Stimulus nicht stimmt. Der Stimulus ist nicht echt und authentisch (Plastikstroke). Macht Person B das Spiel mit, reagiert sie vielleicht ebenfalls mit einem Plastikstroke, d. h. sie redet aus dem vermeintlichen Erwachsenen-Ichzustand heraus, agiert aber ebenfalls aus einem anderen Zustand heraus. In unserem Beispiel (vgl. Abb. 3.4) machen sich unser Solo-Cellist Paul und seine Kollegin Christine im Stimmzimmer für einen Auftritt bereit. Beide sind schon ein wenig spät dran und Paul sagt zu seiner Kollegin aus seinem vermeintlichen Erwachsenen-Ichzustand heraus: „Weißt Du, wie spät es ist?" Im Grunde wirkt der Satz geschrieben erstmal recht authentisch, vielleicht hat Paul keine Uhr dabei und möchte einfach nur die Uhrzeit wissen. Auf der psychologischen Ebene möchte Paul, der seine Botschaft mit seinem typisch kritischen Blick bekräftigt, Christine aber eigentlich sagen: „Immer bist Du spät dran, das nervt! Komm jetzt, wir müssen los!" Christine gibt ebenfalls eine Antwort aus ihrem Erwachsenen-Ichzustand heraus vor: „Es ist zehn Minuten vor Acht!" Sie sagt diesen Satz aber mit einer zittrigen angekratzten Stimme, was ein Indiz dafür ist, dass sie auf der psychologischen Ebene aus ihrem negativ angepassten Kind-Ichzustand reagiert hat und

3.3 Die Transaktionsanalyse der Kommunikation

Abb. 3.4 Verdeckte Transaktion

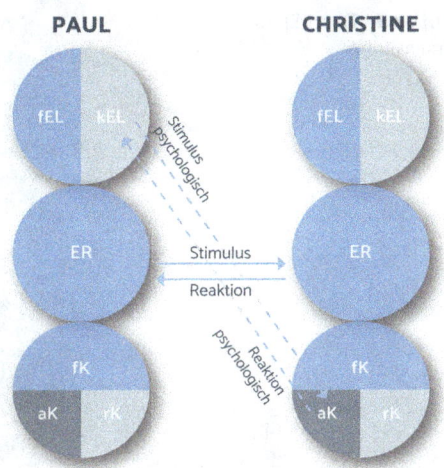

eigentlich sagen will: „Oh je, ich bin auch immer zu spät, warum passiert mir das immer wieder?"

Diese Art der verdeckten Transaktionen zeigen uns besonders deutlich, dass unsere Transaktionen neben dem reinen gesprochenen Text auch immer mehr oder weniger eindeutige Botschaften auf der nonverbalen Ebene vermitteln. Es kommt eben besonders darauf an, wie ein Satz gesagt wird, also von der Sprechmelodie, Betonung, Geschwindigkeit und Lautstärke her. Auch die Gestik und Mimik und Informationen der körperlichen Konstitution des Gegenübers werden wahrgenommen und spielen eine große Rolle, wie zum Beispiel Schweiß auf der Stirn oder eine schwere oder hektische Atmung. Die Wahrnehmung, Deutung und Verarbeitung des Gesagten läuft in Sekundenbruchteilen und meist unterbewusst ab. Die Antwort erfolgt gerade in stressigen Situationen damit dann oft prompt, unüberlegt und ebenfalls unterbewusst aus dem besonders geliebten und gewohnten Ichzustand heraus.

Durchkreuzte Transaktion

Diese Art der verdeckten Transaktionen, aber auch die oben genannten parallelen Transaktionen könnten beliebig lang weiter hin und her laufen, wenn nicht eine der beteiligten Personen die Architektur der laufenden Transaktionen unterbricht. Unterbrechen könnte sie, im Beispiel der parallelen Transaktionen, am ehesten Christine, wenn sie ihren Ichzustand wechseln würde. Paul sagt: „Du betonst immer völlig falsch! Das ist Dein großes Problem, Du hast einfach kein Gefühl

Abb. 3.5 Durchkreuzte Transaktion

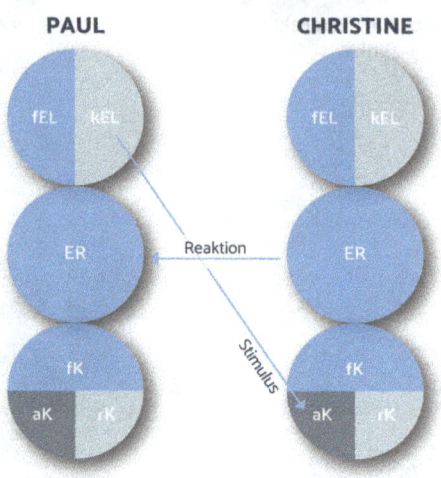

für die richtige Betonung!" Anstelle einer Antwort aus ihrem negativ angepassten Kind-Ichzustand heraus durchbricht Christine die parallele Transaktion mit einer Antwort aus ihrem Erwachsenen-Ichzustand heraus: „Ich sehe, dass Du verärgert bist. Mein Vorschlag wäre, dass wir kurz zusammen ins Stimmzimmer gehen und die Sache gemeinsam klären. Wir finden bestimmt eine einvernehmliche Lösung." Christine durchbricht die parallele Transaktion und es entsteht eine **durchkreuzte Transaktion** (vgl. Abb. 3.5).

Auf diese Weise hat es Christine geschafft, die unangenehmen und abwertenden Vorwürfe von Paul abzuwehren und zu entkräften. Sie hat damit die ungesunden und nicht zielführenden Transaktionen durchbrochen und zudem ein Angebot gemacht, den Konflikt und die fachliche Unstimmigkeit gemeinsam auf Augenhöhe zu lösen.

Genau dieser positive Ausgang ist dann auch der Nutzen der funktionalen Analyse von Transaktionen und Stimuli. Kommunikationen können auf diese Weise in eine wertschätzende Richtung gelenkt werden, nehmen einen angenehmen zwischenmenschlichen Verlauf und erzielen somit ein gewinnendes Ergebnis.

Erfolgreich werden Gespräche dann, wenn störende und dysfunktionale Stimuli schon zu Beginn durchkreuzt werden und parallele oder verdeckte Transaktionen erst gar keine verletzenden Verläufe nehmen können. Eine Reaktion aus dem gewinnenden Erwachsenen-Ichzustand kann erfolgen, wenn man einen provokanten oder destruktiven Stimulus seines Gegenübers bewusst wahrnimmt und sich nicht zu unbewussten impulsiven Reaktionen verleiten lässt.

Die Persönlichkeit eines Menschen ist von allen drei Ichzuständen geprägt. Jeder hat dabei seine ganz individuellen Lieblings-Ichzustände, die er immer wieder gerne, besonders in angespannten und stressigen Situationen benutzt. Paul reagiert zum Beispiel besonders häufig aus seinem Eltern-Ichzustand heraus, andere, wie z. B. Christine, eher aus dem Kind-Ichzustand. Beide Personen tragen aber auch alle anderen Anteile in sich, vielleicht in einer Situation dann weniger stark ausgebildet.

Die Emotionen, die kreative freie Spontaneität und das lustvolle Agieren des Kind-Ichzustands bereichern die Persönlichkeit eines jeden Menschen ungemein, somit sollen wir nicht anfangen, diese Anteile zu unterbinden. Vielmehr ist es entscheidend, wie bewusst wir mit diesen Anteilen umgehen und wie wir sie im Alltag gewichten. Es ist förderlich zu bemerken, wenn ein Kind-Ich Anteil in einem Gespräch hinderlich ist, es nicht zum Ziel führt, vielleicht sogar unangenehm und ungesund ist. Auf diese Weise kann man den Zustand bewusst wechseln, sich schützen und eine Lösung befördern. Man kann aber auch seine Kind-Ich Anteile nutzen, um einen Vorgang zu beflügeln, emotional aufzuladen und einem Gespräch eine freudige oder humorvolle Grundstimmung zu geben. Auch ein ausgeprägtes Eltern-Ich kann sehr hilfreich und positiv sein, wenn wir an den Vater denken, der sein Kind auf die gefährliche Straße aufmerksam macht oder ein Chef, der mit einem positiv kritischen Eltern-Ich seinen Mitarbeitern eine klare und transparente Grundstruktur gibt, an der sie ihre Arbeit orientieren können. Auf diese Weise ist es möglich, im beruflichen Kontext ein Gespräch aus seinem Erwachsenen-Ichzustand zu führen und diesen dann und wann mit Anteilen des Kind-Ichs oder Eltern-Ichs anzureichern und zu bereichern. Dann nutzen wir unsere gesamten Anteile unserer Persönlichkeit und können ein reichhaltiges lebendiges Miteinander gestalten, Vorgänge gut und mit Freude und Lust voranbringen und Konflikte wertschätzend miteinander lösen.

Selbstreflexion Ichzustände 2
1. Können Sie sich an Situationen mit Ihren Mitmenschen erinnern, die für Sie unangenehm abgelaufen sind oder einen nicht zufriedenstellenden Ausgang genommen haben? Schreiben Sie diese Situation auf und analysieren Sie mit den genannten Diagnoseformen die Ichzustände der Gesprächsteilnehmer.
2. Was hätten Sie anders machen können, wie hätten Sie den Verlauf des Gesprächs positiv steuern können?
3. Gehen Sie gedanklich die Personen durch, mit denen Sie im Alltag zu tun haben, beruflich oder privat. Haben Sie eine Vorstellung oder Idee,

> aus welchen Ichzuständen heraus diese Personen hauptsächlich reagieren und was das bei Ihnen auslöst?

3.4 Kommt das an, was ich sage? – Die vier Seiten einer Nachricht

Stellen wir uns folgende Probensituation eines Streichquartetts vor: Der Primarius bricht mitten im Satz ab und sagt zu seinem 2. Geiger: „In Takt 44 spielst Du einen Sechzehntel-Lauf, irgend etwas stimmt da nicht!" Der 2. Geiger fühlt sich sichtlich angegriffen und entgegnet zurück: „Ich weiß, der Lauf ist noch nicht gut, das ist echt eine schwere Stelle, daran arbeite ich noch!" Der Primarius schaut unverständlich und verwirrt in die Runde seiner Kollegen und sagt: „Spielen wir die Stelle doch einfach nochmal, beginnen wir in Takt 30 bei dem Doppelstrich."

Was war hier passiert? Die Situation scheint nicht zufriedenstellend gelöst. Alle vier Beteiligten des Streichquartetts sind verwirrt über den Ausgang dieser Kommunikation und das Problem an sich scheint nicht gelöst zu sein. Sie wirken verschämt über die Reaktion der 2. Violine und spielen es einfach nochmal und hoffen, dass es jetzt klappen wird. Was sie noch nicht wissen, es wird auch beim zweiten Durchspielen nicht funktionieren, da das Notenmaterial in Takt 44 fehlerhaft ist. Ein Wiederholen der Passage ist also nicht zielführend. Es wird unnötig Probenzeit vergeudet und die vier Kollegen bleiben genervt und verstört zurück von der abgelaufenen Kommunikation.

Wir können diese Situation sehr gut nach dem Prinzip „Die vier Seiten einer Nachricht" auflösen (Schulz von Thun 1981, S. 27 ff.). Nach diesem Prinzip ist es im Kontext einer Kommunikation möglich und hilfreich, eine Aussage einer Person unter vier Gesichtspunkten und Ebenen zu betrachten: auf der Sachebene, auf der Ebene der Selbstoffenbarung, auf der Beziehungsebene und der Appell-Ebene:

Sachebene
Die Sachebene ist der Anteil der Nachricht, der Daten und Fakten der Nachricht vermittelt.

Ebene der Selbstoffenbarung
Dieser Anteil der Nachricht vermittelt die persönlichen Beweggründe bzw. den persönlichen Anteil einer Nachricht. Das dahinter liegende Interesse.

3.4 Kommt das an, was ich sage? – Die vier Seiten einer Nachricht

Beziehungsebene
Diese Ebene vermittelt Botschaften auf der Basis der Beziehung der im Gespräch beteiligten Personen. Was hält der Sender von seinem Empfänger, welche Gefühle und Meinungen hat er von seinem Gegenüber.

Appell-Ebene
Diese Ebene vermittelt, was ich mit meiner Nachricht bezwecke. Was soll mein Gegenüber tun, wozu fordere ich ihn auf? Was sind die nächsten Schritte, um die ich bitte.

Angewendete auf den konkreten Fall bedeutet dies für Sender und Empfänger der Nachricht:

Sender (Primarius)

> **Sachebene:** In Takt 44 gibt es möglicherweise einen Fehler im Notenmaterial in der 2. Violin-Stimme
> **Selbstoffenbarung:** Ich höre da einen Fehler im Zusammenspiel, kann aber nicht verifizieren, woran es liegt.
> **Beziehung:** Wir können den Fehler zusammen erkennen und gemeinsam beheben.
> **Appell:** Bitte nenne mir die konkreten Noten in Deinem Takt!

Der Empfänger, die 2. Violine, hat die Nachricht seines Kollegen unter diesen vier Aspekten folgendermaßen verstanden:

Empfänger (2. Violine)

> **Sachebene:** In Takt 44 stimmt etwas nicht.
> **Selbstoffenbarung:** Der Fehler liegt an Dir (der 2. Violine), Du spielst falsch.
> **Beziehung:** Du bist ein schlechter Geiger und hast wie immer nicht geübt!
> **Appell:** Übe bitte demnächst vor den Proben, bereite Dich besser vor!

Auch wenn es in Probensituationen oft nur um scheinbar sachliche oder fachliche Aspekte geht, spielen immer diese vier Ebenen eine Rolle, wenn wir gemeinsam arbeiten und kommunizieren. Nach dem aktuellen Stand der Hirnforschung weiß man, dass sachliche Informationen vom menschlichen Gehirn alleine nicht in der Lage sind, Menschen nachhaltig zu beeinflussen, während unsere Emotionen starken Einfluss auf unser Denken und Handeln haben. Eine zentrale Rolle hierbei spielt im Gehirn das limbische System. Beim limbischen System handelt es sich um ein ausgedehntes Netzwerk von größeren und kleineren Hirngebieten, die mit emotional-affektiven Zuständen in Verbindung mit Vorstellungen, Gedächtnisleistungen und der Bewertung, Auswahl und Steuerung von Handlungen zu tun haben (Roth und Ryba 2016, S. 132). Wenn die Inhalte auch noch so sachlich sein mögen, schaffen wir es nicht, unsere Gefühle außen vor zu lassen. Die Informationen passieren immer dieses für uns Menschen wichtiges Nadelöhr. Der 2. Geiger in unserem Streichquartett ist von der Grundtendenz her oft von Selbstzweifeln geplagt und fühlt sich sofort angegriffen, als der Primarius eine bemerkte Unstimmigkeit anspricht. Der Primarius und die anderen beteiligten Kollegen klären die Lage aber nicht auf, sondern sind verschämt von der Äußerung des 2. Geigers und spielen die Stelle einfach noch mal.

Wie können wir solche Missverständnisse und Probleme in der Kommunikation beheben? Wie können wir sicherstellen, dass unsere Zusammenarbeit effizient und für alle zufriedenstellend abläuft? Wenn wir den vorliegenden Fall mit dem Konzept der „Vier Seiten einer Nachricht" betrachten und auflösen, wäre es hilfreich, wenn der 2. Geiger auf allen vier Ebenen der Nachricht dasselbe Verständnis hat, wie sein Kollege, der Sender der Nachricht. Wie könnte der Primarius also seine Aussage anders formulieren, um ein Missverständnis zu vermeiden, zumal er wahrscheinlich schon aus Erfahrung weiß, wie schnell sich sein Kollege persönlich angegriffen fühlt. Er könnte zum Beispiel sagen: „Könntest Du mir bitte Deine Noten in Takt 44 nennen? Ich höre, dass unsere beiden Stimmen da nicht zusammenpassen und vielleicht gibt es da einen Druckfehler." Auf diese Weise ist auf allen vier Ebenen die Nachricht klarer formuliert, die Aussage lässt weniger Möglichkeiten der Interpretation oder Fehlinterpretation zu. Auch der Empfänger, der 2. Geiger hätte die Chance, die Situation aufzuklären, bevor es zu Missverständnissen und Verstimmungen führt. Er könnte vor seiner Reaktion prüfen, ob er die Nachricht seines Kollegen richtig verstanden hat oder es noch Unklarheiten gibt. Er könnte nachfragen und nachzuprüfen, ob sein Eindruck, dass er nicht richtig gespielt habe, weil er nicht gut geübt habe, dem Ansinnen seines Kollegen entspricht: „Hast Du den Eindruck, dass ich falsch gespielt habe oder meinst Du, dass es einen Fehler in den Noten gibt?"

Für eine erfolgreiche Kommunikation spielt es also eine Rolle, welche Botschaften der Sender auf diesen vier Ebenen sendet und welche Botschaften der Empfänger auf eben diesen vier Ebenen auch wirklich empfängt. Auch wenn der Empfänger die Worte hört, die gesagt wurden, bedeutet das noch lange nicht, dass er auch die wirklich dahinter liegenden Botschaften des Senders auf diesen vier Ebenen verstanden oder eben richtig verstanden hat. Gerade wenn es um komplexe Botschaften

3.4 Kommt das an, was ich sage? – Die vier Seiten einer Nachricht

auf der Beziehungsebene geht, sind nähere Erläuterungen und klare Formulierungen wichtig. Als Sender einer Nachricht kann es hilfreich sein, nachzufragen, ob das Gesagte verstanden wurde, der Empfänger hat wiederum die Möglichkeit, das Gesagte in seinen eigenen Worten zu wiederholen. Beide Seiten bemühen sich auf diese Weise, ein gemeinsames Verständnis der Ursprungsnachricht zu entwickeln, worum es dem Sender genau geht. Erst wenn beide den Eindruck haben, dass ein gemeinsames Verständnis vorliegt, sollte der Empfänger darauf reagieren und seine Rückschlüsse und Konsequenzen ziehen.

Dieses Beispiel zeigt uns, wie wichtig und entscheidend in der Zusammenarbeit und in der Kommunikation einzelne feine Formulierungen sind. Wenn man bedenkt, welche Auswirkungen auf der persönlichen Ebene dahinterstecken, oder welche inhaltlichen Beschlüsse mit möglicherweise weitreichenden Entscheidungen aus einem Gespräch resultieren können. Eine erfolgreiche klare Kommunikation, ein Austausch mit klaren Botschaften hilft uns, Entscheidungen zu treffen, die andere verstehen und in der Folge unterstützen können. Eine gute und wertschätzende Zusammenarbeit resultiert zum großen Teil aus einer erfolgreichen Kommunikation – ein weiteres wichtiges Puzzleteil für den Erfolg eines gesamten Teams, des gesamten Orchesters.

> **Selbstreflexion „Vier Seiten einer Nachricht"**
> Können Sie sich an Gespräche und Situationen erinnern, in denen Missverständnisse zu einem unglücklichen und nicht zufriedenstellenden Ausgang geführt haben? Haben Sie jemanden missverstanden oder haben Sie gemerkt, dass jemand Sie nicht richtig verstanden hat?
> 1. Beschreiben Sie diese Situation und notieren Sie, soweit sie sich noch erinnern können, den genauen Wortlaut der abgelaufenen Kommunikation.
> 2. Bewerten Sie die formulierten Aussagen in dieser Situation unter dem Aspekt der „Vier Seiten einer Nachricht".
> 3. Wie hätten Sie oder Ihre Gesprächspartner die Formulierung ändern können, um die Nachricht klarer und unmissverständlicher zu formulieren? Wie hätte die Situation einen anderen Ausgang nehmen können?

3.5 Dramadreieck und Gewinner-Dreieck

In Konfliktsituationen nehmen Menschen häufig eine ganz bestimmte Position und Rolle ein. Der Transaktionsanalytiker Stephen Karpman hat dazu ein sehr hilfreiches Konzept entwickelt: das **„Dramadreieck"** (Stewart und Joines 1990, S. 338) (vgl. Abb. 3.6).

Die drei Positionen und Haltungen der Teilnehmer eines Dramadreiecks sind:

Der Verfolger
Der Verfolger greift an, beschimpft, macht Vorwürfe, beschwert sich über einen Sachverhalt oder über ein Verhalten einer Person. Er empfindet sich im Recht, andere Personen abzuwerten und herabzusetzen. In unserem Beispiel mit dem Solo-Cellisten Paul nimmt Paul die Rolle des Verfolgers ein, geht in den Kampf-Modus und wertet Christine mit seinem Verhalten und seinen Äußerungen ab. Der Verfolger ist mit seiner ganzen Haltung, mit seinem Denken, Fühlen und Verhalten in dieser Position verfangen. Der Verfolger ist im Stress, das aktiviert bei ihm im Gehirn die Ausschüttung der Neuromodulatoren Adrenalin und Noradrenalin. Dies führt im Bruchteil einer Sekunde zu einer Erhöhung des Muskeltonus, der Reaktionsbereitschaft und der Aufmerksamkeit. Das Hormon Cortisol aktiviert zudem die Hirnzentren, die Verhaltensweisen zur Beseitigung der Belastung oder Bedrohung auslösen, wie Flucht, Abwehr oder wie bei Paul, der Kampf (Roth und Ryba 2016, S. 136–138). Je nachdem, wie gut das interne Beruhigungssystem ausgestattet ist und das Stressverarbeitungssystem funktioniert, braucht es mehr oder weniger

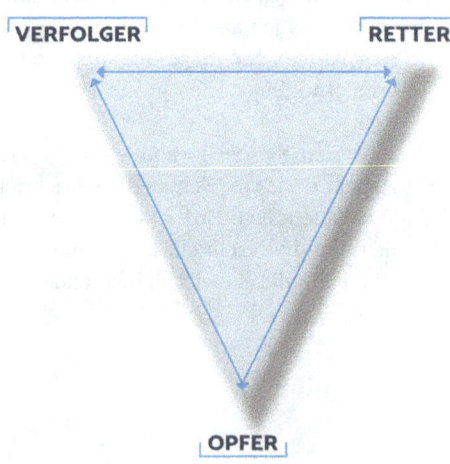

Abb. 3.6 Dramadreieck. (© Stephen Karpman)

3.5 Dramadreieck und Gewinner-Dreieck

Zeit, bis der Verfolger in den Normalzustand zurückkehrt und für Argumente und logische Zusammenhänge wieder empfänglich wird.

Das Opfer
Kein erwachsener Mensch ist in einem verbalen Konflikt automatisch ein Opfer, nur weil er von einem Verfolger angegriffen wird. Eine Opfer-Haltung entsteht, wenn sich eine Person „zum Opfer machen lässt". Wenn Christine sich in unserem Fall in Rechtfertigungen und Entschuldigungen verstrickt und sich von Paul einschüchtern lässt, gerät sie aus einer negativ angepassten Kind-Position in die Opfer-Rolle. Vielleicht wendet sich auch verletzt von ihm ab, geht zu einer anderen vertrauensvollen Person aus dem Orchester und „holt Verstärkung". Sie geht aus dieser Opfer-Position heraus davon aus, dass sie selber die Situation nicht lösen kann. Sie wertet ihre eigenen Möglichkeiten und Fähigkeiten ab, sich der Situation zu stellen und sie zu lösen. Sie ergibt sich und fügt sich dem Angriff vom Verfolger Paul. Auch bei der Opfer-Position spielen die Neuromodulatoren und Hormone im Gehirn wieder eine wichtige Rolle. Christine neigt dazu, in dieser Notsituation mit Flucht zu reagieren. Sie geht nicht in den Gegenangriff über und wird selber zum Verfolger, sondern entflieht ihrem Angreifer. Neben der Flucht-Tendenz, wie sie Christine gezeigt hat, gäbe es für das Opfer noch die Variante der Erstarrung, also gar nicht mehr zu reagieren, gar nicht mehr zu sprechen und mit eingefrorener Miene und Haltung vor dem Angreifer in Erstarrung zu verfallen.

Der Retter
Der Retter lässt sich entweder von einem Opfer in diese Position einladen, oder er versucht andere aktiv zum Opfer zu machen, um in die gewünschte und vielleicht geliebte Retter-Rolle zu kommen. Der erste Fall wäre gegeben, wenn Christine zu Ihrer Kollegin geht, ihr von dem Vorfall berichtet und erwartet, dass die Kollegin „sie rettet". Also zu Paul geht, ihm mal richtig die Meinung sagt, dass er Christine nicht so behandeln soll und auf diese Weise stellvertretend für sie die Situation klärt. Die andere Variante des Retters sucht sich aktiv Opfer-Personen aus oder versucht andere Menschen zu Opfern zu machen um sich auf diese Weise wichtig, gebraucht und gesehen zu fühlen. Der Retter wertet ebenfalls das Opfer ab, ähnlich dem Verfolger. Der Retter ist in der Haltung, dass man den armen anderen Menschen doch helfen müsse und geht nicht davon aus, dass die Menschen selber genügen Ressourcen und Möglichkeiten zu haben, selbstverantwortlich in den Austausch zu gehen oder sich zu melden, wenn Sie an einer bestimmten Stelle Unterstützung benötigen.

Das Dramadreieck-Spiel, diese Art des Auslebens eines Konflikts kann beliebig lange gespielt werden. Es werden immer mehr Argumente gefunden, die entsprechend laut und vorwurfsvoll vermittelt werden, es werden vielleicht auch noch weitere Personen mit in den Konflikt einbezogen. In einem Dramadreieck-Spiel passiert es sehr häufig, dass die Personen ihre Rollen während des Konfliktes wechseln. Die Kollegin von Christine könnte von der Retter-Rolle in die Verfolger-Rolle gehen und Paul angreifen. Dann könnte Paul in die Opfer-Rolle wechseln, ganz ruhig und unsicher werden und äußern, dass er sich von seiner Gruppe schlecht behandelt fühlt und er immer für alles verantwortlich gemacht wird. Solange die handelnden Personen nicht die Fähigkeiten und Wertigkeiten der anderen anerkennen und gelten lassen, und selber Verantwortung für ihr eigenes Tun übernehmen, wird es schwer sein, solche Konflikte wirklich von Grund auf zu lösen, statt nur einen „Burgfrieden" zu erreichen. Erst wenn die Beteiligten aus ihrem autonomen Erwachsenen-Ichzustand reagieren, Verantwortung übernehmen und alle Beteiligten als gleichwertige Menschen erachten, werden sie einen Weg zur echten und nachhaltigen Einigung und Lösung erkennen.

> **Selbstreflexion Dramadreieck**
> Können Sie sich an eine Konfliktsituation erinnern, in der Sie in eine der drei Rollen geraten sind?
> 1. Beschreiben Sie die Situation und verteilen Sie die Rollen des Dramadreiecks an die Beteiligten.
> 2. Gib es eine bestimmte Rolle, die sie häufiger einnehmen?

Ein Dramadreieck zwischen drei Personen kann sich auch auf ganze Gruppen ausweiten. Dieses Spiel könnte im Grunde sogar das gesamte oder den Großteil des Orchesters betreffen. Ein typisches systemisches Dramadreieck, was im Orchesterzusammenhang immer mal wieder auftritt, ist ein Konflikt zwischen Orchester, Management und Dirigent. Wenn zum Beispiel ein Dirigent einen Wunsch beim Management durchsetzt, dass ein bestimmter Musiker des Orchesters in seinen Konzerten nicht mehr eingesetzt werden soll, da er nicht seinen Niveau-Anforderungen entspricht (gehen wir davon aus, dass in diesem Orchesterbeispiel der Dirigent diese Vollmacht hat). Der Dirigent wird zum Verfolger, in dem er den betreffenden Musiker nicht direkt anspricht und versucht, mit ihm eine Lösung zu finden, sondern den Wunsch und die Verfügung quasi „über Bande" über das Management spielt. Der betreffende Musiker nimmt die Opfer-Position ein und lässt sich in der Folge vom Orchestervorstand vertreten und retten. Der Orchestervorstand könnte dann wiederum zum Täter werden und das

3.5 Dramadreieck und Gewinner-Dreieck

Management wegen der Durchsetzung des Dirigenten-Wunsches angreifen. Möglicherweise lässt sich das Management daraufhin auf die Opferposition ein, wenn es den Vorgang und den Konflikt nicht gut steuern und moderieren kann. Der Vorstand könnte auch versuchen, das Management in die Retter-Haltung zu bringen, um dann den Dirigenten in seiner Entscheidung umzustimmen. Keine dieser Konstellationen und Möglichkeiten lösen das Problem, stattdessen handeln sich alle Seiten Verletzungen ein.

> **Selbstreflexion Dramadreieck**
> Denken Sie an eine typische oder auch konkrete Konfliktsituation in Ihrem Orchester, für die das Konzept des Dramadreiecks gut anzuwenden ist:
> 1. Was könnten Sie mit Ihren heutigen Möglichkeiten tun, die Situation zu lösen?
> 2. Auf welche Weise könnten die Konzepte der Ichzustände oder „die vier Seiten einer Nachricht" bei der Lösung der Situation unterstützen?

Es gibt verschiedene Wege und Möglichkeiten, das Dramadreieck-Spiel zu durchbrechen und damit gemeinsam eine mögliche Lösung für den Konflikt zu erarbeiten:

Aktivierung des Erwachsenen-Ichzustands

Eine Dramadreieck-Konstellation, die im Moment entsteht, also eine Konfliktsituation, die nicht schon seit längerer Zeit schwelt, kann relativ schnell gelöst werden, in dem man sich selber aus der Dramadreiecks-Rolle herausholt und seinen Erwachsenen-Ichzustand aktiviert. Man durchkreuzt damit die Transaktion und bringt eine neue Dynamik in die Situation (s. Abb. 3.5).

Erläuterung des Dramadreieck-Konzepts

Das Dramadreieck ist ein hilfreiches und gut verständliches Konzept, daher kann eine offene Erläuterung und Erklärung desselben mit seinem Spannungsverhältnis dieser drei Positionen die Konfliktparteien bei ihrem Lösungsprozess aktiv unterstützen. Es entsteht eine Metaebene, in der die Beteiligten nicht auf das Thema an sich blicken, sondern auf den gemeinsamen Prozess. Auch die Feedbackregeln (siehe oben) sind an dieser Stelle ein gutes Instrument, um zwischenmenschliche Themen wertschätzend miteinander zu besprechen.

Konfliktmediation
Sind die Parteien zu sehr in Ihren Rollen verstrickt, ist der Konflikt zu lange schon akut und sind die Verletzungen zu stark, ist es nur schwer möglich, als direkt Betroffener den Prozess zu lösen. An dieser Stelle braucht es eine Unterstützung von einer unparteilichen Person mit Kompetenz und Erfahrung im Bereich Konflikt-Mediation (siehe Kap. 6).

Gewinner-Dreieck
Aceh Choy entwickelte das Gewinner-Dreieck als Gegenmodell und Erweiterung zum Dramadreieck (1990, S. 40–46) (vgl. Abb. 3.7). Es gibt weiterhin die drei Rollen, mit dem Unterschied, dass die Menschen hier mit Eigenverantwortung und Autonomie aus ihrem Erwachsenen-Ich-Zustand reagieren:

- **Der Verfolger wird zum Konfrontierer:**
  Im Gewinner-Dreieck äußert der Verfolger seine Bedürfnisse klar und deutlich, er konfrontiert ein Thema mit den Beteiligten, aber er tut dies mit der nötigen Wertschätzung, ohne Schuldzuweisungen und Bestrafung. Daher nennen wir den Verfolger in diesem Zusammenhang auch Konfrontierer.
- **Das Opfer wird zum Bedürftigen:**

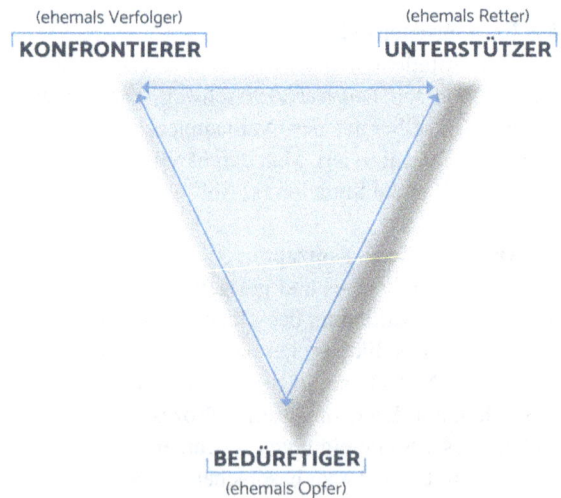

Abb. 3.7 Gewinnerdreieck. (© Aceh Choy)

Das Opfer ist verletzlich, aber nicht hilflos. Er trifft selbstständig und eigenverantwortlich Entscheidungen und sucht aktiv nach Lösungen und Optionen. Das Opfer nennen wir in diesem Zusammenhang dann auch nicht mehr Opfer, sondern Bedürftiger.
- **Der Retter wird zum Unterstützer:**
  Im Gewinner-Dreieck wird der Retter zum Unterstützer. Er zeigt sich fürsorglich (Handeln aus dem positiven fürsorglichen Eltern-Ich), nimmt aber dem vermeintlichen Opfer die Eigenverantwortung nicht ab, sondern bietet seine Unterstützung an.

Selbstreflexion Gewinner-Dreieck
Reflektieren Sie erneut Ihren persönlichen Fall des Dramadreiecks aus der letzten Selbstreflexion.
1. Welche weiteren Möglichkeiten sehen Sie, die Lösung des Dramadreiecks aus Ihrer Position heraus zu fördern?
2. Wie könnten die Rollen des Dramadreiecks aus dem konkreten Fall verändert werden, um die destruktive in eine konstruktive Kommunikation eines Gewinnerdreiecks zu verwandeln?

Literatur

Choy, Acey. 1990. The winner's triangle. Transactional Analysis Journal 20.
Gührs, Manfred und Nowak, Claus. 2003. *Trainingshandbuch zur konstruktiven Gesprächsführung*. Meezen: Limmer Verlag
Roth, Gerhard und Ryba, Alica. 2016. *Coaching, Beratung und Gehirn*. Klett-Cotta
Schulz von Thun, Friedemann. 1981. *Miteinander reden 1: Störungen und Klärungen*. Reinbek bei Hamburg: Rowohlt
Steiner, Claude M. 1978. *Die Stroke-Ökonomie*. Zeitschrift für Transaktionsanalyse. Paderborn: Junfermann Verlag
Stephanie der Jüngere, Johann Gottlieb, Libretto des Schlussgesangs aus: *„Der Schauspieldirektor"* von Wolfgang Amadeus Mozart, Quelle: CD-Booklet, Gesamtaufnahme. 2002. Cleveland: TELARC
Stewart, Ian und Joines, Vann. 1990. Die Transaktionsanalyse. Freiburg im Breisgau: Verlag Herder

Resilienz – psychische Widerstandsfähigkeit in der Orchesterwelt

4

Alle Musiker*innen, die ein Probespiel gewonnen und ein Probejahr in einem Sinfonieorchester erfolgreich absolviert haben, besitzen zweifelsohne eine gut entwickelte Resilienz. Ohne ihre psychische Widerstandsfähigkeit hätten sie vermutlich schon die Aufnahmeprüfung an einer renommierten Musikhochschule nicht bestanden.

Jeder Musiker und jede Musikerin hat in der Zeit des Studiums und der Ausbildung wahrscheinlich die eine oder andere kleinere oder auch größere persönliche Krise durchlebt, fachlich auf das Instrument bezogen oder im persönlichen Bereich. Der Beginn eines Studiums ist die Zeit der Ablösung von zu Hause und der Aufnahme eines autonomen selbstverantwortlichen Lebens. Die Entscheidung für ein Studium, vielleicht ein Umzug in eine fremde Stadt und die Loslösung von einem gewohnten sozialen Umfeld. Wie schaffen es angehende Musikstudent*innen, schon bei den Aufnahmeprüfungen und im Probespiel die nötige psychische Widerstandsfähigkeit parat zu haben, wie können sie alle persönlichen Zweifel und Unsicherheiten überwinden? Vielleicht haben viele nie wirklich Zweifel an dem, was Sie tun und sind stets stringent und zweifelsfrei an dem einen großen Ziel verhaftet. Das ist aber eher die Seltenheit, die meisten Menschen erlangen gerade durch bewältigte Krisen zu neuer Energie und Stärke und entwickeln ein gesundes Selbstbewusstsein.

Warum verzweifeln so manche daran, Musiker*in zu werden, warum lassen sie ihre Nerven im Stich, warum sind sie mental und technisch auf ihrem Instrument nicht erfolgreich, warum können sie ihre Fähigkeiten nicht zeigen, wenn sie vor einer Kommission oder vor Publikum stehen, obwohl sie es sich doch so sehr wünschen? Was macht andere wiederum so stark?

Vielleicht sind einige auch im Studium und in der Anfangszeit im Orchester sehr stark, nichts kann sie beunruhigen und aus der Bahn werfen und plötzlich merken sie, nach langjähriger Berufserfahrung, dass sie unsicher werden, sich im Konzert nicht mehr so wohlfühlen wie sonst, alles möchte nicht mehr so ohne weiteres Gelingen. Was ist passiert und wie kommt man dann zur gewohnten Stärke zurück?

Neben den körperlichen Gegebenheiten und genetischen Veranlagungen, die sicherlich auch immer bei allen Entwicklungen, Erfolgen und Misserfolgen beteiligt sind, wollen wir uns hier auf die Bereiche konzentrieren, die konkret veränderbar sind. Es gibt gute Nachrichten: Die Resilienz, die psychische Widerstandsfähigkeit, die Ressourcen, Krisen zu bewältigen und durchzustehen, gehören definitiv zu den Bereichen, die persönlich veränderbar sind und positiv beeinflusst werden können.

Selbstreflexion persönliche Krisen
1. Wie haben Sie persönlich bisher Ihre Zeit als Musiker*in erlebt, in der Zeit, in der Sie sich entschieden haben, professionelle/r Musiker*in zu werden, die Zeit des Studiums, während der Probespiele und Ihre Zeit im Orchester? Haben Sie Krisen durchlebt und erlebt? Beschreiben Sie diese.
2. Gibt es bestimmte Krisen, die sie immer wieder erleben?
3. Wie konnten und können Sie Ihre psychische Stärke zurückerlangen, was hat Sie wieder erfolgreich gemacht?

Eine persönliche Krise deutet sich in der Regel schon sehr frühzeitig an, wenn sie nicht durch ein plötzlich eintretendes Ereignis von außen ausgelöst wird. Eine Krise kann sich beispielsweise durch eine innere Unruhe, Herzklopfen oder Herzrasen andeuten. Symptome, Reaktionen und Alarmzeichen des Körpers, deren Ursache und Auslöser sich einem möglicherweise nicht direkt bewusst erschließen. Weitere Anzeichen können sein: unruhiger Schlaf, der sich bis zur Schlaflosigkeit steigern kann, diffuse und nicht erklärbare Ängste und Unsicherheiten, ständig grüblerische Gedanken, schnelles gereizt sein, das Gefühl von Sinnlosigkeit und Erschöpfungszustände. Je nachdem, wie gut die eigene Resilienz ausgeprägt und ausgestattet ist, werden diese Zustände sich wieder legen, werden Sie mehr oder weniger bewusst oder unbewusst mit Ihren eigenen Schutz- und Hilfsmechanismen wieder auf die rechte Spur gelangen.

Im Wesentlichen sind es Eigenschaften und Persönlichkeitsmerkmale aus sieben unterschiedlichen Bereichen, die eine gute Resilienz ausmachen (vgl. Prof. Dr. Jutta Heller 2013):

1. Akzeptanz
2. Optimismus
3. Selbstwirksamkeit
4. Verantwortung
5. Netzwerkorientierung
6. Lösungsorientierung
7. Vision

Im folgenden Abschnitt gehen wir auf diese sieben Bereiche ein und betrachten sie im Rahmen der spezifischen Anforderungen im Berufsleben von Musiker*innen.

4.1 Akzeptanz

Die Fähigkeit zur Akzeptanz entscheidet darüber, wie viele ungeklärte Altlasten und Probleme man aus der Vergangenheit noch ständig mit sich herumtragen muss. Ballast, der davon abhält, offen, neugierig und interessiert auf Veränderungen und neue Lebensumstände einzugehen. Umgekehrt gesprochen werden die Menschen, die in der Vergangenheit persönliche Themen gut abschließen konnten und sich damit im reinen fühlen, es leichter haben, sich neuen Problemen zu stellen und diese wiederum mit der gemachten Erfahrung zu überwinden. Ist das Konto der unbearbeiteten Altlasten zu groß, bringt auch nur die kleinste Schwierigkeit und Problematik das Fass zum überlaufen und eine neue Krise steht im Raum.

Jeder Mensch hat seine ganz individuellen Methoden und Rituale, Belastungen loszuwerden und Altes loszulassen, Prozesse, die immer auch mit den Gefühlen von Schmerz und Trauer verbunden sind. Stellt man sich bewusst diesen Gefühlen und Prozessen, wird man sie abschließen können, drückt man sie weg, übergeht man sie oder kämpft dagegen an, sind die Themen nicht abgeschlossen und zeigen sich in aktuellen Situationen immer wieder und bringen den Schmerz und die Verunsicherung zurück. Ist der erste Schritt getan, und der Abschied durchlebt und gelebt, tritt eine Übergangsphase ins Leben, eine Aufbruchsstimmung entsteht und Neues kann entstehen. Lässt man sich dann von kleineren Rückschritten und Zweifeln an den neuen Entwicklungen nicht beirren und abschrecken, kann sich das Neue im Leben manifestieren und beim Gedanken an das Alte schwingen keine Ängste und Unsicherheiten mehr mit. Erst dann können wir davon sprechen, dass alte und vergangene Erfahrungen und Themen verarbeitet und abgeschlossen sind und die Vergangenheit akzeptiert ist.

Selbstreflexion Akzeptanz
In der letzten Übung haben Sie Ihre persönlichen Krisen in Ihrem Leben reflektiert.
1. Wenn Sie an eine der Krisen denken, sich bewusst in diese Zeit einfühlen, haben Sie immer noch Herzklopfen beim Gedanken daran? Bekommen Sie schweißige Hände oder können Sie wieder die Angst spüren, die Sie derzeit begleitete? Das könnten Anzeichen dafür sein, dass Sie diese Krise noch nicht ganz abschließen konnten.
2. Oder spüren Sie eine innere Stärke bei dem Gedanken daran und nehmen vielleicht ein kleines Lächeln oder entspanntes Schmunzeln wahr? Eine innerliche Haltung, die sagt: „Ach ja, das waren turbulente Zeiten, aber ich habe alles gut überstanden und ich bin gestärkt daraus hervorgegangen." Das wären gute Anzeichen dafür, dass Sie diese Krise bereits gut bewältigt haben.
3. Welche Rituale und Möglichkeiten nutzen Sie, um überholte und alte Themen loslassen zu können und zu verabschieden?

Beispiel
Das folgende Beispiel zeigt, welche Grundeinstellungen dabei unterstützen können, sich gestärkt und mit gutem Selbstbewusstsein den Herausforderungen des Alltags zu stellen:

Christine aus dem Kammerorchester (siehe Kap. 3) hatte während Ihres Studiums eine Krise. Es kam vor, dass sie ein Werk fleißig geübt und wirklich durchdrungen hatte und die Probe mit dem Korrepetitor der Durchlauf fehlerlos und mit großer Sicherheit gelang und trotzdem fühlte sie sich beim Vortrag des Werkes bei einem Klassenabend vor Publikum, beim Präsentieren vor der eigenen Klasse und ihrem Professor unwohl und unsicher. Sie hatte Angst davor, Fehler zu machen und beim Spielen „rauszufliegen". Die Unsicherheit ging dann so weit, dass ihr Bogen zu zittern begann und sie wirklich zwischendurch einen Blackout hatte. Sie spielte das Werk technisch und intonatorisch nicht auf dem Niveau, wie sie es eigentlich spielen konnte und wie es beim Durchlauf mit dem Korrepetitor zuvor noch gelang. Beim Vortrag fühlt sie sich minderwertig, sie schämt sich vor Ihrer Celloklasse und ihrem Lehrer, sie hat das Gefühl, nicht zu genügen und sich und ihren Lehrer enttäuscht zu haben. Sie fühlt sich **„nicht ok"**.

4.1 Akzeptanz

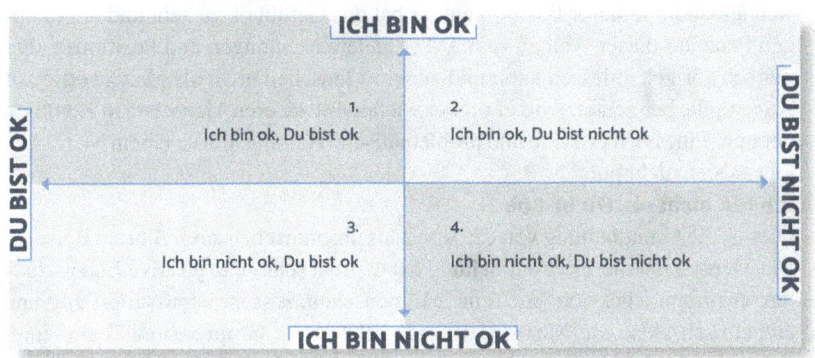

Abb. 4.1 Ok-Geviert. (© Franklin Ernst)

Das OK-Geviert

Das passende Konzept dazu aus der Transaktionsanalyse ist das „Ok-Geviert" von Franklin Ernst (Stewart und Joins 1990, S. 177):

In der Theorie gibt es dazu vier Grundhaltungen, die Menschen einnehmen können (vgl. Abb. 4.1):

1. **Ich bin ok, Du bist ok**
   Das ist die gesunde und anzustrebende Grundhaltung, eine Haltung, die die eigene Autonomie und die Autonomie des Gegenübers voraussetzt. Eine soziale und menschenfreundliche Haltung aus dem Erwachsenen-Ichzustand, bei der jeder Mensch gut und richtig ist, wie er ist. Man will die anderen nicht ändern und kritisiert nicht an ihnen herum, sondern man lässt sie so und nimmt sie so an, wie sie sind. Diese Haltung unterstützt und fördert eine gute und gesunde Resilienz.
2. **Ich bin ok, Du bist nicht ok**
   Diese Position ist die typische Haltung eines Verfolgers. Das wäre auch die Grundposition von dem Solo-Cellisten Paul aus unserem Beispiel aus dem Kammerorchester (siehe Kap. 3). Paul geht davon aus, dass er als Mensch, mit seiner Position und Haltung über anderen Menschen steht. Er geht davon aus, dass er die richtige Position hat und auch die richtige Person ist, Dinge zu entscheiden und über andere Menschen zu richten. Diese Position kann sogar recht gefährlich werden, wenn ein Mensch übergriffig ist und zur Gewalt neigt. Ein Mensch mit dieser Grundhaltung und in dieser Kombination endet dann oft vor Gericht und sogar im Gefängnis, wenn Situationen eskalieren. Im ersten Moment fühlt

sich jemand mit dieser Position gut, er hat das Gefühl ok zu sein und am richtigen Platz auf dieser Welt zu sein. Da er andere Meinungen und Positionen aber nur schwer gelten lassen kann und andere Menschen nicht als gleichwertig auf Augenhöhe betrachtet, wird er immer wieder mit anderen Menschen in Konflikte geraten. Eine hoch brisante und problematische Haltung, mit so einem Menschen lebt es sich nicht gut.

3. **Ich bin nicht ok, Du bist ok**
Dies ist die Grundhaltung von Christine aus unserem eben aufgeführten Beispiel. Ein Mensch mit dieser Grundhaltung hat erstmal sehr viele positive Eigenschaften: er nimmt Rücksicht auf seine Mitmenschen, ist sehr anpassungsfähig und empathisch. Also ein Mensch, der sich sehr gut in Gruppen und Teams integriert. Leider leidet dieser Mensch innerlich durchaus heftig. Er nimmt sich zurück, stellt sich und seine Bedürfnisse immer hinten an und fühlt sich dabei minderwertig. Dieser Mensch wird kein wirklich glückliches Leben führen können, wenn er nicht Menschen um sich hat, die auf ihn Rücksicht nehmen und quasi für ihn die Rolle des Schutzes übernehmen und für ihn schauen, dass seine Bedürfnisse Platz finden. Diese Retter-Rolle hilft dem potenziellen Opfer aber nur bedingt und bringt ihn nicht zurück in ein autonomes und selbstständiges Leben. Die einzige Chance, die ein Mensch mit dieser Grundhaltung hat, ist sich selber so anzunehmen, wie er ist und sich ok zu fühlen. Wenn er lernt, seine Bedürfnisse ernst zu nehmen und eine Haltung zu den Dingen zu entwickeln, kann er in die glückliche Lage kommen und eine Haltung „Ich bin ok – Du bist ok" zu erreichen. Die optimale Grundhaltung.

4. **Ich bin nicht ok, Du bist nicht ok**
Diese Position ist eine sehr düstere und lebensverneinende Position. Während die Position „Ich bin nicht ok, Du bist ok" immer noch eine Hoffnung und Hilfe in den anderen Menschen finden kann, ist der Mensch mit dieser Position wirklich hilflos und in einer negativen Haltung verhaftet. Aus seiner Sicht hat im Grunde doch alles keinen Wert und es lohnt sich nicht, morgens überhaupt aufzustehen. Ein Mensch mit dieser Grundhaltung wird wahrscheinlich eine schwere Depression erleben, wenn es ihm nicht gelingt, zumindest eine der Positionen in eine ok-Haltung zu bringen.

Selbstreflexion Grundhaltung
1. In welcher Grundhaltung erleben Sie sich und in welchen Situationen macht sich das bemerkbar?

4.1 Akzeptanz

> 2. Welche Grundhaltungen können Sie bei den Menschen feststellen, mit denen Sie zusammenleben oder arbeiten?
> 3. An welchen Stellen führt Ihre Grundhaltung oder die Grundhaltung Ihrer Mitmenschen zu Konflikten oder vielleicht auch zu einem symbiotischen Miteinander?
> 4. Welche Ressourcen und Möglichkeiten haben Sie, in die gesunde Haltung „Ich bin ok, Du bist ok!" zu kommen oder auch in stressigen und herausfordernden Situationen in dieser Haltung zu bleiben?

Aus der ethischen Grundhaltung der Transaktionsanalyse heraus geht man davon aus, dass der Mensch grundsätzlich mit der Haltung „Ich bin ok – Du bist ok" in die Welt hineingeboren wird. Das ist der optimale Fall und entspricht einem ursprünglichen vertrauten Verhältnis zwischen einem Baby und seinen Eltern. Im Laufe der Entwicklung kann ein Kind verschiedene Haltungen durchleben. Nach dem anfänglichen beidseitigen ok-ok merkt das Kind vielleicht, dass die Eltern genervt reagieren, weil es sich im Alltag nicht so verhält, wie es sich die Eltern wünschen würden. Es könnte in die Haltung geraten „Ich bin nicht ok – Du (in diesem Fall die Eltern) bist ok". Vielleicht kommt es folglich im jugendlichen Alter aus dieser Position in eine Trotzhaltung „Ich bin nicht ok – Du bist nicht ok".

Aus der persönlichen Entwicklung heraus hat man als Erwachsener bestimmte Tendenzen der Grundhaltung, in die man aus seiner Geschichte heraus immer wieder leicht hineinkommt. Christine hat die Tendenz, sich in Stresssituationen in kindliche Denk- und Fühlmuster zurückzuziehen und gerät in die Haltung „Ich bin nicht ok – Du bist ok (in dem Fall der Lehrer und die anderen Mitstudenten)". Aus der transaktionsanalytischen Theorie heraus gehen wir davon aus, dass alle Menschen vom Grundsatz her aber in Ordnung sind, also ok sind. In manchen Fällen kann es sehr anspruchsvoll sein, diese Grundhaltung zu akzeptieren. Viele Menschen, gerade wenn sie straffällig werden, findet man überhaupt nicht ok. Die Grundhaltung wäre hier, dass der Mensch, so wie er geboren wurde, auch ok ist, sein Verhalten ist aber nicht ok und dafür muss er sich verantworten. Christine hat die Tendenz, sich selber abzuwerten und kämpft in der Folge mit Lampenfieber auf der Bühne. Für sie wäre das Leben einfacher und sie könnte im Vortrag besser bestehen, wenn Sie sich so akzeptiert, wie sie ist und sie den Stand ihres Spiels so annehmen kann, wie er gerade ist. Auf diese Weise kommt sie aus den kindlichen Gefühlen heraus und kann im Hier und Jetzt aus Ihrem Erwachsenen-Ichzustand heraus denken, fühlen, handeln und vor allem spielen. Ausgehend von dieser Haltung kann sie die nächsten Schritte zum gewünschten Ziel planen. Alles, was Christine in dem Moment aus der Fühl- und Denkweise aus der Vergangenheit in die Gegenwart zurückholt, wird ihr helfen, aus dem angepassten Kind-Ichzustand heraus in die Fühl- und Denkweise der Gegenwart zu kommen. Sie wird einen guten Kontakt zu sich und ihrer aktuellen Umwelt herstellen können, wenn sie tief und bewusst atmet, mit der vollen Aufmerksamkeit im Hier und Jetzt ist und eine gute Bodenhaftung spürt.

Der erste Schlüssel zur Resilienz ist also **Akzeptanz**. Die Akzeptanz der eigenen Person und der Mitmenschen, die Akzeptanz der Vergangenheit und die Akzeptanz der Gegenwart, um für die Zukunft offen und frei zu sein.

4.1.1 Optimale Spannung und Konzentration

Die Cellistin Christine aus unserem Beispiel fühlt sich beim Vortrag im Klassenabend nicht wohl und in ihrem Spiel von ausgeprägtem Lampenfieber beeinträchtigt. Musiker*innen und auch andere Menschen, die etwas vor Publikum oder vor einem Mikrophon vortragen oder sprechen müssen, kennen diese ausgeprägte Form der Anspannung. Christine zittert beim Vorspiel der Bogen und sie hat einen Blackout. Weitere typische Symptome bei Lampenfieber sind Herzklopfen, beschleunigte Atmung, kalte Hände, Angstschweiß und ein trockener Mund. Vortragende empfinden diese Symptome als sehr unangenehm und störend, dabei sind dies die typischen Rettungsfunktionen des Körpers im Rahmen seines evolutionsbiologischen Programms, adäquat auf bedrohliche Situationen zu reagieren (vgl. Spahn 2012, S. 13). Der Körper stellt alle Körperunktionen auf Flucht oder Kampf bzw. Verteidigung ein und stellt damit die maximalen Energien und Ressourcen in kürzester Zeit zur Verfügung. Der beschleunigte Herzschlag und die schnelle Atmung bringen Sauerstoff und Energien in alle Regionen des Körpers und versorgen die Muskeln. Der trockene Mund wäre also durch die hohe Atemfrequenz zu erklären. Zudem verengen sich die Blutgefäße, was das Phänomen der kalten Hände zur Folge hat, das Zittern erzeugt Körperwärme und versetzt die Muskeln zusätzlich in Höchstform. Weiterhin werden unnötige Gedanken unterdrückt, damit sie den Kämpfer oder Fliehenden nicht von der nötigen Körperleistung ablenken, was ein Blackout beim Spiel erklären würde. Das sind alles hilfreiche Funktionen für einen Kampf oder eine Flucht, für die diffizilen Anforderungen eines musikalischen Vortrags aber zum Großteil unbrauchbar. Eine gewisse dosierte Spannung und Konzentriertheit helfen, für den Vortrag die maximalen persönlichen Fähigkeiten zu mobilisieren. Alles darüber hinaus ist

4.1 Akzeptanz

allerdings zu viel, behindert und blockiert den Vortrag und kann sich bis zur Auftrittsangst steigern. Die Reaktionen von Lampenfieber sind natürliche Reaktionen des Körpers, somit kann es nicht das Ziel sein, das Lampenfieber zu unterdrücken oder gänzlich abzustellen, sondern es auf ein gesundes Maß zurückzuführen und auf diesem fördernden Niveau zu stabilisieren.

> **Selbstreflexion Lampenfieber**
> 1. Welche Gefühle und Empfindungen haben Sie vor einem Konzert?
> 2. Welche verschiedenen Erfahrungen haben Sie im Laufe der Jahre Ihres Musikerlebens dazu gesammelt?
> 3. Welche Veränderungen und Entwicklungen haben sich bisher ergeben, welche Wünsche haben Sie?

Eine optimale Spannung und Konzentration vor und beim Auftritt wird maßgeblich von den folgenden vier Faktoren gesteuert und beeinflusst

1. Resilienz

Eine ausgeprägte und stabile Resilienz bildet in seinen sieben in diesem Kapitel ausgeführten Ausprägungen einen entscheidenden Faktor für eine ausgewogene funktionale Anspannung vor einem Auftritt.

2. Individuelle Vorbereitung und Nachbereitung

Eine gut balancierte Spannung und Konzentration auf der Bühne erreichen Musiker*innen zudem durch eine bewusste individuelle Vor- und Nachbereitung von Auftritten. Hierbei spielen die Fähigkeiten der eigenen Körperwahrnehmungen und des Körperbewusstseins in Kombination mit mentalen Potenzialen eine große Rolle. Der Markt bietet hierzu inzwischen eine reichhaltige Auswahl an allgemeinen oder musikerspezifischen Methoden: körperorientierte Ansätze wie Atem- und Entspannungsübungen, Meditation, Alexander-Technik, Feldenkrais-Methode, Imaginative Verfahren, Mentales Auftrittstraining etc., auch regelmäßiger Sport kann eine gute Grundkonstitution unterstützen. Jede Musikerin und jeder Musiker findet hierbei seine ganz eigene individuelle Kombination von Methoden, um für die Auftritte optimal vorbereitet zu sein. Ebenfalls individuell unterschiedlich ist die konkrete Vorplanung vor Konzerten: Eine Woche, ein Tag, eine Stunde vor dem Konzert oder der Moment direkt vor dem Auftritt, jeder Zeitpunkt im Vorfeld erfordert verschiedene Vorbereitungen, wie zum Beispiel Übeeinheiten am Instrument, körper- und geistliche Aktivitäten, Ruhe und Schlaf, eine bestimmte Ernährung und eigene Rituale.

Genauso wichtig wie die Vorbereitung ist die Nachbereitung von Konzerten. Ein Konzert ist für die meisten Musiker*innen ein intensives Erlebnis und im Anschluss braucht es genügend Zeit für einen Ausklang. Einige Musiker*innen sitzen gerne gemütlich beisammen, tauschen sich aus und feiern den Erfolg, andere wiederum suchen eher den persönlichen Rückzug und beschäftigen sich alleine. Auch hier hat jeder seine individuelle Art und Weise, die Anspannung zu verarbeiten und zu verdauen. Nur wer die Anspannung für sich sinnvoll und nachhaltig verarbeitet, wird wieder neue Kräfte und Energien für anschließende Projekte und Konzerte mobilisieren und eine gute und dauerhafte Grundkonstitution im Berufsleben erhalten können.

> **Selbstreflexion Vor- und Nachbereitung von Konzerten**
> 1. Welche Vorbereitungen treffen Sie für Ihre Auftritte? Eine Woche, einen Tag und eine Stunde vorher? Haben Sie Ihren passenden Weg dazu schon gefunden?
> 2. Welche mentalen und körperlichen Methoden haben Sie für sich entdeckt?
> 3. Welche Art der Nachbereitung von Konzerten hilft Ihnen, eine dauerhafte gute Grundkonstitution zu erhalten?

3. Routine

Ein weiter Faktor zur Ausbildung einer optimalen und ausgewogenen Spannung und Konzentration ist die Routine. Eine Abstumpfung im positiven Sinne lässt einen Auftritt weniger aufregend werden und das Lampenfieber geht auf ein normales Maß zurück. Durch eine langjährige Erfahrung können wir gut einschätzen, was einem persönlich auf der Bühne so passieren kann und man lernt, welche Art der Vorbereitung und welche Rituale es braucht, um Konzerte positiv zu erleben. Eine so erlangte Routine schafft Selbstvertrauen und gibt einem das Gefühl, die Situation unter Kontrolle zu haben und jederzeit selber steuern zu können. Daher ist es wichtig, bereits im jugendlichen Alter so viele Auftrittsmöglichkeiten wie nur möglich in den verschiedensten Kontexten zu bekommen. Aber auch im fortgeschrittenen Alter ist es wichtig, in Form zu bleiben, so können zum Beispiel kammermusikalische Aktivitäten neben dem kollektiven Orchesterdienst diese Routine bereichern und ergänzen.

4.1 Akzeptanz

4. Rituale und optimale äußere Voraussetzungen

Musiker*innen haben die verschiedensten Rituale (vgl. Spahn 2012, S. 49 ff.), die dabei unterstützen, die optimale Anspannung und Konzentration vor dem Auftritt zu erreichen. Manche motivieren sich selber, in dem Sie hinter der Bühne hochspringen, eine Faust ballen und Schreie von sich geben, manche ziehen sich eher zurück, schließen die Augen und zentrieren sich auf diese Weise mental, andere wiederum spielen bis zum letzten Moment und konzentrieren sich in der Verbundenheit zum eigenen vertrauten Instrument. Hierbei wäre dringend zu empfehlen, nicht gerade die schweren angstbesetzten Stellen immer wieder zu spielen und zu wiederholen. Dies bewirkt keine Sicherheit, sondern befeuert das Lampenfieber und man übt sich fest.

Manche Musiker*innen haben bestimmte Talismänner dabei, in der Hosentasche oder auch im Instrumentenkasten, Gegenstände oder auch Fotos oder Schmuckstücke. Auch bestimmte Nahrungsmittel oder Getränke haben einen ritualisierenden Charakter. Andere Rituale wiederum dienen eher der Distanzierung oder Ablenkung vom musikalischen Geschehen, wie zum Beispiel Lesen, Fernsehen oder Filme schauen oder auch Telefonate mit Freund*innen oder Angehörigen. Auch äußere Bedingungen haben einen entscheidenden Einfluss, wie zum Beispiel die Gegebenheiten des Konzertsaals wie Raumakustik, Klima und Licht, aber auch die Beschaffenheit der Garderobenräume, die Reaktionen des Publikums und der Grad der Belegung des Saals beeinflussen die Konzentrationsfähigkeit und den Grad der Anspannung des Vortragenden.

Selbstreflexion optimale Spannung und Konzentration
1. Welche Rituale helfen Ihnen, die optimale Konzentration und Spannung herbeizuführen?
2. Welche äußeren Umstände sind Ihnen wichtig und unterstützen Sie dabei?

Wenn Sie Ihre Konzentrationsfähigkeit und Ihren Umgang mit der Anspannung für Ihren Auftritt weiterentwickeln möchten, empfiehlt es sich, ein **Auftrittstagebuch** *zu führen. Hier können Sie Ihre Gefühle und Erfahrungen der einzelnen Konzerte festhalten und ihr Lampenfieber auch auf einer Skala von 1–10 beurteilen und dokumentieren: 1 = gelangweilt (zu wenig Spannung), 5 = optimale Spannung und 10 = zu viel Spannung (Auftrittsangst). Verwenden Sie die in diesem Buch* *angebotenen Übungen zur Selbstreflexion, um Ihre Fähigkeiten zur Selbstwahrnehmung und Selbststeuerung zu entwickeln. Ist die Anspannung zu groß und schätzen Sie Ihr Lampenfieber über einen größeren Zeitraum als leistungsbeeinträchtigend und sogar leistungsverhindernd ein, sollten Sie sich Unterstützung von einem erfahrenen Spezialisten suchen. Hierzu kann Ihnen beispielsweise die „Deutsche Gesellschaft für Musikphysiologie und Musikermedizin" vielfältige Empfehlungen und Ansatzmöglichkeiten geben.*

4.2 Optimismus

Optimismus ist und war schon immer eine populäre moderne Eigenschaft. „Think positiv" klingt es einem weltoffen und international in den Ohren. Nicht ohne Grund wird diese Eigenschaft so gerne verwendet und „ins Schaufenster" gestellt. Eine optimistische Grundeinstellung ist dabei ein zentraler Bestandteil und Grundlage der Resilienz. Es gibt viele Menschen, die erstaunlicherweise trotz bestimmter negativer Erfahrungen oder Erlebnisse ihren Glauben an sich nicht verlieren und immer von einer möglichen positiven Wendung einer Lage überzeugt sind. Möglicherweise wundert man sich dann darüber, wie ein Mensch mit diesen Erlebnissen immer noch eine Hoffnung und eine positive Einstellung einer Entwicklung gegenüber haben kann. Viele Menschen haben diese Einstellung nicht automatisch und perse, es ist aber doch mit relativ einfachen Mitteln möglich, seine Einstellung in dieser Hinsicht zu verändern, sich umzuprogrammieren und auf diese Weise zu lernen, seinen Fokus auf Positives zu lenken. Die Macht der eigenen Gedanken ist sehr stark und nur jeder selbst kann sie steuern und lenken und seinen Gemütszustand damit beeinflussen.

Wie kann man sich trotz einer kritischen Situation bewusst in eine positive und lebenbejahende optimistische Grundhaltung bringen? Hier bietet es sich an, sich die bereits erlebten glücklichen und erfolgreichen Momente und Zeiten in die heutige Zeit zurückzuholen. Die Erfolge der Vergangenheit können einem auch heute gut und exemplarisch als Ressource wieder zur Verfügung stehen.

Selbstreflexion Optimismus und Ressourcen
Entdecken Sie die bereits erlebte Lebensfreude wieder und begeben Sie sich dazu an einen ruhigen und entspannten Ort. Legen Sie sich auf den Rücken auf eine bequeme Unterlage und schließen Sie die Augen. Denken Sie an eine bestimmte glückliche und lebensfrohe Situation in Ihrem Leben.

4.2 Optimismus

1. Was sehen Sie vor Ihrem inneren Auge? An welchem Ort sind Sie?
2. An welche anderen sinnlichen Erfahrungen erinnern Sie sich in der Situation? Ist es ein bestimmter Geruch oder auch ein Geschmack, an den sie eine glückliche Erinnerung haben? Was hören Sie? Vielleicht eine Stimme einer Ihnen vertrauten Person oder bestimmte Geräusche der Umgebung? Ein Rauschen der Wellen am Meer oder das Rauschen der Blätter in der Natur?
3. Holen Sie sich das Bild aus der Vergangenheit so lebendig wie nur möglich in die heutige Zeit zurück. Vielleicht zaubert Ihnen die Erinnerung ein Lächeln auf Ihr Gesicht, Sie kommen in eine ganz entspannte und lebensfrohe Haltung und genießen das Glück, welches Sie jetzt wie wieder vor Augen haben.
4. Versuchen Sie, sich diese Situation ganz bewusst zu bewahren, merken Sie sich die Einzelheiten und speichern Sie die Details ab. Vielleicht schreiben Sie sich die Situation auf oder Sie nehmen sich ein Foto zur Hand, das Sie an diese Zeit erinnert. Hängen Sie sich Ihr Foto an den Ort auf, an dem Sie diese Glücks-Ressource gut brauchen können.

Als Musiker*in haben Sie noch eine weitere ganz besondere Möglichkeit, Glück zu konservieren und wieder abzurufen:

5. Versuchen Sie, sich an ein Werk zu erinnern, das Sie gespielt haben, als Sie sehr glücklich und zufrieden waren, ein Werk, dass Sie mit Freude und Hingabe gespielt haben.
6. Wenn Sie im Orchesteralltag nicht zufrieden sind oder vielleicht in einer persönlichen Krise stecken, spielen Sie jeden Tag, vielleicht beim Einspielen zu Hause oder vor der Probe wieder dieses Werk. Vielleicht auch nur einen kurzen Ausschnitt oder eine ganz besondere Passage daraus.
7. Aktivieren Sie Ihre Glücks-Ressourcen mit dieser ganz persönlichen Musik. Beobachten Sie sich dabei, in welcher Haltung Sie dieses Stück spielen, welches Körpergefühl haben Sie dabei? Speichern Sie auch dieses Körpergefühl bewusst ab und rufen sie es wieder ab, wenn Sie im Orchesteralltag während der Probe merken, dass Ihnen die richtige Lust und die Freude fehlen. Allein der Abruf der gespeicherten persönlichen Glücks-Haltung kann Sie in eine **optimistische** Grundhaltung zurückbringen.

4.3 Selbstwirksamkeit

Die Frage ist nicht, ob ein Mensch **selbstwirksam** sein kann oder selbstwirksam lebt, sondern ob er sich selber als selbstwirksam erlebt und wahrnimmt. Selbstwirksamkeit ist also im Grunde ein persönliches Gefühl oder eine persönliche Einschätzung des eigenen Lebens und Handlungsspielraums. Selbstwirksam erleben bedeutet, mit Selbstbewusstsein die eigenen erreichten Ziele auch als einen persönlichen Wert, als persönliche Errungenschaft zu erleben und wertzuschätzen und nicht als Zufallsprodukt oder als Errungenschaft der Mitmenschen zu bewerten.

Beispiel
Unsere Stellvertretende Solo-Cellistin Christine nimmt erfolgreich an einem Cellowettbewerb teil. Sie bekommt einen dritten Preis und ist am Ende mit ihrer Leistung sehr zufrieden und hat das Gefühl, als Mensch und Cellistin durch die intensive Vorbereitung des Wettbewerbs und durch den Wettbewerb selber einen großen Entwicklungsschritt gemacht zu haben. Sie hat die Endrunde des Erst- und Zweitplatzierten im Konzertsaal erlebt und gehört und gratuliert den beiden im Anschluss an ihren Vortrag begeistert zu Erfolg. Der zweitplatzierte Cellist Mario ist mit seiner Platzierung hingegen überhaupt nicht einverstanden und zufrieden. Er meint, dass der Erstplatzierte seinen Preis überhaupt nicht verdient habe: Er hätte überhaupt keine eigene ausgereifte Künstlerpersönlichkeit, er studiert bei einem berühmten Lehrer und würde diesen einfach nur imitieren. Zudem habe er einfach nur das bessere und teurere Instrument. Mario ist nicht in der Lage, seine eigene Leistung zu reflektieren, erlebt sich selber nicht als wirksam, sondern sieht die Platzierung als ein ungerechtfertigtes Ergebnis, was er selbst nicht beeinflussen kann.

Als selbstwirksam erleben sich die Menschen, die im Sinne einer Ok-ok-Haltung die Erfolge anderer Menschen anerkennen können und auch die persönlich erreichten Ziele nicht abwerten, sondern positiv bewerten, Menschen, die Ergebnisse erreichen, die auch den eigenen Zielen und Werten entsprechen und nicht nur dafür arbeiten und danach streben, anderen Menschen zu gefallen und deren Anforderungen und Wünschen zu genügen. Selbstwirksam erleben sich die Menschen, die einen selbstgesteuerten autonomen Alltag leben, ihre eigenen Stärken kennen und diese bewusst und mit positivem Stolz einsetzen und eine genaue Vorstellung davon haben, mit welchen Mitteln sich die eigenen Ziele erreichen lassen.

4.3 Selbstwirksamkeit

> **Selbstreflexion Selbstwirksamkeit**
> 1. Wie beurteilen Sie Ihre bereits erreichten Ziele? Können Sie diese als persönliche Errungenschaft anerkennen?
> 2. In welchen Situationen im Alltag können Sie sich als selbstwirksam erleben?

Ein Gefühl der Selbstwirksamkeit stellt sich dann ein, wenn das eigene Leben, die persönliche und berufliche Umgebung in Bezug auf das eigene Dasein und Tun als kohärent erlebt wird. Das Gefühl der Kohärenz besteht nach dem Konzept von Soziologen Aaron Antonovsky (1997, S. 33 ff.) aus drei wesentlichen Aspekten:

1. Die Fähigkeit, die Zusammenhänge des Lebens zu verstehen – das Gefühl der **Verstehbarkeit**
2. Die Überzeugung, das eigene Leben gestalten zu können – das Gefühl der **Handhabbarkeit oder Bewältigbarkeit**
3. Der Glaube an den Sinn des Lebens – das Gefühl der **Sinnhaftigkeit**

Selbstwirksamkeit bedeutet im Umkehrschluss aber auch, seine persönlichen Grenzen zu kennen und diese zu respektieren. Wer seine persönlichen Kompetenzen und Ressourcen genau einschätzen kann und diesen auch vertraut, wird eigene Prozesse und damit auch äußere Prozesse steuern können und einen hohen Grad an Selbstwirksamkeit wahrnehmen und einsetzen können. Selbstwirksamkeit kann man dann erleben, wenn einem die nötige Energie und Leistungsfähigkeit zur Verfügung steht. Entscheidend ist also die Fähigkeit, mit einem guten Kontakt zu sich und seinem Körper ein gutes Kontrollsystem für seine psychischen und physischen Leistungsgrenzen zu entwickeln und ein gutes Gespür, wie die eigenen Energien, die Batterien des Lebens, wieder aufgeladen werden können. Dem einen hilft es, sich mit einem Buch ins private zurückzuziehen und es sich auf dem Lesesessel bequem zu machen, dem anderen wiederum hilft es, Sport zu treiben, alleine oder in der Mannschaft, andere können Kraft schöpfen, indem sie mit der Familie Ausflüge machen und gemeinsame schöne Erlebnisse haben. Entscheidend ist also ein gutes Selbstmanagement, eine Art persönlicher Regenerationsplan, was in welcher Dosis in welcher Situation hilft, die Energien wieder aufzuladen.

> **Selbstreflexion Alarmsignale und Regeneration**
> 1. Welche Alarmsignale Ihres Körpers können Sie gut wahrnehmen, wenn Ihre Leistungsgrenze erreicht ist?
> 2. Welche Methoden der Regeneration nutzen Sie, um Ihre Lebensbatterien wieder aufzuladen?

Die Menschen, die ihr Leben als kohärent empfinden, ihren persönlichen Zielen vertrauen und diese mit dem bewussten Einsatz der eigenen Stärken mit Rücksicht auf die eigenen Ressourcen verfolgen, erleben sich als selbstwirksam und sind auf diese Weise mit einem weiteren wichtigen Baustein der Resilienz für die persönlichen Herausforderungen im Alltag gerüstet.

4.4 Verantwortung

Von Zeit zu Zeit mag man gerne glauben, dass andere Menschen für das eigene Glück und die eigenen Gefühle verantwortlich sind, das ist aber ein Irrglaube und bestätigt eher einschränkende Glaubenssätze und eine passive Lebensgrundhaltung. Für Kinder und Jugendliche trifft das mit Sicherheit zu, für sie sind bis zu einem gewissen Grad die Eltern und das soziale Umfeld der Kindheit verantwortlich. Im Erwachsenenalter trägt man diese Verantwortung für sich aber wieder ganz alleine, egal was war und ob man das will oder nicht. Man kann ab diesem Zeitpunkt nur noch persönlich und selbstwirksam etwas an der eigenen Situation ändern, auch wenn es zum Teil reizvoll und naheliegend sein mag, seine Eltern oder prägende Umstände und Personen für sein Schicksal verantwortlich zu machen. Mit Sicherheit ist die Kindheit eine prägende Zeit und die Eltern haben einen großen Anteil an dem, wer man als Erwachsener geworden ist, nur können die Eltern zu diesem Zeitpunkt leider nicht mehr sehr viel Einfluss nehmen. Gespräche und Aussprachen unterstützen auf dem Weg, Themen aus der Kindheit und Vergangenheit zutage zu bringen, Fragen stellen zu können und zu verstehen, warum etwas so gekommen ist, wie es gegenwärtig ist.

Die Transaktionsanalyse kann den Prozess zum selbstverantwortlichen Handeln und Lösen von Problemen mit dem Konzept „Passivität und Discounten" gut unterstützen. Eine Theorie, die in der Transaktionsanalyse auch Schiffsche oder Cathexis-Theorie genannt wird (Stewart und Joines 1990, S. 251). Das Discounten

4.4 Verantwortung

wird in der Transaktionsanalyse folgendermaßen definiert:' Unbewusst Informationen nicht zur Kenntnis nehmen, die für die Lösung eines Problems relevant sind'.

Denken wir als Beispiel dazu wieder an unseren Fall aus dem Kammerorchester. Paul fühlt sich gestört durch die Spielweise seiner neuen Kollegin Christine. Er schaut sie während des Spielens in der Probe kritisch von der Seite an, wird ärgerlich und bewegt sich beim Spielen demonstrativ im Takt mit. Er bemerkt, dass seine Kollegin darauf nicht reagiert und keine Besserung der Situation eintritt. Er wird so ärgerlich, dass ihm sein Gesicht hochrot anläuft. Er schnaubt förmlich vor Wut während der Probe.

Betrachten wir diese Situation im Kontext des Discountens, können wir feststellen, dass Paul seine Möglichkeiten, das Problem zu lösen, discountet. Von außen betrachtet ist er nicht passiv, er spielt sogar aktiver als vorher und scheint sehr in Aktion zu sein. Er tut aber nichts dafür, das Problem zu lösen und gerät so in eine passive Verhaltensweise. Nach der Theorie gibt es vier verschiedene Arten des passiven Verhaltens:

1. **Nichts tun:**
   Diese Verhaltensweise wäre gegeben, wenn Paul einfach weiterspielen und auch in den folgenden Proben nichts für die Veränderung der Situation tun würde, obwohl er innerlich total sauer und aufgewühlt ist.
2. **Überanpassung:**
   Eine Überanpassung könnte Christine zeigen. Betrachten wir dazu eine Probe zu einem späteren Zeitpunkt, an dem Paul und sie wieder gemeinsam am ersten Pult sitzen. Der vergangene Konflikt ist immer noch nicht richtig gelöst und Christine versucht alles vermeintlich richtig zu machen, nur damit Paul nicht wieder so ärgerlich wird in der Probe. Sie schaut immer wieder kurz zu ihm rüber und prüft, ob noch alles ok und ruhig ist. Ohne wirklich zu wissen, was Paul stört und ohne das Problem wirklich zu lösen, gerät Christine mit Ihrem Hang zur Haltung des angepassten Kind-Ich-Zustands in eine sogenannte Überanpassung. Sie spielt so, wie sie meint, dass es Paul gefallen könnte, ohne zu wissen, was er wirklich will und ob ihn gerade etwas stört. Christine ist an dieser Stelle ebenfalls passiv und discountet ihre Möglichkeiten, den ursprünglichen Konflikt zwischen den beiden zu klären.
3. **Agitation:**
   Diese passive Verhaltensweise wäre gegeben, wenn sich Paul in der Probe von Christine gestört fühlt und dann anfangen würde, mit einem Bein nervös und ununterbrochen zu wackeln und zu zappeln. Er zeigt im Grunde eine hohe

Aktivität, mit der er allerdings auch nicht das Problem löst und in der Passivität verweilt.

4. **Selbstbeeinträchtigung oder Gewalt:**
   Selbstbeeinträchtigung wäre gegeben, wenn Paul nach der Probe, in der er sich so über Christine geärgert hat in sein Stimmzimmer geht und vor Wut und Ärger mit seiner Faust gegen die Wand haut. Er verletzt sich dabei selber. Gewalt wäre gegeben, wenn er seine Wut gegen Christine richtet und sie verletzt. Verbal mit unpassenden und aggressiven Worten oder non-verbal mit Handgreiflichkeit.

Im Rahmen von Discounting gibt es verschiedene Gründe, warum ein Mensch ein Problem nicht löst und in eine passive Verhaltensweise gerät. Hierzu hat der Transaktionsanalytiker Jürg Bolliger das Konzept der Problemlösungstreppe entworfen (vgl. Abb. 4.2). Das Konzept beschreibt verschiedene Stufen, die überwunden werden müssen, um ein Problem wirklich für sich zu lösen: Erst wenn ein Mensch Hinweise auf ein Problem wahrnimmt, überhaupt das Vorhandenseins eines Problems erkennt, die Bedeutsamkeit eines Problems für sich und seine Mitmenschen anerkennt und in den letzten Schritten die Lösbarkeit sieht und auch seine Fähigkeit zur Lösbarkeit realisiert, wird der Mensch das Problem wirklich lösen können. Verharrt er auf einer der Stufen, bleibt das Problem ungelöst oder andere Personen nehmen sich des Problems an.

Hierzu ein passendes Beispiel aus dem Orchesteralltag
Der Stellvertretende Solo-Oboist Hauke aus dem Kammerorchester von Paul und Christine hat seit einiger Zeit ein grundsätzliches Problem mit seiner Intonation. Im

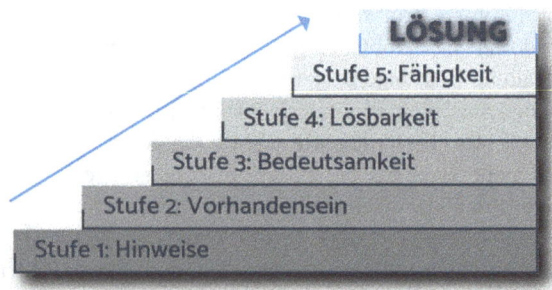

Abb. 4.2 Problemlösungstreppe. (© Jürg Bolliger)

4.4 Verantwortung

Laufe eines Werkes sackt seine Stimmung ab und er spielt permanent zu tief. Das stört die anderen Kolleginnen und Kollegen sehr und auch dem Publikum ist das bereits aufgefallen. Hauke selber scheint das irgendwie überhaupt nicht wahrzunehmen. Die Kollegen haben ihn auf das Thema auch bereist aufmerksam gemacht, aber er ändert nichts daran und verhält sich dazu passiv. Nun stellt sich die Frage, auf welcher Stufe der Problemlösung ist Peer steckengeblieben? Warum löst er das Problem nicht? Gehen wir die einzelnen Stufen durch:

Stufe 1: Hinweise
Discountet er die Hinweise, dann nimmt er das intonatorische Problem selber überhaupt nicht wahr, warum auch immer.

Stufe 2: Vorhandensein
Steckt er auf dieser Stufe fest, merkt er zwar, dass mit der Intonation irgend etwas anders ist als sonst, er nimmt die Unsauberkeit aber nicht als Problem wahr. Oder er legt die intonatorische Besonderheit als künstlerische Freiheit aus.

Stufe 3: Bedeutsamkeit
An dieser Stelle würde er die intonatorische Schwäche zwar wahrnehmen, sie aber nicht als bedeutsam werten: „so schlimm ist das wirklich nicht!"

Stufe 4: Lösbarkeit
Steckt er hier fest, dann würde er das Problem wahrgenommen haben, discountet aber die Möglichkeiten, dass dieses Problem überhaupt zu lösen wäre: „es gibt immer mal wieder intonatorische Schwankungen, da kann man leider nichts machen!"

Stufe 5: Fähigkeit
Bleibt er auf dieser Stufe stehen, geht er zwar davon aus, dass dieses Problem lösbar ist, aber er geht nicht davon aus, dass er selber die Fähigkeiten hat, es zu lösen und seine Intonation zu verbessern.

Hat Hauke alle diese Stufen überwunden, kann er das Problem **selbstverantwortlich** und bewusst lösen.

> **Selbstreflexion Passivität**
> 1. Können Sie sich in Ihrem beruflichen Alltag an eine Situation erinnern, in der Sie oder ihr Umfeld Probleme nicht lösen kann oder konnte?
> 2. Bei welcher Stufe ist dieses Problem stecken geblieben und wie äußert sich das passive Verhalten?
> 3. Welche Möglichkeiten haben Sie, aus dieser konkreten Passivität auszusteigen und wieder mit Eigenverantwortung das Thema weiter zu behandeln? Wie können Sie wieder in die Selbststeuerung kommen?

4.5 Netzwerkorientierung

Ein gutes Netzwerk zu haben und dieses in Krisen und kritischen persönlichen Situationen nutzen zu können, ist ein weiterer wichtiger Bestandteil der Resilienz. Ein dichtes, gutes und verlässliches Netzwerk aus ganz verschiedenen Umfeldern entscheidet darüber, welche Unterstützer, Ratgeber und Berater man in einer kritischen Situation zur Verfügung hat. Personen, die einen gut kennen und wirklich direkt auf die persönliche Situation eingehen können und eine vertrauliche Hilfe darstellen. Wichtig sind hierbei durchaus auch Kontakte aus dem Dienstleistungsbereich, zum Beispiel der allgemeine Arzt des Vertrauens, der die eigene Geschichte und körperliche Situation gut kennt, das kann aber auch ein Bekannter aus der Stadtverwaltung sein oder der hilfreiche Physiotherapeut. Wichtig ist ein Netzwerk aus Menschen aus ganz unterschiedlichen Kontexten. Je nach Situation ist nicht jeder gleichermaßen der passende Berater, ganz bestimmte Angelegenheiten bespricht man vielleicht eher mit den Eltern oder mit der Partnerin oder dem Partner, manche Angelegenheiten vielleicht aber auch gerade nicht. Jeder Mensch wird eine andere wertvolle Facette bieten und abdecken können, jeder wird die Situation nochmal aus einem anderen Blickwinkel betrachten und bewerten. Seien Sie sich diesem Netzwerk bewusst, pflegen Sie Ihre Kontakte und vertrauen Sie darauf, dass sie Ihnen in der entscheidenden Situation zur Verfügung stehen werden.

Jeder Mensch hat hierbei ganz verschiedene Netzwerke aus seinen drei Welten (vgl. Abschn. 2.1 Welten und Rollen): Im **privaten Bereich (Privatwelt)** sind das in erster Linie familiäre Kontakte, der enge Familienkreis mit Eltern, Schwiegereltern, Geschwister, Partner*in und den Kindern, aber auch das weitere Familienumfeld mit den Tanten, Onkels und so weiter. Weiterhin gehören zu dieser Welt noch das Netzwerk der Freunde und Bekannten und der oben genannte Dienstleistungsbereich.

4.5 Netzwerkorientierung

Im beruflichen Kontext aus der **Professionswelt** haben Musiker*innen viele Kontakte aus der Zeit der Ausbildung und des Studiums: die Lehrer*innen und Professor*innen, die schon im Studium wichtige persönliche Berater und Bezugspersonen waren, oder auch ehemalige Kommiliton*innen. Allgemein im sonstigen Business-Sektor wäre das vielleicht ein Coach oder Berater.

In der **Organisationswelt** der Orchestermusiker*innen spielen Kolleginnen und Kollegen aus dem Orchester, vielleicht aber auch Betriebsrat, Mitarbeiter*innen aus dem Management oder auch die Dirigent*innen eine große und wichtige Rolle bei der Begleitung von persönlichen Entwicklungsthemen.

Wichtig bei der Pflege seiner Netzwerke ist, dass man sich wirklich nur für die Menschen Zeit nimmt, die einem persönlich wirklich etwas bedeuten. Menschen aus ausgewogenen Beziehungen, die beidseitig fruchtbar sind und nicht auf symbiotischer Art nur einem Menschen dienlich sind. Pflegen Sie keine Kontakte aus reiner Höflichkeit oder aus einem Pflichtbewusstsein heraus, nur weil man beispielsweise die Person vielleicht schon seit der Schulzeit kennt. Es sollten Kontakte sein, die das eigene Leben positiv beeinflussen, einen beflügeln und vielleicht auch immer wieder auf neue Ideen und Pfade bringen, die man ganz alleine vielleicht nicht entdeckt hätte. Eine gewinnende und freudige Beziehung zu Menschen ist von einer guten Ausgewogenheit von **Nähe und Distanz** und der Dosierung von **Energie geben und Energie bekommen** geprägt.

> **Selbstreflexion Beziehungen**
> Übung: Notieren Sie alle für Sie relevanten Beziehungen aus allen Lebensbereichen und bewerten Sie diese nach den folgenden Aspekten:
> 1. Nach welchem Kontakt fühlen Sie sich heiter und zufrieden? Wer zaubert ein Lächeln auf Ihre Lippen und lässt Sie mit einem guten Bauchgefühl zurück?
> 2. Bewerten Sie die Beziehungen, ob sie bezüglich der Spannungsfelder **Nähe-Distanz** und **Energie geben-Energie bekommen** in einer guten Balance stehen?
> 3. Welche dieser Beziehungen hinterlassen bei Ihnen Fragen? Welche Beziehungen möchten Sie auf welche Weise verändern?

4.6 Lösungsorientierung

Sich an der Lösung zu orientieren und nicht am Problem verhaftet bleiben, das soll unser sechster und vorletzter Baustein der Resilienz sein. In stressigen Situationen ist ein Problem so immanent, dass es oft schwerfällt, sich in dieser Lage selber davon zu verabschieden und zu distanzieren, um an eine Lösung zu denken. Wenn Menschen im Rahmen eines Konflikts abgewertet oder verletzt wurden, wird ein Vorfall gerne immer wieder aufs Neue erzählt und reflektiert, verbal mit den Beteiligten, oder es werden im Sinne des Dramadreiecks weitere Menschen mit einbezogen, die den Verletzten retten mögen (vgl. Abschn. 3.5 Dramadreieck und Gewinner-Dreieck). Derartige Vorfälle werden in der heutigen Zeit auch gerne schriftlich immer wieder gedreht und gewendet, entweder per Email oder auch in kurzer Form in den sozialen Netzwerken. Schlimmsten Falls werden weitere Menschen verletzt oder der Konflikt wird als Transporter von früheren oder anderen ohnehin schwelenden Konflikten genutzt. Die Dimension und Dynamik des Konflikts werden auf diese Weise immer größer und undurchschaubarer.

Auch wir wollen uns hier auf die Lösung fokussieren: Eine wichtige Eigenschaft für ein lösungsorientiertes Handeln ist **Flexibilität.** Oft bleiben wir verhaftet in gewohnten und geübten Vorgehensweisen und fühlen uns auf neuen Wegen unsicher. Häufig schränken uns diese alten Pfade und Sichtweisen aber ein und eine gute Lösung ist damit nicht zu erreichen. In diesen Fällen hilft es, mit Flexibilität und Kreativität neue und ungewohnte und vielleicht zunächst auch ungewöhnlich anmutende Lösungswege zu finden, die einem neue Perspektiven und Chancen bieten. Neue Sichtweisen und Ideen fallen einem besonders gut dann ein, wenn man sich Zeit für Entscheidungen und Entwicklung der Lösungswege nimmt. Vielleicht reicht es in bestimmten Fällen schon, eine kurze Runde an der frischen Luft spazieren zu gehen. Manche Konflikte brauchen einen größeren Abstand, dann kann man übers Wochenende einen Kurzurlaub machen, zur Meditation in ein Kloster gehen oder man geht einen Teil des Jakobswegs. Je nach Größe und Tragweite des Konflikts, je nachdem, wie komplex die Lösung ist, wird man den persönlich passenden Lösungsweg wählen. Nach der passenden Zeit des Abstands ist es dann wichtig, die Thematik mit der nötigen Energie für einen passenden effizienten Entscheidungs- und Lösungsansatz wieder aktiv anzugehen.

4.6 Lösungsorientierung

> **Selbstreflexion Lösungsorientierung**
> Reflektieren Sie einen der letzten Konflikte, der sie persönlich betroffen hat:
> 1. Wie bekommen Sie persönlich Abstand zu einem Problem?
> 2. Was können Sie tun, um sich dann auf die Lösung zu fokussieren, statt in dem Problem verhaftet zu bleiben?

Das **Eisenhower-Prinzip** (vgl. Abb. 4.3) geht auf eine Rede zurück, in der der ehemalige US-Präsident Präsident Dwight David Eisenhower im Jahre 1954 frei übersetzt formulierte: „Ich habe zwei Arten von Problemen, die dringenden und die wichtigen. Die dringenden sind nicht wichtig und die wichtigen sind niemals dringend." Die darauf zurückzuführende Zeitmanagement-Methode schafft ein klares Bewusstsein für die alltäglichen Aufgaben und ermöglicht eine Kompetenz, diese systematisiert zu betrachten und gut strukturiert zu sortieren. Sie eröffnet eine Möglichkeit, sich im Tagesgeschehen auf die persönlich wichtigen und wesentlichen Aufgaben zu fokussieren und keine Zeit damit zu vergeuden, die Angelegenheiten und Probleme anderer Menschen zu lösen, sondern die eigenen Prioritäten im Blick zu behalten.

Im Detail geht es darum, die alltäglichen Aufgaben unter den Aspekten „Dringend" und „Wichtig" zu kategorisieren: die Aufgaben, die für einen persönlich dringend und wichtig zugleich sind, sollten prioritär behandelt werden und wenn möglich sofort erledigt werden. Aufgaben, die wichtig sind, aber nicht dringend, können verschoben werden, um den dringenderen Aufgaben genügend Raum zu geben. Da sie aber wichtig sind, sollte man sie in einem guten Zeitplan entsprechend berücksichtigen und einplanen. Wenn sie gut vor- und eingeplant sind, belasten sie einen im Alltag nicht so sehr und man kann Vertrauen haben, dass man sie nicht vergisst. Die Aufgaben, die dringend und nicht wichtig sind, sind zunächst einmal verdächtig. Man sollte gut nachprüfen, ob diese Aufgaben und Themen wirklich von einem selbst erledigt und gelöst werden müssen. Gehören diese Aufgaben wirklich zu einem, oder versucht jemand, seine Aufgaben auf andere abzuwälzen? Dieser Typus von Aufgaben braucht also eine eigehende Prüfung. Die Aufgaben, die nicht dringend und auch nicht wichtig sind, sollte man am besten gleich vergessen und wenn möglich, erst gar nicht bearbeiten.

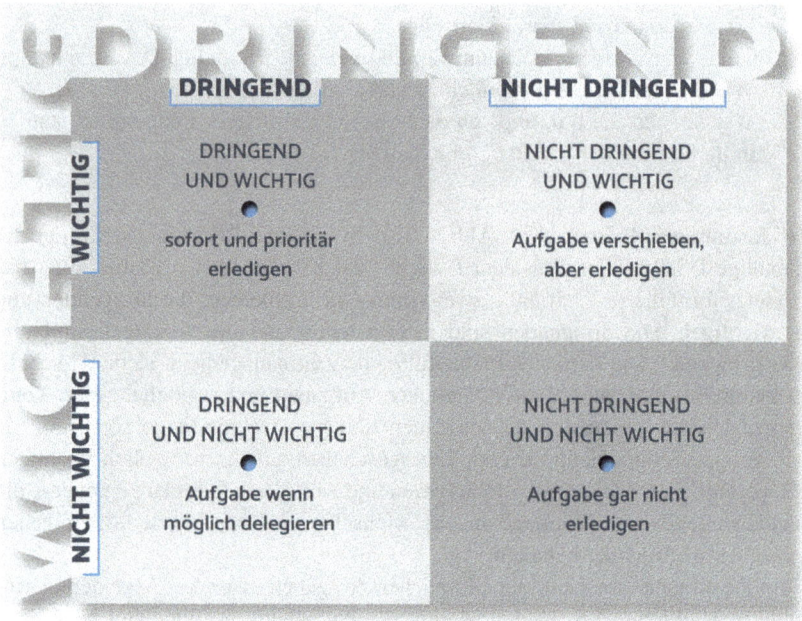

Abb. 4.3 Eisenhower-Prinzip

Selbstreflexion Eisenhower-Prinzip
Sobald Sie im Alltag morgens damit anfangen, Aufgaben zu erledigen, halten Sie immer einen Moment lang inne und überlegen Sie, warum und für wen Sie diese Aufgabe eigentlich erledigen? Ist es für Sie persönlich, für Ihre Ziele wichtig oder dringend? Oder ist es nur anderen Menschen wichtig und dringend? Bevor Sie sich aus reiner Gewohnheit und aus einem Automatismus heraus die Zeit nehmen, machen Sie immer vorher diesen Zwischenschritt. Auf diese Weise sind Sie konzentrierter auf Ihre **Lösungen** und Ziele fokussiert.

4.7 Vision

Der siebte und finale Baustein der Resilienz lautet **Vision**. Hat man seine persönlichen Ziele im Leben deutlich vor Augen, hat man eine Vision für die eigene Entwicklung und Zukunft, verhält man sich dabei lösungsorientiert und besteht ein klares Konzept, welche Aufgaben dazu zu erledigen sind, dann können dabei aufkommende Krisen einen nicht gleich aus der Bahn werfen. Vielmehr sind es Stolpersteine auf dem Weg zum Ziel, aber keine Felsen, die den Blick aufs Ganze versperren und einen an der Weiterentwicklung hindern.

> **Selbstreflexion Feen- und Wunderfrage**
> Haben Sie Ihre persönlichen Ziele und Werte im Blick? Wissen Sie, was Sie antreibt und wohin Sie das alles führen soll? Die Ziele- und Werteanalyse im nächsten Kapitel wird Ihnen dazu eine gute Unterstützung sein.
>   Um Ihrer Vision an dieser Stelle bereits ein Stück näher zu kommen, machen Sie die folgende Übung, die auch in Business-Coachings immer wieder gerne angewendet wird (Landschof 2018, S. 32):
>   Stellen Sie sich vor, Sie wachen nachts auf und eine gute Fee käme zu Ihnen ans Bett. Die Fee eröffnet Ihnen, dass ein Wunder geschehen ist und Sie einen Wunsch formulieren können, der ab morgen früh sofort in Erfüllung gehen wird. Sie werden aufwachen und die Situation ist genauso, wie sie es sich schon immer erträumt haben. Malen Sie sich nun genau aus, wie die Situation sein wird, machen Sie dabei keine Einschränkungen, alles ist erlaubt, vernünftige einschränkende Sätze wie „das geht doch sowieso nicht!" hat hier keinen Platz. Wo werden Sie aufwachen? In welchem Zimmer, in welcher Wohnung oder Haus? Was werden Sie tun? Was arbeiten Sie? Wen haben Sie um sich herum? Wie wird das Leben sein?

4.8 Die 7 Bausteine eines resilienten Orchesters

Die persönliche Resilienz kann nur dann auf einem zufriedenstellenden Niveau gehalten werden, wenn die berufliche Umgebung diese im Sinne eines gut funktionierenden Netzwerks entsprechend mit unterstützt. Die Zusammenkunft vieler Menschen mit einem guten Gespür für die eigene Resilienz wird ein gutes resilientes Gesamtbild im Unternehmen erzeugen, in dem alle Menschen ihren Anteil dazu beitragen und sich auf diese Weise gegenseitig darin unterstützen können.

Welche einzelnen Elemente machen die Umgebung der Orchestermusiker*innen resilient? Zum Teil ähneln sie den Elementen der persönlichen Resilienz, zum Teil kommen sie aber in abgeänderter Form zum Tragen und es gibt neue Elemente, die eine Gemeinschaft als Ganzes resilient gestalten. Auf diese Weise kommen insgesamt 7 Bausteine eines resilienten Orchesters zusammen, die sich auch auf andere Unternehmungen übertragen lassen (vgl. Abb. 4.4):

1. Akzeptanz & Wertschätzung
Im Sinne einer Ok-ok-Haltung ist es wichtig, dass sich im Orchester alle untereinander respektieren. Die Akzeptanz der eigenen Person in Verbindung mit der Akzeptanz des Gegenübers bewirkt eine wertschätzende Grundhaltung und Kultur in einer Gemeinschaft. Jeder Mensch darf so sein und bleiben, wie er ist, mit seinen Schwächen und Stärken, aber mit einer Offenheit und Flexibilität für eine individuelle und kollektive Entwicklung. Gegenseitige Wertschätzung bewirkt

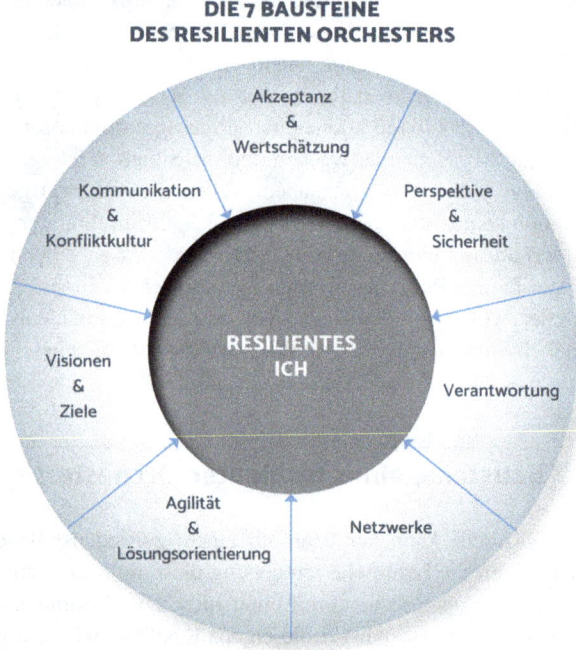

Abb. 4.4 Die 7 Bausteine eines resilienten Orchesters. (© Armin Wunsch)

4.8 Die 7 Bausteine eines resilienten Orchesters

eine hohe Identifikation mit dem Arbeitsumfeld und einer motivierenden Grundhaltung: Dirigent*innen, die klare und orientierende musikalische Vorschläge und Anforderungen formulieren und auf der anderen Seite die Leistungen aller Musiker*innen Musiker*innen des Orchester anerkennen. Das gleiche gilt für die Stimmführer*innen und Solist*innen und auch für die Tuttisten.

2. Perspektive & Sicherheit
Ein resilientes Arbeitsumfeld ist dann gegeben, wenn alle Mitarbeiter*innen bei ihrem Tun eine unternehmerische und darin zugleich eine persönliche Perspektive erkennen können. Perspektive im Sinne einer inhaltlichen strategischen Ausrichtung, aber auch eine Perspektive in der arbeitsvertraglichen Situation. Unbefristete Arbeitsverträge mit einem sicheren konstanten Einkommen führen zu einer vertrauensvollen positiven und motivierenden Grundstimmung im ganzen Ensemble. Wichtig dabei ist, dass alle Beteiligten gleichermaßen diese vertragliche Sicherheit bekommen, ein Ungleichgewicht führt ansonsten zu Unsicherheiten, möglicherweise Angst, Missgunst und schlussendlich zu einer Ellenbogengemeinschaft, in der nur jeder für sich nach individueller Sicherheit strebt. Sicherheit in der Arbeitsgemeinschaft erfordert eine gerechte und nachvollziehbarere Gewichtung von vertraglichen Gegebenheiten und der Höhe des Einkommens der verschiedenen Positionen im Orchester.

3. Verantwortung
Verantwortung bedeutet, dass alle Beteiligten ihre persönliche Verantwortung an der Gemeinschaft wahrnehmen und übernehmen. Eine generelle Grundhaltung, als Teil der Arbeitsgemeinschaft und im speziellen für die einem zugedachten Aufgaben, die entsprechende Verantwortung zu tragen. Also ganz im Sinne einer autonomen individuellen selbstverantwortlichen Beteiligung an dem Gesamtunternehmen. Dabei ist es wichtig, die eigenen und die Verantwortlichkeiten der anderen zu kennen und in einen verständlichen Gesamtkontext bringen zu können. Die Verantwortlichkeiten auf der Arbeitgeberseite, in diesem Fall vertreten durch das Management oder die Intendanz, wären die oben genannten klaren Arbeitsverhältnisse, aber auch eine klare Zukunftsstrategie und Zielvorgabe und eine dazugehörige gute und ausgewogene dienstliche Struktur, in der alle Mitarbeiter gut und gesund gefordert, aber auch nicht überfordert werden. Der Arbeitgeber sollte zudem seine Verantwortung zum Arbeitsschutz der Mitarbeiter*innen wahrnehmen, indem er einerseits über Möglichkeiten der individuellen gesundheitlichen Prävention informiert, aber auch konkrete erforderliche Maßnahmen zum Gesundheitsschutz ergreift, wie zum Beispiel die Bereitstellung von Hörschutzmaßnahmen oder regelmäßige betriebsärztliche Untersuchungen.

Die Angestellten, also in diesem Fall die Orchestermitglieder, haben wiederum die Verantwortung, die Planung des Managements oder der Intendanz umzusetzen und den Arbeitgeber über Probleme und Missstände zu informieren, die dabei entstehen, zudem sollten sie für sich innerhalb des Orchesters die Verantwortlichkeiten für die künstlerischen Prozesse gut und klar regeln und kommunizieren.

4. Netzwerke

So wie auch im privaten Rahmen die Ausprägung der eigenen Netzwerke einen wichtigen Aspekt der Resilienz darstellen, sind Netzwerke auch ein wichtiger Bestandteil im beruflichen Umfeld. Menschen sind im beruflichen Kontext auf kompetente und hilfsbereite Ansprechpartner*innen aus den verschiedensten Bereichen angewiesen. Musiker*innen haben keinen Schreibtisch am eigenen Arbeitsplatz und sind daher in formalen Angelegenheiten noch mehr von einem gut funktionierenden Netzwerk abhängig als vielleicht andere Mitarbeiter*innen in einem Unternehmen. Orchestermusiker*innen brauchen vor allem verlässliche Ansprechpartner im Orchesterbüro, das Orchesterbüro ist die Schaltzentrale des Orchesters, mit der auch anderen Stellen im Unternehmen entsprechend verbunden sind. Darüber hinaus sind Ansprechpartner in der Personalvertretung und der Gewerkschaft hilfreich, ggf. auch Kontakte zu einer hausinternen Sozialberatung und zur Betriebsärztin oder zum Betriebsarzt. Musiker*innen brauchen genügend Zeit und Energie für die künstlerische Arbeit, daher sind gute und hilfsbereite Netzwerke und Angebote für administrative und berufsbegleitende Bereiche wichtig und existenziell.

5. Agilität & Lösungsorientierung

Lösungsorientierung bedeutet, die Stärken und Dynamiken eines Teams möglichst gut, effizient und flexibel zu nutzen, nicht an Formalien und gewohnten Dienstwegen festzuhalten, sondern immer von der Lösung ausgehend Mittel und Wege zu finden. Das bedeutet auch, agile hierarchieunabhängige Arbeitsformen zuzulassen, die die aktuelle Teamstruktur und die Kompetenzen der Menschen optimal nutzt und damit auch zugleich fördert. Sich als Mensch auf diese Weise mit seinen Kompetenzen und Fähigkeiten in das Unternehmen bzw. Orchester einbringen zu können, schafft bei den Betreffenden ein gutes Gefühl der Selbstwirksamkeit und Relevanz. Man hat das Gefühl, ernst genommen zu werden und dass die eigene Stimme zählt und wichtig ist.

6. Visionen & Ziele

Unternehmerische Ziele haben nur dann einen positiven und motivierenden Effekt, wenn diese Ziele auch die Werte der am Unternehmen Beteiligten repräsentieren. Auch in einem Orchester bietet es sich an, eine gemeinsame Vision – zusammen mit

4.8 Die 7 Bausteine eines resilienten Orchesters

allen Musiker*innen – über die künftige Aufstellung und Ausrichtung des eigenen Orchesters zu entwickeln. Daran können sich zukünftig programmatische Planungen ausrichten und auch Ideen für Konzertformate und Konzertorte orientieren. So wie auch die persönlichen Visionen und Ziele dem eigenen Leben einen Sinn geben, sind es auf diese Weise die Unternehmensvisionen und konkreten Unternehmensziele, die die Mitarbeiter*innen motivieren und dabei unterstützen, der eigenen Arbeit einen Sinn zu geben und eine hohe Identifikation mit dem täglichen Tun zu erreichen. Gute gemeinsame Visionen helfen zudem dabei, mit vereinten Kräften positiv nach vorne in die Zukunft zu blicken und nicht den vielleicht vermeintlich guten alten Zeiten nachzutrauern. Auf diese Weise werden Orchester bzw. Unternehmen und deren Mitarbeiter*innen gemeinsam stark und resilient gegenüber möglichen Störungen, Unwägbarkeiten und Bedrohungen von außen.

7. Kommunikation und Konfliktkultur
Wirklich resilient ist ein Orchester oder eine Unternehmensstruktur nur dann, wenn die Beteiligten, also Führungskräfte und Mitarbeiter*innen gleichermaßen, eine vertrauensvolle und wertschätzende Kommunikationskultur vertreten und leben. Nur wenn Feedback richtig formuliert wird, Meinungsverschiedenheiten, Konflikte und Kritik Platz und Raum in der Zusammenarbeit haben dürfen und richtig und auf wertschätzende Weise aufgelöst werden, ist eine Kultur gegeben, die die Menschen in ihrer Resilienz fördert und somit individuelle und kollektive Entwicklung ermöglicht.

> **Selbstreflexion System Orchester**
> 1. Wie schätzen Sie die Resilienz ihres Orchesters ein? Welche Bausteine empfinden Sie als gut erfüllt, an welchen Stellen könnte die Struktur noch Entwicklung gebrauchen?
> 2. Was könnten Sie selber zu einer Veränderung und Entwicklung in Ihrem Umfeld beitragen?

Literatur

Antonovsky, Aaron. 1997. *Salutogenese. Zur Entmystifizierung der Gesundheit*. Tübingen: Dgvt-Verlag

Prof. Dr. Heller, Jutta. 2013. *Resilienz. 7 Schlüssel für mehr innere Stärke*. München: Gräfe und Unzer Verlag

Landschof, Andrea. 2018. *Das bin ich!? Verborgene Talente entdecken und Veränderungen gestalten*. Paderborn: Junfermann Verlag

Spahn, Claudia. 2012. *Lampenfieber. Handbuch für den erfolgreichen Auftritt*. Leipzig: Henschel Verlag

Stewart, Ian und Joines, Vann. 1990. Die Transaktionsanalyse. Freiburg im Breisgau: Verlag Herder

Persönliche Ziele und Werte 5

(…) „Nein, geboren wird man wirklich nicht zum Kontrabass. Der Weg dorthin führt über Umwege, Zufall und Enttäuschung. Ich darf sagen, dass bei uns im Staatsorchester von acht Kontrabassisten nicht einer ist, den das Leben nicht gebeutelt hätte und dem die Schläge, die es ihm ausgeteilt hat, nicht noch heute ins Gesicht geschrieben stünden. Ein typisches Kontrabassistenschicksal ist zum Beispiel meines: Dominanter Vater, Beamter, unmusisch; schwache Mutter, Flöte, musisch versponnen; ich als Kind liebe die Mutter abgöttisch; die Mutter liebt den Vater; der Vater liebt meine kleinere Schwester; mich liebt niemand – subjektiv jetzt. Aus Hass auf den Vater beschließe ich, nicht Beamter, sondern Künstler zu werden; aus Rache an der Mutter aber am größten, unhandlichsten unsolistischsten Instrument; und um sie quasi tödlich zu kränken und zugleich dem Vater noch einen Fußtritt übers Grab hinweg zu versetzen, werde ich nun doch Beamter: Als Kontrabassist im Staatsorchester, drittes Pult." (…)

(aus: Patrick Süskind – Der Kontrabass, S. 38)

Im Laufe eines Berufslebens ergeben sich in der Regel variantenreiche Möglichkeiten für eine fachliche Entwicklung und einen Karriereaufstieg. Direkt nach einem Studium können nur die wenigsten jungen Menschen bereits abschätzen, welche Position sie auf Dauer zufrieden und glücklich macht und eruieren im Arbeitsleben erstmal die verschiedenen möglichen Stellenoptionen. Oft bekommen sie erst nach Jahren und nach einigen Jobwechseln die ideale Position, die fachlich und persönlich zu ihren grundlegenden Werten und Zielen passt und sie auf Dauer glücklich und zufrieden macht. Umso größer das Spektrum der Berufe eines Fachgebietes ist, umso größer die Chance, auch wirklich eine passende Position im fachlichen Umfeld zu finden.

Das Studium zum/r Orchestermusiker*in gibt den einen Weg ganz klar vor, der Weg in ein Orchester, wenn man nicht gerade ungeahnt die sehr seltene und besondere Begabung und Fähigkeiten für die Karriere eines Solisten oder Kammermusikers aufweist. Man legt sich also schon bei der Aufnahmeprüfung mehr oder weniger fest, wohin die Reise gehen soll. Die Frage nach dem späteren Beruf stellt sich somit, wie in anderen Studiengängen, in der Ausbildung zum Orchestermusiker in der Regel nicht. Wenn man erstmal eine Stelle in einem Orchester bekomme hat, ist zu hoffen, dass man für das Berufsleben eines Orchestermusikers auch wirklich geeignet ist und das spezifische alltägliche Arbeitsleben zur eigenen Persönlichkeit passt. Man muss sich damit arrangieren, dass der Beruf des Orchestermusikers wenig Variationen der beruflichen und fachlichen Weiterentwicklung bietet und es statistisch gesehen eher unwahrscheinlich ist, dass man karrieretechnisch groß weiterkommt und aufsteigt. Das liest sich erstmal nicht besonders ermutigend, klingt nach wenig Perspektive und nach Festlegung von Anbeginn. Wenn man die Betrachtung an dieser Stelle auf die reine originäre Karriere im Orchester beschränkt, mag das auch im groben so stimmen. Die vielseitigen und vielfältigen Entwicklungen von Orchestermusiker*innen im Laufe ihres Lebens geben aber ein ganz anderes Bild ab und zeugen für einen kreativen und aktiven Umgang mit der doch recht eingeschränkten Perspektive des Berufsbildes:

Im Berufsalltag erlebt man sehr viele hochbegabte, vielseitige und hochgebildete Orchestermusiker*innen. Politisch und kulturpolitisch meist sehr gut informiert und interessiert, häufig ausgestattet mit einem tief verwurzelten Gefühl eines kulturellen und gesellschaftlichen Auftrags. Meist stellt sich ihnen nicht die Frage, was fange ich mit meinem Leben an, wenn ich erstmal fest im Sattel sitze und eine unbefristete Orchesterposition habe, sondern die Frage, was mache ich zuerst, welchen Begabungen und Interessen gebe ich in oder neben meinem Beruf im Orchester als erstes nach?

Hierbei reicht es den meisten nicht, ihren weiteren Interessen als Hobby nachzugehen, häufig besteht auch hier der gewohnte Anspruch der Professionalität. Man kann Musiker*innen erleben, die neben ihrem Beruf in ihrem Stammorchester in den unterschiedlichsten Nebenberufen arbeiten: sehr häufig zu beobachten sind Entwicklungen im musikalischen Umfeld, das Spielen in anderen Ensembles und Orchestern, in Sinfonie- oder Opernorchestern oder in Ensembles mit einem Schwerpunkt für barocke oder zeitgenössische Musik. Das Musizieren und Konzertieren in Kammermusikensembles oder ein Engagement in edukativen Bereichen, als Lehrer*in in einer Musikschule oder als Lehrbeauftragte/r oder Professor*in in einer Musikhochschule. Andere wiederum komponieren ihre eigene Musik und bringen diese zur Aufführung oder arbeiten als Dirigent*in mit Laien- oder auch Profiensembles. Fachfremd arbeiten Musiker*innen auch als

Musikmanager*in oder als Moderator*in für Musiksendungen oder Education-Konzerte, manche verwirklichen sich auch in anderen künstlerischen Bereichen und werden Fotograf*in, bildende/r Künstler*in oder auch Instrumentenbauer*in. Einige nutzen die freie Zeit auch für ein Zweistudium oder lernen eine oder mehrere Fremdsprachen.

Wozu also eine Ziele- und Werteanalyse? Wozu sich auf den Weg machen, seine eigenen Werte und Ziele zu erforschen, wenn das Leben einem so viele verschiedene Varianten und Begabungen bietet? Das Nachspüren der eigenen Ziele und Werte ist vielleicht gerade für jemanden, der viele Begabungen und Interessen hat, sehr hilfreich. Hilfreich, sich nicht zu verzetteln und sich auf die zentralen und ureigenen Themen im Leben zu fokussieren und zu konzentrieren. Hilfreich ist es ohnehin auch für diejenigen, die nicht diese vielfältigen Begabungen besitzen und sich nach einer sehr auf ihr Instrument fokussierte Ausbildung und nach einem Berufseinstieg auf die Suche nach Entwicklung und Perspektive machen möchten. Häufig sind es größere oder auch kleinere Entscheidungen im alltäglichen Leben, die nur mit klaren Werte- und Zielvorstellungen eindeutig und nachhaltig getroffen werden können.

Eine klare Vorstellung und die zielgerichtete Verfolgung der eigenen Werte und Ziele führt zu persönlichem Erfolg, Erfolg, seiner ureigenen Bestimmung gerecht worden zu sein. Durch diesen persönlichen Erfolg und die Autonomie eines jeden einzelnen Musikers im Orchester entsteht wiederum ein kraftvolles, motiviertes, energetisches und spontanes Gesamt-Ensemble.

5.1 Werteanalyse

Die Analyse und Herausarbeitung der eigenen Werte bezieht sich hier nicht auf Werte, die gesellschaftlich kulturell vorgegeben sind oder christlichen Ursprungs sind. Hierbei geht es um die Erforschung der ureigenen Werte, der Grundmotive, die das eigene Handeln und Leben bestimmen (Merath 2008, S. 257). Diese Grundmotive sind aber zumeist unbewusst und nicht direkt erfahrbar und abrufbar. Fragen wir uns bewusst nach unseren Werten, kann es passieren, dass wir eher Wunschvorstellungen oder Glaubenssätze formulieren, also ein unrealistisches Selbstbild konstruieren, statt die wirklich tief verwurzelten Werte zu ergründen, die unser tägliches Leben gestalten, beeinflussen und lenken. Neben den positiven Werten können auch negative Werte, sogenannte Aversionswerte eine entscheidende Rolle im Leben spielen. Aversionswerte sind sehr starke Grundmotive, denen man nicht folgen möchte, sondern unbedingt abwehren und vermeiden möchten.

> **Selbstreflexion persönliche Werte**
> Beginnen Sie Ihre persönliche Werteanalyse damit, indem Sie wichtige Stationen Ihres Lebens reflektieren. Nehmen Sie sich dafür Zeit und wählen Sie einen angenehmen Ort, an dem Sie die nötige Muße und Ruhe haben, sich den Themen zu widmen:
> 1. An welche wichtigen und lebensentscheidenden Situationen in meinem Leben kann ich mich erinnern?
> 2. Welche Wendepunkte habe ich in meinem Leben bisher erlebt?
> 3. Welche wichtigen und wegweisenden Entscheidungen habe ich für mich getroffen?
> 4. Womit habe ich mich schon seit meiner Jugend immer gerne beschäftigt? Was fasziniert mich? Wann und wobei habe ich „Herzklopfen"?
> 5. Welche Geschichten haben mich als Kind fasziniert? Welche Bücher habe ich gelesen, welche Filme gerne geschaut?
> 6. Welche Situationen meide ich immer wieder, welchen Situationen gehe ich aus dem Weg, was bereitet mir immer wieder Sorgen und ängstigt mich?
> 7. Was möchte ich schon immer in/an meinem Leben ändern?
> 8. Was treibt mich immer wieder an, was ist die Energie und was ist mein Lebensmotor?
>
> Wenn Sie Ihre Antworten reflektieren, welche grundlegenden Motive wiederholen sich immer wieder und ziehen sich durch Ihr Leben? Was ist besonders auffällig und markant? Welche zentralen Werte und Aversionswerte können Sie aus diesen Ergebnissen ziehen? Bringen Sie diese Grundwerte in eine Reihenfolge und reduzieren Sie diese auf die drei wichtigsten.

Musikerinnen und Musiker haben Ihre Leidenschaft für Musik und zu ihrem Instrument oft schon in früher Kindheit entdeckt und diese Leidenschaft zieht sich dann mehr oder weniger konstant durch das gesamte Leben. Insofern kann man davon ausgehen, dass damit schon zumindest ein Teil von Frage 4 nach der Beschäftigung seit der Jugend und dem Herzklopfen beantwortet ist. Die Musik ist somit das zentrale Element im Leben.

Selbstreflexion Musik als zentrales Element im Leben
Stellen Sie sich die Frage, warum ist Musik so wichtig für Sie, wie hat das begonnen und warum sind Sie dabeigeblieben? Ist es der starke Wille des künstlerischen Ausdrucks? Warum tauchen Sie gerne in die Welt der Musik ab, welche Empfindungen werden geweckt, welche Wünsche befriedigt? Kam der Wunsch, Musiker*in zu werden, aus Ihnen selbst heraus, wurde er durch Eltern oder andere Vorbildfiguren geleitet oder geweckt? Vielleicht sind Ihre Motive nicht ganz so dramatisch und verstrickt, wie sie der Kontrabassist in Patrick Süskinds Ein-Mann-Stück „Der Kontrabass" beschreibt, aber meist spielen familiäre Umstände immer auch eine zentrale Rolle.

Gab es vielleicht auch innerhalb Ihrer musikalischen Karriere Wendepunkte, Entscheidungen, die Sie bewusst getroffen haben? Haben Sie sich überhaupt bewusst und aus voller Überzeugung für diesen Weg entschieden? Gibt es oder gab es neben der Musik vielleicht andere Leidenschaften, die immer wieder zum Vorschein kamen? Versuchen Sie, die Leidenschaft zur Musik zu hinterfragen, welcher zentraler Wert steckt dahinter?

Das führt uns zu der Frage, warum sind Sie Musiker*in geworden? Was hat Sie da getrieben? Schauen Sie sich dazu Ihre Antworten der Fragen 1–7 nochmal an.

Meine zentralen Werte und Aversionswerte sind:

Werte:
1. _____
2. _____
3. _____

Aversionswerte:

1. _____
2. _____
3. _____

5.2 S.M.A.R.T. – Ziele

Bevor wir uns den Lebenszielen auf der Basis der ermittelten Werte und Aversionswerte zuwenden, beschäftigen wir uns mit der Frage, wie wir Ziele formulieren, damit sie auch erfolgreich sein können und erreicht werden. Wir Menschen haben die Tendenz, unsere Ziele zu verschieben oder eben nicht zu erreichen und finden dafür viele gut erklärbare Gründe. Häufig hindert uns etwas, den Weg zu dem betreffenden Ziel zielstrebig zu gehen und einzuschlagen, häufig sind damit Entscheidungen verbunden, die ungewohnt sind und uns zumindest zeitweise verunsichern. Oder der Erfolg stellt sich nicht auf die Weise ein, wie man es sich gewünscht hat und man gibt dann gleich das gesamte Ziel auf. Neue Ziele brauchen einen Veränderungswillen und auch Mut, sich neuen und ungewohnten Situationen zu stellen und ein gesundes Durchhaltevermögen, wenn nicht gleich alles so läuft, wie man es sich vorgestellt hatte. Man muss vielleicht ein paar Mal abbiegen und einen Umweg in Kauf nehmen, um das ersehnte Ziel zu erreichen.

Das S.M.A.R.T.-Konzept (vgl. Abb. 5.1) der Arbeitspsychologen Locke und Latham ist ein sehr gutes Hilfsmittel und Konzept, um spezifische Ziele für sich auf den Punkt zu formulieren, sodass sie auch erreicht werden können (Storch 2009, S. 186). Dieses Konzept eignet sich somit für Ziele, die einfach strukturierte, ergebnisbezogene Aufgaben betreffen, wie zum Beispiel: „Ich übe jeden Morgen 20 Minuten Tonleitern" oder „Ich lerne ab heute jede Woche eine Etüde auswendig". Ein ideales Konzept für konkrete Ziele, die sich terminieren lassen und messbar sind:

Abb. 5.1
S.M.A.R.T.-Konzept. (© Locke und Latham)

5.2 S.M.A.R.T. – Ziele

Spezifisch
Formulieren Sie Ihre Ziele so klar und präzise wie nur möglich. Beispielsweise wäre das Ziel „ich möchte glücklich sein" an dieser Stelle alleine methodisch schon nicht geeignet, weil es eben nicht spezifisch ist. Konkrete persönliche Ziele wie beispielsweise, dass Sie künftig mit Ihrer Familie häufiger in den Urlaub fahren möchten, können mit der S.M.A.R.T.-Methode sehr gut formuliert werden. Spezifisch formuliert wäre das Urlaubs-Ziel dann: „Ich möchte mit meiner Familie Urlaub in Italien machen mit einem Hotel direkt am Strand".

Messbar
Wie können Sie messen, dass Sie ihr Ziel auch erreicht haben? In der Wirtschaft versieht man ein Ziel oft mit einem konkreten Zahlenwert, um beispielsweise festzulegen, welchen Gewinn ein Unternehmen in einem Jahr erreichen möchte. Messbar wäre es auch, wenn wir bei unserem Beispiel bleiben, wenn Sie merken, dass es Sie glücklich macht, zweimal im Jahr mit Ihrer Familie zu verreisen.

Attraktiv
Ein Ziel sollte attraktiv sein und vor allem auch attraktiv formuliert sein. Attraktiv bedeutet, dass es vor allem für Sie selbst attraktiv ist. Wenn ihr Chef mit Ihnen Ziele vereinbart, die mehr seinen eigenen Zielen entsprechen als den ihren, könnten es möglicherweise unattraktive Ziele sein, die sie aus diesem Grund schon nicht so gerne erreichen werden. Attraktiv bedeutet auch, dass Sie das Ziel attraktiv und positiv formulieren, umso mehr es ihrer Begeisterung ausstrahlt und Ihre Emotionen vermittelt, umso besser. Würden Sie, wenn wir bei unserem Beispiel bleiben, einen Italien-Urlaub planen, nur weil ihre Frau gerne Italien mag, sie aber lieber nach Griechenland fahren, wäre das Ziel für sie nicht attraktiv genug. Ein Ziel soll also attraktiv für den Zielsetzenden sein.

Realistisch
Ein Ziel sollte realistisch sein, sonst werden Sie es nicht erreichen. Wenn Sie sich einen Luxusurlaub mit einer eigenen Jacht wünschen auf einer eigenen einsamen Insel, und Sie sich das finanziell nie werden leisten können, ist das Ziel nicht realistisch und Sie werden sich ärgern, dass Sie ihr Ziel nicht erreichen und ihr Vorhaben möglicherweise frustriert aufgeben. Vielleicht genügt auch schon ein kleines romantisches Hotel auf der Insel Elba mit einem Ruderbootverleih, sie haben zwar die Insel nicht komplett alleine für sich, aber es erfüllt seinen Zweck und das Ziel wäre realistisch.

Terminiert
Ein Ziel sollte zudem klar terminiert sein. Teilweise hängen an einem terminierten Ziel auch Zwischenziele, die erforderlich sind und zeitlich vom Hauptziel abhängig sind. Nur wenn Sie Ihr Ziel mit einem klaren Zeitpunkt versehen, wissen Sie, was wann zu tun ist. Sie planen zum Beispiel den Urlaub mit Ihrer Familie im Juli, dazu müssen Sie zunächst rechtzeitig Urlaub mit Ihrem Chef vereinbaren und den Urlaub bis zu einem bestimmten Datum gebucht und bezahlt haben.

So könnte dann das S.M.A.R.T.-Ziel für unser Urlaubs-Beispiel folgendermaßen formuliert sein:
„Ich werde ab diesem Jahr zweimal pro Jahr mit meiner Familie Urlaub machen. In diesem Jahr haben wir für Mitte Juli bereits zwei Wochen Urlaub auf unserer Lieblingsinsel Elba gebucht. Ich sehe uns schon auf der Terrasse des kleinen Hotels sitzen, unsere Lieblingsspaghetti essen und den Sonnenuntergang genießen. Das macht mich glücklich!"

5.3 Motto-Ziele

Viele Ziele im Leben sind aber nur schwer mit dem S.M.A.R.T.-Modell zu fassen, weil sie nicht spezifisch genug sind. Das wären zum Beispiel allgemeine Lebensziele wie: „ich möchte eine gute Cellistin werden" oder „ich möchte in meinem Orchester wieder glücklich und motiviert sein". Diese Ziele sind komplex und dynamisch und hängen von vielen verschiedenen Faktoren ab.

Bewusste und unbewusste Motive
Grundsätzlich handeln wir aus unbewussten und bewussten Motiven:
 Bewusst handeln wir, wenn wir einen Plan haben, wenn wir aus der Vernunft heraus etwas wohlüberlegt tun. Beispielsweise merken wir in der Orchesterprobe, dass eine bestimmte schwierige Passage noch nicht gut läuft und beschließen aus unserem Erwachsenen-Ichzustand, diese Stelle am Nachmittag alleine für uns nochmal zu üben.
 Unbewusst handeln wir aus Gründen der Intuition oder aus emotionalen Motiven. Eine unbewusstes Handlungsmotiv wäre zum Beispiel, wenn wir uns entscheiden, ein Projekt nicht zu spielen, weil ein Werk von Richard Wagner auf dem Programm steht, was der ungeliebte unsympathische Opa zu Hause immer gehört hat. Die Entscheidung ist blitzschnell unterbewusst gefällt, ohne dass man die Frage nach logischen Gesichtspunkten beurteilt hat. In dem Moment selbst denkt man nicht

genauer und bewusst über den ungeliebt Opa nach, sondern man nimmt die Entscheidung so als getroffen hin. Diese Art der intuitiven emotionalen Entscheidung ist eine extrem wichtige Fähigkeit. Viele alltägliche Entscheidungen laufen intuitiv ab, weil wir häufig gar nicht die Zeit und die Denkkapazität haben, alle Entscheidungen bewusst zu treffen. Zum Beispiel das Warten vor einer vielbefahrenen Straße, das Schauen nach rechts und nach links, der Impuls des Loslaufens. Dieser Vorgang läuft häufig unbewusst ab. Wir stehen im Supermarkt und können uns gar nicht mehr richtig erinnern, wie der Weg dorthin verlaufen ist, weil der Weg unbewusst und ohne weitere Vorkommnisse abgelaufen ist und wir schon daran gedacht haben, was wir alles einkaufen. Unser Unterbewusstsein hat alle Handlungen richtig ausgeführt und uns sicher über die Straße zum Supermarkt gebracht.

Das Ziel, sicher über die Straße zu kommen kann von unserem Unterbewusstsein intuitiv alleine erreicht werden. Viele Entscheidungen und Ziele sind aber komplexer und von größerer Tragweite und brauchen beide Bewusstseinsebenen. Eine geeignete Methode für die Formulierung und Realisierung komplexer und dynamischer Ziele sind die **„Motto-Ziele"** (Storch 2009, S. 200):

Das Motto für das eigene persönliche Ziel sollte hierbei positive Assoziationen wecken und so formuliert sein, dass es den eigenen Wünschen und Vorstellungen entspricht. Es muss attraktiv sein, sodass es zu Handlungen motiviert, die dieses Ziel im Grunde ganz natürlich zur Folge hat.

Beispiel

Unsere Cellistin Christine hat ihr Ziel final erreicht und spielt nun in einem Kammerorchester, was ihren Vorstellungen, Kompetenzen und Wünschen entspricht. Dieses Ziel hatte sie sich im Studium ganz bewusst gesetzt, nachdem sie nach einem missglückten Klassenvorspiel eher demotiviert war und nicht wusste, wie sie sich verbessern könnte. Ihr Lehrer sagte dazu nur: „eine gute Cellistin wirst Du, wenn Du viel und sinnvoll übst!" Dieses Ziel half ihr aber überhaupt nicht. Sie übte bereits wirklich viel und sie machte sich durchaus Gedanken über die Art des sinnvollen Übens. Sollte sie also nun noch mehr üben, das machte keinen Sinn. Ihr Problem war eher, dass sie zu viel übte, zu viel wollte und was in dieser Form zu Verbissenheit führte und eine angespannte Körperhaltung zur Folge hatte. Das Ziel, mehr zu üben, half ihr nicht und verschlimmerte die Lage sogar noch. Das Ziel ihres Lehrers war also nicht attraktiv genug und für sie persönlich nicht stimmig und richtig. Ein anderer Cellist oder eine andere Cellistin wäre mit diesem Ziel vielleicht weitergekommen, sie aber nicht. Sie formulierte das Ziel anders: „Ich genieße die musikalischen Momente und werde eine glückliche Cellistin in meinem Wunsch-Orchester!"

Auf diese Weise hat Christine ihr persönliches passendes **Motto-Ziel (1)** formuliert. Die nächste Aufgabe auf dem Weg der Zielerreichung ist nun die Ableitung von **spezifischen Zielen (2)**, die je nach Komplexität auch wieder nach der Methode der S.M.A.R.T.-Ziele formuliert werden können und von konkreten **Verhalten und Planungen (3)**:

1. Mottoziel
„Ich genieße die musikalischen Momente und werde eine glückliche Cellistin in meinem Wunsch-Orchester!"

2. Ergebnis (spezifisches Ziel)
„Ich spiele mit Freude und Gelassenheit und übe immer dann, wenn ich in einer körperlich entspannten Grundhaltung bin. Maximal 5 Stunden pro Tag."

3. Verhalten (Plan)
„Ich gehe jeden Morgen 30 Minuten Schwimmen und mache vor jeder Übeeinheit am Vormittag und am Nachmittag meine Lockerungsübungen. Zudem meditiere ich jeden Tag eine halbe Stunde. Ich übe pro Tag maximal 5 Stunden, ein Tag pro Woche pausiere ich und mache einen Ausflug mit meinen Freund*innen."

Auf diese Weise fokussiert sich Christine nicht auf das Ziel ihres Lehrers, welches sie noch verkrampfter und verbissener zurücklässt, sondern konzentriert sich mit ihrem persönlichen Ziel auf ihren Körper und eine entspannte Grundhaltung.

> **Selbstreflexion S.M.A.R.T.-Ziele und Motto-Ziele**
> Reflektieren Sie Ihre aktuelle Lebenssituation.
> 1. Welche zentralen Ziele haben Sie für Ihr Leben?
> 2. Erarbeiten Sie Ihre dazugehörigen Zielformulierungen mit den entsprechenden Handlungsplanungen nach den Methoden der S.M.A.R.T.-Ziele oder Motto-Ziele

5.4 Lebensziele

Neben der Formulierung und Umsetzung von aktuellen singulären Zielen mit der S.M.A.R.T-Methode und den Motto-Zielen, unterstützt uns die folgende Methode, unsere großen langfristigen Lebensziele zu definieren. Die Beschäftigung mit der Frage: „was ist unsere ureigene Bestimmung?".

5.4 Lebensziele

Die drei zentralen Werte und Aversionswerte aus Abschn. 5.1 werden dazu den Lebenszielen, die wir nun erarbeiten, eine Bedeutung und einen Sinn geben (vgl. Merath 2008, S. 257). Alle Lebensziele aus den sämtlichen Lebensbereichen werden diese Werte widerspiegeln und vertreten. Wir unterscheiden hierbei die 7 Lebensbereiche:

1. Persönlichkeit und Lernen
2. Emotionen
3. Familie/Partnerschaft
4. Netzwerke und Freunde
5. Körper und Gesundheit
6. Materielles und Finanzielles
7. Mein Leben als Musiker*in

Selbstreflexion Lebensziele
Formulieren Sie nun Ihre Lebensziele zu diesen Lebensbereichen, unterscheiden Sie hierbei die beiden Kategorien „Hilft mir" und „Hilft anderen".
„Hilft mir" meint Ziele, die der eigenen Bereicherung dienen, „Hilft anderen" meint Ziele, die anderen Personen oder Institutionen dienlich sind (und dann natürlich auch wieder Ihnen persönlich zu Gute kommen). Für die Kategorie Materielles und Finanzen „Hilft mir" würde dies beispielsweise bedeuten: „Ich möchte spätestens bis Ende des Jahres ein privates Vermögen von EUR 100.000,- gespart haben, um die Anzahlung für unser neues Haus leisten zu können". Lebensbereich Körper und Gesundheit „Hilft anderen" wäre beispielsweise: „Ich besuche meine kranke Mutter die nächsten drei Monate täglich im Krankenhaus, um sie nach ihrem Schlaganfall beim Gehen lernen zu unterstützen. Unser Ziel ist es, dass Sie im Sommer wieder eigenständig laufen und zu Hause wohnen kann."
Nutzen Sie die folgende Matrix und formulieren Sie mit der S.M.A.R.T.-Technik oder den Motto-Zielen an entsprechender Stelle Ihre Ziele aus den 7 Lebensbereichen und den beiden Kategorien „Hilft mir" und „Hilft anderen". Nehmen Sie sich für diese Ausarbeitung genügend Zeit und reflektieren Sie unter dem Einfluss Ihrer Werte Ihre Lebensziele. Lassen Sie Ihrer Kreativität freien Lauf und assoziieren Sie so viel wie Sie können, reflektieren Sie Ihre Träume und Wünsche, an dieser Stelle gibt es

keine Grenzen und Limits, schränken Sie sich nicht ein. Formulieren Sie das Unmögliche:

	Hilft mir	Hilft anderen
Persönlichkeit und Lernen		
Emotionen		
Familie/Partnerschaft		
Netzwerke und Freunde		
Körper und Gesundheit		
Materielles und Finanzielles		
Mein Leben als Musiker*in		

Schauen Sie Ihre Ziele erneut durch und markieren Sie die für Sie fünf wichtigsten und zentralen Ziele. Prüfen Sie, ob diese Ziele wirklich Ihre eigenen Werte reflektieren oder ob es möglicherweise Ziele sind, die eher Interessen und Werte anderer Menschen darstellen. Streichen Sie die Ziele, die nicht ureigen von Ihnen kommen.

Diese fünf wichtigen Ziele sollten Ihr Leben in den nächsten Wochen und Monaten begleiten. Schreiben oder hängen Sie diese Ziele an einen zentralen Ort, sodass Sie sie täglich sehen und lesen können. Ändern Sie die Ziele wenn nötig auch immer wieder mal ab, beobachten Sie, wie sich die Lebensziele im Laufe der Zeit verändern und vielleicht auch weiter fokussieren.

Abschließend beschäftigen Sie sich mit der Frage: Was möchte ich an meinem Leben, an meinem Tagesablauf ändern, damit sich diese Ziele auch verwirklichen, was lasse ich neu in mein Leben, was lasse ich künftig vielleicht bewusst sein oder weg?

5.5 Autonomie: Das Ziel von Veränderung

„Sapere aude!" empfiehlt Immanuel Kant seinen Lesern (1784, S. 481–494) und übersetzt das lateinische Sprichwort frei mit „Habe Mut, Dich Deines eigenen Verstandes zu bedienen!". Es geht ihm darum, den Menschen dazu zu bringen, ganz im Sinne der Aufklärung, aus der eigenen Unmündigkeit heraus zu

5.5 Autonomie: Das Ziel von Veränderung

kommen und selber Verantwortung für sein Leben zu übernehmen. Was hält Menschen eigentlich davon ab, mündig und selbstverantwortlich für sich und seine Umwelt zu handeln? Was bringt Menschen dazu, Verantwortung abzugeben? Für die eigene Gesundheit ist der Arzt verantwortlich, für die Entsorgung des Mülls, den ich im Park liegen lasse, die Stadtreinigung. Alles was ich mit Geld bezahlen kann, muss ich nicht mehr selbst machen? Inzwischen lassen sich erwachsene Menschen sogar von einem Coach beim Aufräumen helfen. Ist es Faulheit und Feigheit, wie Kant schreibt? Was steckt dahinter? Was lässt die Menschen passiv werden und warum delegieren sie ihre Verantwortung an andere Menschen, warum machen sie andere Menschen für ihr Tun verantwortlich? Man hört dazu immer mal wieder Glaubenssätze wie: „Da kann ich nichts machen, das habe ich von meinem Vater, der war auch schon so!" oder „das liegt bei uns in der Familie!" Wie aber können Menschen die Freiheit und Autonomie erlangen, selber über ihr Leben entscheiden und bestimmen zu können und Verantwortung für ihr Tun zu übernehmen?

Ein Kind ist abhängig von seinen Eltern und es besteht ein enges symbiotisches Verhältnis. Ohne die Hilfe seiner Bezugspersonen könnte ein Kind nicht überleben und es passt folglich seine Denk- und Verhaltensmuster zunächst an die seiner Bezugspersonen an. Im Laufe seines Heranwachsens entwickelt ein Kind dann mehr und mehr einen ganz natürlichen Drang, bestimmte Handlungen und Aufgaben selbstständig und selbstverantwortlich auszuführen und es entstehen ganz eigene Strategien und Sichtweisen. Je nachdem, wie sich diese Entwicklung gestaltet, wird ein Mensch im Erwachsenenalter dann aufgrund verschiedenster Faktoren ein autonomes Leben führen. Das Verhältnis zu den Bezugspersonen hat dabei einen großen Einfluss darauf, welchen Grad der Autonomie ein Erwachsener nach der Ablösung von zu Hause ausgeprägt hat. Ein Kind entwickelt ein grundsätzliches Gefühl des eigenen ICHs erst durch die Beziehung zu seinen Bezugspersonen. Je intensiver diese Beziehungen sind, desto intensiver wird das Selbsterkennen (Hüther 2011, S. 26). Das prägt die Gestaltung von Beziehungen und die Art und Intensität der Bindung an seine Mitmenschen nachhaltig. Manche Menschen sind schon im frühen Erwachsenenalter autonom und selbstständig unterwegs, manche hingegen behalten ihre von der Abhängigkeit zu den Eltern erlernte symbiotische Art der Beziehung zu seinen Mitmenschen bis ins hohe Alter aufrecht.

Musiker*innen haben vor und während ihres Studiums ein intensives Verhältnis zu ihren Lehrenden. Gute und gewissenhafte Professor*innen bzw. Lehrer*innen bereiten dabei ihre Student*innen über das reine instrumentale Handwerk hinaus für das spezielle Berufsleben im Orchester vor. Dieser intensive Kontakt kann zu einer tiefgehenden Abhängigkeit führen, die Musiker*innen selbst nach dem bestandenen Probespiel noch veranlasst, ständig den Rat und die Empfehlung des früheren Lehrenden zu suchen. Um dem entgegenzuwirken suchen sich die meisten Student*innen im Sinne einer gesunden Autonomie aber gerade im späteren Verlauf des Studiums immer wieder neue Eindrücke und Einflüsse von anderen Lehrenden und besuchen vielzählige Meisterkurse. Auf diese Weise ist es möglich, eine unabhängige, aber trotzdem gut umfassend ausgebildete Künstlerpersönlichkeit auszuprägen und damit ganz eigene musikalische Wege und Richtungen zu gehen.

Die Transaktionsanalyse möchte die Menschen dabei unterstützen, im Leben einen hohen Grad an Autonomie zu erlangen. Nach Eric Berne, dem Begründer der Transaktionsanalyse, manifestiert sich die Erringung der Autonomie „in der Freisetzung oder Wiedergewinnen von drei Fähigkeiten: Bewusstheit, Spontaneität und Intimität" (2020, S. 287):

Bewusstheit
Unter Bewusstheit verstehen wir die Fähigkeit, die Dinge und Vorgänge gut wahrzunehmen, die um einen herum sind und passieren. Also nicht ständig in Gedanken zu sein, zu grübeln und schon die nächsten Dinge zu planen. Sondern ganz im Hier und Jetzt zu sein und nur wahrzunehmen. Mit allen Sinnen zu schmecken, zu riechen, zu erfühlen, zu hören zu sehen. Keine direkten Wertungen und Bewertungen vornehmen, sondern alles so zu lassen, wie es ist. Sich ganz im Sinne der Buddhisten allzeit in Achtsamkeit üben. Die Achtsamkeit bringt die Kraft der Konzentration hervor und führt zu tiefer Einsicht. Sie hilft uns, unsere Aufmerksamkeit auf das zu richten, was wir jeweils gerade tun (Nhat Hanh 1973, S. 33–34). Häufig sind es die Hektik und Zerstreuungen des Alltags und die Anforderungen der modernen schnelllebigen Zeit, die uns von uns selber wegführen und uns häufig ratlos mit einem Gefühl der Sinnlosigkeit und Leere zurücklassen. Diese Entfernung von unserem ursprünglichen Selbst kann im schlimmsten Fall zu einem Burnout und zu Depressionen führen.

Spontaneität
Spontaneität bedeutet, mit der oben beschriebenen Fähigkeit der Bewusstheit aus dem Moment frei heraus eine Entscheidung zu fällen. Die Wahl aus verschiedenen reichhaltigen Alternativen zu haben und daraus zu schöpfen. Eine Fähigkeit, aus dem integrierenden Erwachsenen-Ichzustand zu handeln, zu denken und zu fühlen. Integrierend heißt, die positiven Eigenschaften des Eltern-Ichzustands und Kind-Ichzustands im natürlichen Fluss des Alltags in der Persönlichkeit mit zu integrieren, es ist aber der Erwachsenen-Ichzustand, der stets das Ruder in der Hand

5.5 Autonomie: Das Ziel von Veränderung

behält. Spontaneität bedeutet auch, offen zu sein für neue gemeinsame Entdeckungen, die Welt nicht als bekannt und gegeben voraussetzen, sondern mit gespannter und empfänglicher Haltung durch den bunten und vielfältigen Alltag zu gehen.

Intimität
Intimität bedeutet, mit anderen Menschen echte, authentische und gewinnende Beziehungen einzugehen. Im Sinne einer ok-ok-Haltung die Mitmenschen so zu erleben und zu akzeptieren, wie sie sind. Eine gute Balance im Kontakt zu anderen Menschen finden aus „Kraft geben" und „Kraft schöpfen", „Vertrauen geben" und „Vertrauen haben". Es gibt keine Freiheit und Autonomie, ohne eine tiefe Verbundenheit zu anderen Menschen.

> **Selbstreflexion „Drei Übungen der Autonomie"**
> Üben Sie sich in Autonomie, in dem Sie die drei Elemente der Autonomie im Alltag integrieren:
> 1. **Bewusstheit** kann durch Meditation erreicht werden. Das kann eine klassische Sitzmeditation ein, aber auch eine Bewusstheit im Alltag. Jeden Schritt und jede Aktion für sich bewusst wahrnehmen, Sie können sich das innerlich bestätigen durch, „gerade lese ich ein Buch, ich lese Wort für Wort", „ich fahre Auto und achte auf den Verkehr" oder „ich stehe in der Küche und wasche das Geschirr". Üben der Achtsamkeit, in dem man mit seiner Konzentration nur bei der aktuellen Tätigkeit bleibt, sich nicht ablenken lässt, nicht bewertet und ins Grübeln gerät. Und die Tätigkeit in dem Tempo ausführen, was es braucht. Nicht in Hektik und Schnelligkeit verfallen, weil man schon wieder an das nächste Aufgabe denkt, nicht das Gefühl haben, etwas schnell machen zu müssen, weil man sonst sein Pensum nicht schafft, sondern in dem für sich richtigen und natürlichen Tempo. Man kann nur das erledigen und am Tag schaffen und erreichen, was im eigenen persönlichen Tempo möglich ist. Nur so sind Sie effizient und werden sich selbst gerecht. Ansonsten macht das Leben keinen Sinn. Nehmen Sie sich in der Woche einen bestimmten Tag heraus und achten Sie in jedem Moment des Tages aufmerksam auf das, was Sie gerade tun.
> 2. Üben Sie sich in **Spontaneität,** in dem Sie sich an einem anderen Tag in einer Woche nichts vornehmen. Wählen Sie dazu am besten einen Tag, an dem Sie nicht arbeiten müssen und an dem Sie keine

anderen Verpflichtungen haben. Stehen Sie auf und lassen Sie sich treiben. Schnüffeln Sie einem Trüffelschwein ähnlich, worauf Sie Lust haben. Seien Sie gespannt und lassen Sie sich überraschen, was passiert. Machen Sie etwas, was Sie sonst noch nicht gemacht haben und was auf den ersten Blick vielleicht verrückt oder ungewohnt sein mag. Machen Sie nichts, was andere von Ihnen erwarten oder was Sie meinen, machen zu müssen. Der Tag gehört nur Ihrer Spontaneität.
3. Üben Sie Ihre **Intimität,** in dem Sie wieder an einem anderen Tag einem Menschen besondere Aufmerksamkeit spenden. Seien Sie authentisch mit dem Menschen, schenken Sie Vertrauen und geben Sie Kraft. Welche Erfahrungen machen Sie?

5.5.1 Glaubenssätze

In unserem Alltag begleiten uns oft einschränkende Glaubenssätze. Aussagen über uns selbst, die vielleicht gar nicht zutreffend sind, aber alleine durch den Glauben daran Realität werden. Im Sinne der Autonomie macht es Sinn, diese Sätze zu hinterfragen, woher die Annahmen kommen und auf welche Weise wir sie verändern können, um sie positiv für unseren Alltag zu nutzen. Viele Menschen können sich auf diese Weise von unnötigen Verpflichtungen befreien, die sie meinen, erfüllen zu müssen, obwohl es niemand von Ihnen verlangt hat. Häufig sind es auch Kompetenzen, die man sich selber abspricht, obwohl es dafür überhaupt gar keinen realen Grund gibt.

Beispiel
Unsere Cellistin Christine hat in einem Klassenvorspiel eine Bachsuite auswendig vorgespielt. Und obwohl sie die Suite seit langem spielt und auch wirklich gut vorbereitet hat, ist sie im Vortrag ständig rausgeflogen und hat dann schließlich die Noten aus der Tasche holen müssen, um die Suite zu Ende spielen zu könne. Seither redet sie sich ein, dass sie einfach nicht gut Bach spielen kann. Nun ist sie bereits fest im Kammerorchester engagiert, niemand zweifelt an ihren Kompetenzen, aber sie selber glaubt immer noch, dass sie kein Bach spielen kann. Lösen wir diese Situation mit einer Übung auf:

5.5 Autonomie: Das Ziel von Veränderung

Selbstreflexion „Ich kann nicht" und „Ich muss"
Gehen Sie Ihren Glaubenssätzen mit folgender Übung auf den Grund (Landschof 2018, S. 18): Fühlen Sie sich in Ihre derzeitige Lebenssituation ein und notieren Sie, was Sie meinen, nicht zu können, wie zum Beispiel: „Ich kann nicht gut Bach spielen" oder „ich kann nicht vor Publikum sprechen":

1. Ich kann nicht...

Erinnern Sie sich nun an die Dinge, die Sie meinen, tun zu müssen, wie zum Beispiel: „Ich muss mich als Stimmführer um meine Gruppe kümmern" oder „ich muss diese Etüde einfach perfekt spielen":

2. Ich muss...

Wiederholen Sie nun die „Ich kann nicht..."-Sätze und ändern Sie sie um in „Ich will nicht..."-Sätze, wie zum Beispiel: „Ich will nicht vor Publikum auswendig Bach spielen, mit Noten ist es ok" oder „Ich will nicht vor Publikum sprechen und ich lehne diese Anfragen künftig ab!"

1. NEU: Ich will nicht...

Wiederholen Sie nun die „Ich muss..."-Sätze und ändern Sie sie ab in „Ich entscheide mich..."-Sätze, wie zum Beispiel: „Ich entscheide mich, als Stimmführer der Gruppe meine Kolleg*innen bei bestimmten Themen zu unterstützen, in anderen Bereichen erwarte ich Selbstständigkeit" oder „ich entscheide mich und habe Freude daran, die Etüde XY nahezu perfekt spielen zu können, andere Etüden übe ich zwar und lerne dabei, aber perfekt müssen sie nicht sein!"

2. NEU: Ich entscheide mich...

Welche Erfahrungen haben Sie bei der Umformulierung gemacht? Haben Sie Ihre Glaubenssätze herausfinden und auflösen können? Achten Sie in der nächsten Zeit auf Sätze, die ihre Kompetenzen oder Zwänge beschreiben, hinterfragen Sie diese einschränkenden Annahmen und lösen Sie diese mit der „Ich kann nicht – Ich muss" – Methode auf.

Literatur

Berne, Eric 2020 [1964]. *Spiele der Erwachsenen. Psychologie der menschlichen Beziehungen.* Reinbek bei Hamburg: Rowohlt Verlag

Hanh, Thich Nhat. 1997 [1973]. *Schlüssel zum Zen. Der Weg zu einem achtsamen Leben.* Freiburg im Breisgau: Herder

Hüther, Gerald. 2011. *Was wir sind und was wir sein könnten.* Frankfurt am Main: Fischer Verlag

Kant, Immanuel. 1784. *Beantwortung der Frage: Was ist Aufklärung? Berlinische Monatsschrift* 4 (1784)

Landschof, Andrea. 2018. *Das bin ich!? Verborgene Talente entdecken und Veränderungen gestalten.* Paderborn: Junfermann Verlag

Merath, Stefan. 2008. *Der Weg zum erfolgreichen Unternehmer.* Offenbach: Gabal Verlag

Storch, Maja. 2009. *Motto-Ziele, S.M.A.R.T.-Ziele und Motivation.* In Coachingwissen, Hrsg. Bernd Birgmeier, 185–207. Wiesbaden: Springer Fachmedien

Süskind, Patrick. 1980. *Der Kontrabass.* Zürich: Diogenes

Konflikte im Orchesteralltag 6

> Zwei Seelen wohnen, ach! in meiner Brust,
> Die eine will sich von der andern trennen;
> Die eine hält, in derber Liebeslust,
> Sich an die Welt, mit klammernden Organen;
> Die andre hebt gewaltsam sich vom Dust,
> Zu den Gefilden hoher Ahnen.
> O gibt es Geister in der Luft,
> Die zwischen Erd und Himmel herrschend weben,
> So steiget nieder aus dem goldnen Duft
> Und führt mich weg, zu neuem buntem Leben!
> Ja, wäre nur ein Zaubermantel mein,
> Und trüg er mich in fremde Länder!
> Mir sollt er um die köstlichsten Gewänder,
> Nicht feil um einen Königsmantel sein.
> (Johann Wolfgang Goethe, Faust, Tragödie erster Teil, S. 33)

Die Tragödie Faust von Johann Wolfgang von Goethe zeigt in dramatischer Weise, welche Auswirkungen Konflikte für einen Menschen und seine Umwelt haben können. In diesen berühmten Zeilen aus der Tragödie 1. Teil eröffnet der Protagonist Dr. Heinrich Faust seinem Famulus Wagner seine Zerrissenheit zwischen seinen beiden innerlichen Mächten: der erhabenen Rationalität auf der einen Seite und der körperlichen und sinnlichen Freuden auf der anderen. Dieser innerliche Konflikt weitet sich im Laufe des Werkes auf einen großen Konflikt mit seinen Mitmenschen aus und endet am Schluss mit dem Tod von Gretchen inklusive Mutter und Bruder und dem gemeinsamen Kind.

Einen Konflikt innerhalb einer Person, wie ihn Dr. Faust in eindringlicher Weise durchlebt, nennt man auch einen **Intrapersonalen Konflikt**. Einen Konflikt zwischen zwei oder auch mehreren Menschen oder auch Menschengruppen bezeichnet man als **Interpersonalen Konflikt**.

Interpersonale Konflikte entstehen, wie auch in der Tragödie Faust, häufig aus intrapersonalen Konflikten. Somit besteht zwischen diesen beiden Formen ein direkter Zusammenhang.

Unterschiedliche Wertevorstellungen und Lebenserfahrungen führen Menschen zu verschiedenen Grundhaltungen und Beurteilungen von Sachverhalten. Treffen Menschen dann in einem bestimmten Kontext aufeinander, entstehen daraus möglicherweise Interessengegensätze, aus denen mit dem nötigen Schuss an Emotionen und Gefühlen gewichtige Konflikte erwachsen können.

Was sind typische Konflikte in einem Orchester und warum entstehen sie? Was sind die besonderen Gegebenheiten, die Konflikte in der künstlerischen Zusammenarbeit begünstigen?

Orchestermusiker*innen müssen sich in jedem Konzert immer wieder aufs Neue unter Beweis stellen. Die vorherigen Erfolge gelten in dem Moment des laufenden Konzerts nur wenig, im Gegenteil, sie lassen die Erwartungen des Publikums und der Musikerkolleg*innen sogar noch steigen. Ein Leben lang sind Musiker*innen bestrebt, an ihre Erfolge anzuknüpfen, sich spieltechnisch auf hohem Niveau zu halten, künstlerisch-interpretatorisch stets weiterzuentwickeln und in dem Moment des Abends, im Konzert, seinem Publikum alles zu geben, was Ihnen menschlich möglich ist. Wie ein/e Sportler*in vor dem Start eines Hundertmeterlaufs ist ein/e Musiker*in vor dem Auftritt hochkonzentriert, die Anspannung steigt im Laufe der Proben bis zum Höhepunkt am Abend des Konzerts kontinuierlich. Diese Spannung, verbunden mit einer innerlichen Vorbereitung, ermöglicht es den Musiker*innen, am Konzertabend die benötigten körperlichen Energien, geistige Konzentration und Inspiration im richtigen Moment punktgenau parat zu haben. Neben der inneren Zentriertheit und Konzentration braucht es auf der anderen Seite eine Offenheit und Empfänglichkeit im Zusammenspiel mit den anderen Musiker*innen. Die grundsätzliche Gestaltung des aufzuführenden Werks wurde zwar im Vorfeld geprobt und festgelegt, eine authentische und berührende Interpretation verlangt allerdings ein spontanes Musizieren, eine offene und verletzbare Haltung und Leidenschaft. Genau diese offene und verletzliche Grundhaltung und ausnahmslose Hingabe in Kombination mit der Spannung im Vorfeld führt zu einer besonderen und einzigartigen Aufführung, kann aber auch zudem zu empfindlichen Konflikten zwischen den Musiker*innen selbst und zwischen Musiker*innen und deren Umfeld führen. Eine offen ausgesprochene Kritik im falschen Tonfall, ein kritischer Blick des Kollegen oder Dirigenten, schlechte Arbeitsbedingungen wie zu dunkles Licht oder eine zu kalte

6 Konflikte im Orchesteralltag

Raumtemperatur können in diesen sensiblen spannungsvollen Momenten zu Wut und Ärger und zu kleineren oder auch größeren Konflikten führen.

Das Studium zur/m Orchestermusiker*in besteht neben dem Instrumentalunterricht und den musikwissenschaftlichen Fächern vor allem aus vielen Stunden täglichen individuellen Übens. Die intensive körperliche Beschäftigung im Rahmen des Trainings der eigenen instrumentalen technischen Fertigkeiten und die Entwicklung einer individuellen musikalischen Vorstellungskraft und Ausdrucksfähigkeit bildet eine starke Künstlerpersönlichkeit aus. Die Musiker*innen kennen ihre Bedürfnisse sehr genau und wissen, unter welchen Bedingungen sie ihre optimale und maximale Leistung bringen können, später im Orchester müssen sie dann diese Bedürfnisse mit vielen anderen Musiker*innen teilen. Diese Gradwanderung zwischen der Erfüllung der individuellen Bedürfnisse eines jeden Orchestermitglieds und der Erfüllung der Anforderungen und Erfordernisse der Gruppe kann gerade in der oben genannten Spannungsphase zu Konflikten führen. Die Arbeit eines Orchesters erfolgt immer im Kollektiv. Orchestermusik*innen haben kein eigenes Büro, in das sie sich mal zurückziehen können, wenn es zu viel wird, wenn der Druck zu groß ist und sie mal alleine für sich arbeiten wollen. Die Arbeit eines Orchesters erfordert eine strenge und klare Systematik der Proben, jedes Mitglied ist zu diesen Proben dann entsprechend eingeteilt und auch dienstlich verpflichtet, unabhängig davon, wie man sich gerade fühlt oder in welcher Lebenslage man sich gerade befindet. Die Spannung vor dem Konzert und die vielleicht entstehenden Konflikte werden zusammen im Kollektiv erlebt, alle Hierarchien arbeiten gemeinsam im Proben- oder Konzertsaal, es gibt keine Möglichkeit des Entziehens oder individuellen Pausierens.

Neben diesen orchesterinternen Herausforderungen sind es oft auch äußere Faktoren, die Konflikte bei der künstlerischen Arbeit begünstigen:

Viele Kulturinstitutionen stehen auch heutzutage trotz florierender Wirtschaft unter hohem finanziellem Druck. Die Finanzierung der öffentlichen Hand reicht oft nicht aus, um die steigenden Kosten des künstlerischen Betriebs zu decken. Privatwirtschaftliche Förderungen und Sponsoring helfen, bestimmte Projekte zu realisieren und zu erhalten, oft fehlen aber langfristige kontinuierliche Absicherungen, was dazu führt, dass Arbeitsverträge oft nur befristet vergeben werden können und Musiker*innen freischaffend arbeiten und nur projektweise beschäftigt werden.

Zudem wird das Angebot der Orchester immer vielfältiger, so entstehen zum Beispiel Programme aus verschiedenen Stilrichtungen und Epochen oder neue edukative Formate, bei denen die Musiker*innen selber moderieren und spielen. Neue ungewöhnliche Spielorte werden entdeckt und neue künstlerische Formate etabliert. Diese neuen Entwicklungen bereichern das Kulturleben, verlangen von den Musiker*innen aber auch eine große Flexibilität und Anpassungsfähigkeit in ihren Kompetenzen, neue Anforderungen entstehen, auf die die ausbildenden Institute eingehen müssen.

> **Selbstreflexion Konfliktpotenziale**
> 1. Welche Orchester-internen und äußeren Faktoren fordern Sie in ihrer alltäglichen Arbeit als Orchestermusiker*in?
> 2. Welche Konfliktpotenziale nehmen Sie in Ihrem Umfeld wahr?

6.1 Konflikte als Entwicklungspotenzial

Ein Konflikt im Orchesteralltag wird zunächst als ein störender Faktor in der Zusammenarbeit wahrgenommen, er nimmt Zeit, der Probenprozess gerät ins Stocken, die Basis, der Nährboden einer freien inspirierenden Arbeitsatmosphäre scheint entzogen. Viele Konflikte, seien sie auch nur lokal auf eine Orchestergruppe oder zwei einzelne Personen begrenzt, haben eine Auswirkung auf das gesamte Orchester. Die für die musikalische Arbeit benötigte Sensibilität eines jeden Musikers macht auch schon kleine Verstimmungen bei jedem gut spürbar. Dabei sind sie eigentlich oft nur Indikator und Kennzeichen einer großen Vielfalt einer Gruppe, einer Vielfalt an Kompetenzen, Herangehensweisen und Charakteren. Menschen, die sich auf lebendige Weise ergänzen und damit reichhaltige Ergebnisse erzielen.

Der Erfolg und die Leistungsfähigkeit eines Teams oder einer Gruppe ist sehr stark davon abhängig, wie unterschiedlich die dazugehörigen Menschen sind. Die Konflikte, Reibungsflächen und Auseinandersetzung, die dabei entstehen, sind im Grunde Anzeichen von Veränderungsbedarf und Entwicklungsbestrebung. Wenn diese Reibungsflächen im frühen Stadium als konstruktive Energie gesehen und genutzt werden, können Sie die aktuellen Gewohnheiten verändern und zu erfolgreichen neuen Sichtweisen und Entwicklungsschritten führen. Werden diese gewünschten Unterschiede der Menschen und deren Sichtweisen nicht akzeptiert und wahrgenommen, bleiben in der Folge Konflikte unbearbeitet und können zu diesen destruktiven Störfaktoren werden, die einen Arbeitsprozess behindern und Musiker*innen in ihrer künstlerischen Arbeit demotivieren. Verschiedene Arten von Konflikten entstehen also in ihrem Ursprung, wenn Diversität während der Zusammenarbeit aufeinandertrifft, positiv nutzen im Sinnen eines Entwicklungsprozesses lässt es sich dann, wenn eine hohe Konfliktfähigkeit und Konfliktkompetenz bei den Beteiligten vorhanden sind.

> **Selbstreflexion Konfliktfähigkeit**
> 1. Wenn Sie Ihre letzten Konflikte reflektieren, haben Sie den Eindruck, dass Sie diese Situationen konstruktiv nutzen und lösen konnten?
> 2. Wie hoch auf einer Skala von 1–10 schätzen Sie grundsätzlich und bezogen auf konkrete Fälle Ihre Konfliktfähigkeit und Konfliktkompetenz ein?

6.2 Intrapersonale Konflikte

Eine gute Konfliktfähigkeit und Konfliktkompetenz im zwischenmenschlichen Bereich setzt eine gutes inneres Konfliktmanagement voraus. Ein selbsterfüllendes autonom gesteuertes Leben ist dabei nicht abhängig davon, wie viele störende innere Konflikte ein Mensch mit sich herumträgt, sondern wie bewusst er mit diesen Konflikten umgeht und wie gut seine Lösungsstrategien dafür sind. Intrapersonale Konflikte kennt im Grunde jeder Mensch, im Alltag haben sich dafür viele gebräuchliche Bezeichnungen etabliert, wie z. B. „ein innerer Kampf", „mit sich selber ringen", „mit sich im unreinen sein" oder einfach nur „ich kann mich wie immer nicht entscheiden". Diese alltäglichen intrapersonalen Konflikte betreffen oft eine Entscheidung zwischen verschiedenen Optionen. Man wägt ab, aktiviert sein inneres Team und lässt die Pro- und Kontra-Argumente mit sich ringen und diskutieren. Auf diese Weise findet man womöglich recht schnell oder auch in manchen Fällen etwas weniger schnell eine Lösung und fällt für sich eine gute nachhaltige Entscheidung. Ein simples Beispiel wäre hierzu eine Kaufentscheidung: ein Geiger möchte sich eine neue Violine anschaffen, steht beim Geigenbauer und hat zwei Violinen vor sich, die beide fantastisch sind und zu ihm passen, jedes der beiden Instrumente hat dabei Vor- und Nachteile. Einen derartigen Entscheidungskonflikt zwischen zwei positiven Optionen wird auch Annäherungs-Annäherungs-Konflikt genannt, die Entscheidung zwischen zwei negativ behafteten Alternativen hingegen als Vermeidungs-Vermeidungs-Konflikt. Hierbei wird die betroffene Person zunächst versuchen, beiden Optionen zu entkommen. Die dritte Form ist der Annäherungs-Vermeidungs-Konflikt, bei der die betreffende Person nur eine Option hat, die aber negative und positive Aspekte in sich birgt.

> **Selbstreflexion intrapersonale Konflikte**
> 1. Welche kleineren intrapersonalen Konflikte haben Sie in der letzten Zeit durchlebt oder in welchen akuten inneren Konflikten befinden Sie sich?

Neben diesen eher alltäglichen bewusst-wahrgenommenen intrapersonalen Konflikten entstehen gerade im Berufsleben Rollen- und Weltenkonflikte (s. Abschn. 2.1).

Werden die Dimensionen der Entscheidungen größer und haben diese zudem einen entscheidenden Einfluss auf das weitere Leben des betroffenen oder das Leben seiner ganzen Familie, wird das Dilemma größer und eine Entscheidung kann nicht so schnell getroffen werden. Diese Entscheidungsdimensionen werden mit großer Wahrscheinlichkeit auch interpersonale Konflikte zur Folge haben.

Besonders weitreichend sind die inneren Konflikte, die einer Person nicht oder nicht direkt bewusst sind. Wir werden uns hierbei den inneren Anteilen zuwenden, die uns bewusst sind oder die wir gut in unser Bewusstsein bringen können, die sogenannten „vorbewussten" Anteile (Sigmund Freud 1940, S. 26). Spätestens seit Freud wissen wir, dass die Bewusstwerdung des Unbewussten durchaus komplex und zum Teil unmöglich erscheint. Innere Konflikte können grundsätzlich nur aktiv gelöst werden, wenn sie im Bewusstsein des betreffenden sind. Liegen sie im Unter- oder Vorbewusstsein, werden diese Konflikte zwar das Leben des betreffenden Menschen negativ beeinflussen und auch beeinträchtigen, die Person kann aber nicht genau verifizieren, woran das liegt. Vielmehr wird sie Vermeidungsstrategien anwenden, aber nicht das Grundproblem lösen. Persönliche Entwicklungen und Erfolge sind dann nicht in der Form möglich, wie es sich der Mensch wünschen würde, stattdessen ist er mit seinen Vermeidungsstrategien beschäftigt und darin verhaftet.

6.2.1 Antreiberverhalten

Häufig sind es kindliche oder frühkindliche Strategien, Empfehlungen und Weisungen von Eltern oder Elternfiguren, die die eigenen aktuellen Lösungsstrategien und Kompetenzen nachträglich beeinflussen. Ein Bereich dieser elterlichen Einflüsse, die im Leben eines Erwachsenen oft nur unbewusst oder vorbewusst aktiviert bleiben und eine entscheidende Auswirkung auf die Entscheidungsfähigkeit und Autonomie eines Erwachsenen haben, bezeichnet die Transaktionsanalyse als Antreiber oder Antreiberverhalten (Kahler und Capers 1974, S. 26–42). Der Mensch trägt dabei die innere Botschaft in sich, dass er grundsätzlich in Ordnung bzw. „ok" ist (siehe Ok-Geviert, Abschn. 4.1), wenn er sich an dieses Antreiberverhalten hält. Jeder Mensch wird dabei in unterschiedlicher Ausprägung und Intensität von den folgenden fünf Antreibern durch den Alltag geleitet:

6.2 Intrapersonale Konflikte

1. „Sei perfekt!"
2. „Beeile Dich!"
3. „Streng Dich an!"
4. „Mache es allen recht!"
5. „Sei stark!"

Diese Antreiber-Verhaltensweisen werden unbewusst oder bewusst von den Eltern und Elternfiguren, das können auch andere prägende Angehörige oder Lehrer*innen sein, meist als wohlwollender Antrieb vermittelt. Ein Antrieb, der die noch jungen unerfahrenen Menschen ermächtigen soll, das komplexe Leben gut und erfolgreich zu gestalten (Schneider 2006, S. 22). In einer maßvollen und funktionalen Ausprägung gelten diese Verhaltensweisen somit als Stärken und Fähigkeiten, sind sie hingegen in einer zu großen Ausprägung vorhanden, werden sie im Alltag als einschränkend und hinderlich erlebt. Ein Zurückschrauben der Ausprägungen auf ein gesundes Maß ist somit förderlich für eine Verhaltensänderung und ein autonomes und vom Grunde her freies selbstbestimmtes Lebensmodel.

Der erste Schritt in diese Richtung ist zunächst das Erkennen der einschränkenden Verhaltensweisen, im zweiten Schritt helfen selbst gegebene Erlaubnisse und einprägsame Sätze im Sinne eines persönlichen Mottos, um den konkreten Antreiber im Alltag zu entschärfen. Erlaubnisse sind Sätze und Formulierungen, die den bewussten oder unbewussten Weisungen der Eltern oder Elternfiguren entgegenstehen. Sie entkräften diese und entziehen ihr die Energie, die im Alltag so viel Raum nimmt und einen Menschen an einer gewünschten Entwicklung im Wege steht. Wenn der „Erlauber" umgesetzt ist und im Alltag Wirkung zeigt, fühlt sich der betreffende Mensch befreit und ist offen für neue Herausforderungen und Veränderungen, die vorher nicht denkbar gewesen wären. So kann zum Beispiel das Antreiberverhalten „Beeile Dich!" mit der selbst gegebenen Erlaubnis „Ich bin ok, wenn ich mir die nötige Zeit nehme, die ich für eine Aufgabe benötige" entkräftet werden. Auch wenn es ungewohnt erscheinen mag, ist es wichtig, sich diesen Satz immer wieder laut im Alltag vorzusprechen, nur dann gibt es die Chance, den lange und intensiv eingeübten Antreiber abzuschwächen. So kann man sich beispielsweise einen Zettel im Badezimmer an den Spiegel hängen, der einen jeden Morgen daran erinnert, diesen Satz laut vor sich hin zu sprechen.

In den Tab. 6.1, 6.2, 6.3, 6.4 und 6.5 finden Sie eine Aufstellung der fünf Antreiber mit Beispielen für positive (Stärken) und negative Ausprägungen (Einschränkung) mit den entsprechenden Erlaubern (Schneider 2006, S. 31) und Impulsen für Verhaltensänderungen (die Beispiele sind hier häufig auf das Leben als Musiker*in bezogen, kann aber natürlich auch gut auf andere Lebensbereiche übertragen werden):

Tab. 6.1 Antreiber „Sei perfekt!". (© Armin Wunsch)

1. „Sei perfekt!"	
Stärken und Vorteile des Antreibers	• man liefert Ergebnisse mit hoher Qualität • man führt einen gut strukturierten Alltag
Beispiele für die Stärken	Musiker*innen im Orchester haben einen langen und intensiven Ausbildungsweg hinter sich. Die technische Beherrschung eines Instruments erfordert dabei viel Geduld, eine positive Ausprägung dieses Antreiberverhaltens wird an dieser Stelle dabei unterstützen, ohne Disziplin erst mühsam erlernen zu müssen, diese technische Perfektion zu erreichen
Einschränkungen des Antreibers	• Empfindung für Freude ist eingeschränkt, weil der Perfektionsanspruch alles bestimmt und überdeckt • kann zu einem Kontrollzwang führen • man gilt als penibel und unflexibel • erschwert eine freie, spontane und unbeschwerte Lebensweise
Beispiel für die Einschränkung	Ein Geiger kann sich im eigenen Konzert teilweise nur schwer der reinen Musik hingeben, weil er dauernd damit beschäftigt ist, zu kontrollieren, ob er die schweren Passagen auch wirklich perfekt spielt
Entschärfender Erlauber-Satz	Ich darf Fehler machen und daraus lernen. Ich darf sorgfältig sein
Impulse für Verhaltensänderung	• Werke genau üben, ohne dabei Perfektion anzustreben • aus dem Erwachsenen-Ich-Zustand einen Standard festlegen, wann ein Werk ausreichend gut geübt und gespielt ist, dann in ein freies Musizieren übergehen

Tab. 6.2 Antreiber „Beeile Dich!". (© Armin Wunsch)

2. „Beeile Dich!"	
Stärken und Vorteile des Antreibers	• man ist effizient und vertrödelt keine Zeit • man erlebt einen aktiven und dynamischen Alltag • Zielstrebigkeit
Beispiel für die Stärke	Eine Musikerin ist alleinerziehend und kann dank ihres Antreiberverhaltens „Beeile Dich!" ihren Alltag mit den Kindern, Haushalt und dem Dienst im Orchester gut und effizient unter einen Hut bringen. Sie hat am Abend sogar noch Zeit für einen Yoga-Kurs
Einschränkungen des Antreibers	• man geht häufig gehetzt und angespannt durch das Leben und kann nicht den Moment genießen • man übt zu hektisch und zu oberflächlich, übt falsche Gewohnheiten ein • es schleichen sich Fehler ein

(Fortsetzung)

6.2 Intrapersonale Konflikte

Tab. 6.2 (Fortsetzung)

2. „Beeile Dich!"	
Beispiel für Einschränkung	Ein Pianist möchte eine Etüde unbedingt noch am gleichen Tag fertig geübt haben. Er übt in der Folge zu viel und zu lange, ohne wichtige Pausen zu machen. Am Ende tut ihm seine Hand weh und er kann an den Rest des Tages überhaupt nicht mehr üben
Entschärfender Erlauber-Satz	Ich darf mir Zeit lassen. Ich darf es in meiner Geschwindigkeit tun
Impulse für Verhaltensänderung	• bewusst bestimmte Vorgänge schnell und effizient erledigen, dann bewusst in ein langsameres Tempo gehen • genügend Pausen in den Alltag integrieren • genießen, wenn man spricht oder vorspielt und spüren, dass die Menschen einem gerne dabei zuhören

Tab. 6.3 Antreiber „Streng Dich an!". (© Armin Wunsch)

3. „Streng Dich an!"	
Stärken und Vorteile des Antreibers	• gutes Durchhaltevermögen: „was ich mir vorgenommen habe, mache ich zu Ende" • ein Mensch, der viel Energie und Interesse im Alltag aufbringen und zeigen kann • Verlässlichkeit
Beispiel für die Stärke	Ein Bratscher hat sich vorgenommen, zum Abschluss seines Studiums an einem wichtigen internationalen Wettbewerb teilzunehmen. Trotz familiärer Schwierigkeiten in der Endphase vor dem Wettbewerb (seine Frau trennt sich von ihm), bleibt er seinem Ziel verhaftet, „beißt sich durch" und gewinnt einen ersten Preis
Einschränkungen des Antreibers	• man bringt Bemühungen für Projekte auf, die einem gar nicht wichtig sind, dabei geht wertvolle Zeit verloren für die wirklich wichtigen Dinge • zu hoher Leistungsdruck mit keinem guten Ergebnis • man kommt häufig nur angestrengt und schweißgebadet durch den Alltag • keine Freude und Vergnügen im Leben
Beispiel für Einschränkung	Nach einem anstrengenden Konzert setzen sich die Kolleg*innen des Solo-Bratschers zusammen und feiern ihren Erfolg bei einem guten Essen. Der Solo-Bratscher selber hingegen feiert nicht mit und fährt nach dem Konzert nach Hause, weil er noch die Noten für ein das kommende Projekt einrichten muss. Innerlich ist er unglücklich und denkt an seine Kolleg*innen im Restaurant
Entschärfender Erlauber-Satz	Ich darf es so tun und lassen, wie es meiner Kraft entspricht

(Fortsetzung)

Tab. 6.3 (Fortsetzung)

3. „Streng Dich an!"

Impulse für Verhaltensänderung	• nur so viele Aufgaben und Rollen übernehmen, wie auch realistisch leistbar sein • die eigene Kraft bewusst und dosiert in den verschiedenen Situationen einsetzen • wenn leichtere Aufgaben anstehen, sich diesen bewusst und mit voller Freude zuwenden • die freien Zeiten ohne Verpflichtungen genießen und bewusst einplanen

Tab. 6.4 Antreiber „Mache es allen recht!". (© Armin Wunsch)

4. „Mache es allen recht!"

Stärken und Vorteile des Antreibers	• zeigt große Empathie gegenüber den Mitmenschen • Anpassungsfähig an Mitmenschen und Umgebung • eine „treue Seele"
Beispiel für die Stärke	In einem Probespiel um eine höhere Stellvertreterposition muss sich das Orchester in der letzten Runde zwischen zwei Tutti-Cellistinnen aus dem eigenen Orchester entscheiden. Am Ende bekommt die Cellistin die Stelle, die für ihre Kooperative Grundhaltung bekannt ist, gut kommuniziert und mit der alle Kolleg*innen im Orchester gerne arbeiten
Einschränkungen des Antreibers	• achtet mehr auf die Bedürfnisse seiner Mitmenschen als auf die eigenen • kann nicht „Nein" sagen
Beispiel für Einschränkung	Eine Geigerin wird von den Kolleg*innen aus ihrer Gruppe gefragt, ob sie künftig zusätzlich die Aufgabe der Einteilerin übernehmen möchte. Sie möchte ihre Kolleg*innen nicht enttäuschen und traut sich nicht „Nein" zu sagen, obwohl sie in ihrer momentan familiären Situation überhaupt keine Zeit und Kraft dazu hat und am liebsten ablehnen würde. Sie übernimmt die zusätzliche Aufgabe und ist in der Folge völlig überfordert und mit den Kräften am Ende
Entschärfender Erlauber-Satz	Ich darf bei mir sein, mich abgrenzen und mich gleichzeitig verbunden fühlen
Impulse für Verhaltensänderung	• ein Gespür dafür entwickeln, wann man Nähe und wann besser Distanz zu anderen Menschen braucht • Zeiten für sich alleine fest einplanen und diese bewusst erleben und genießen • bevor man immer automatisch zu allem „ja" sagt, immer vor einer Entscheidung kurz innehalten und sich fragen, ob man das **wirklich** will

6.2 Intrapersonale Konflikte

Tab. 6.5 Antreiber „Sei stark!". (© Armin Wunsch)

5. „Sei stark!"	
Stärken und Vorteile des Antreibers	• ein „Fels in der Brandung", ein Mensch, der seine Mitmenschen im positiven Sinne „behütet" • Unabhängigkeit
Beispiel für die Stärke	Ein Solo-Hornist spielt offene, schwere und nervenaufreibenden Werke und Passagen immer beeindruckend fehlerfrei und selbstbewusst
Einschränkungen des Antreibers	• nimmt keine Hilfe von anderen an, auch wenn es in Krisen dringend nötig wäre • keinen oder nur schweren Zugang zu den eigenen Gefühlen und zur eigenen Verletzbarkeit und Verletzlichkeit
Beispiel für Einschränkung	Ein Trompeter war immer stark und hat nie gezeigt, dass es ihm mal nicht gut ging. Plötzlich war er krank, kam nicht mehr zum Dienst und ging in Frührente. Niemand hat ihn je wiedergesehen
Entschärfender Erlauber-Satz	Ich darf es nach meinen Kräften tun und lassen. Ich darf Hilfe in Anspruch nehmen
Impulse für Verhaltensänderung	• Zugang zu den eigenen Gefühlen bekommen • lieber einmal mehr um Hilfe fragen, als zu selten

Selbstreflexion Antreiberverhaltensweisen
Fühlen Sie sich in diese Antreiberverhaltensweisen ein:
1. Welche dieser Verhaltensweisen prägen Sie?
2. Welche unterstützen Sie in Ihrem Alltag und welche haben sie in zu hoher Ausprägung und schränken Sie ein?
3. Nehmen Sie diese Tabelle als Vorlage, beschreiben Sie Situationen aus ihrem Alltag, in denen die Ausprägungen als Stärken oder als Einschränkung wirken und verwenden Sie die beschriebenen Erlaubnissätze und Impulse für ein persönliches Motto, welches Ihnen im Alltag unterstützt, ein neues Verhalten in Bezug auf die Antreiberverhaltensweisen für sich zu etablieren.

Eine Möglichkeit, die Ausprägung und Gewichtung dieser Verhaltensweisen auf die Spur zu kommen, bietet der diesem Buch beigefügten Antreiber-Test im **Anhang 1.**

6.2.2 Gefühle und Ersatzgefühle

Das Antreiberverhalten als ein prägendes Element der Persönlichkeit kann einen Menschen ein Leben lang begleiten und einen gewichtigen Anteil seiner inneren Konflikte ausmachen. Ein weiterer wichtiger Faktor im Umgang mit intrapersonalen Konflikten sind unsere Gefühle. Dabei ist entscheidend, ob diese positiv als Treiber und Energie für Entscheidungen eingesetzt werden oder sie in bestimmter negativer Ausprägung eine persönliche Entwicklung behindern und blockieren. Oft werden Gefühle als chaotischer und unzuverlässiger Anteil unserer Persönlichkeit empfunden und man ist versucht, diese zu unterdrücken oder unter Kontrolle zu bringen. Sind Gefühle also eine abenteuerliche Erfindung unserer Natur? Welche tiefere Funktion haben sie und in welchem Zusammenhang stehen sie im Umgang mit Konflikten?

Im Rahmen von einfacheren Entscheidungskonflikten (s. Abschn. 6.2) ist man häufig geneigt, Entscheidungen auf intellektueller Ebene zu treffen, in dem man sachliche Argumente gegeneinander abwägt. Man holt sich Ratschläge ein, macht sich ein Gesamtbild und meint, auf Basis einer Pro- und Kontraliste die beste logisch-sinnvolle Entscheidung fällen zu können. Im Grunde ist es richtig, sich auf diese Weise eine gute Grundlage für eine Entscheidung zu schaffen, nur wird das alleine nicht zu einer wirklich nachhaltigen zufriedenstellenden Entscheidung führen. Neurowissenschaftler können im Rahmen der Funktionsweise unseres Gehirns gut erklären, wie und auf welche Weise Gefühle unsere Entscheidungsprozesse steuern und beeinflussen. Demnach liefert der kognitiv ausgerichtete dorsolaterale präfrontale Cortex der Großhirnrinde (Sitz des rationalen ICHs) Entwürfe zu möglichem Handeln. Zudem zeigt er Alternativen auf mit den damit verbundenen Konsequenzen und Risiken. Die Entscheidung, was dann tatsächlich getan wird, wird allerdings in limbischen Hirnarealen getroffen, in denen die Emotionen sitzen (Roth und Ryba 2016, S. 132 ff.). Auf diese Weise lässt sich wissenschaftlich erklären, warum wir bei allen unseren Entscheidungen unser Bauchgefühl brauchen und unsere Gefühle an dem Prozess beteiligen sollten.

Eine gute Konfliktfähigkeit und Konfliktkompetenz erfordert also einen guten und gesunden Zugang zu unseren eigenen Gefühlen. Ganz grundsätzlich existieren im Menschen die vier Grundgefühle: Ärger, Freude, Angst und Trauer. Diese Grundgefühle haben alle auch eine direkte Funktion in unserem Alltag:

Ärger

Das Gefühl von **Ärger** setzt Energien in uns frei, die uns dabei unterstützen, in einem Konflikt Klarheit zu schaffen und eine Lösung herbeizuführen. Gleichzeitig hilft sie uns, unsere eigenen Interessen und Positionen zu vertreten und durchzusetzen.

6.2 Intrapersonale Konflikte

Freude
Das Gefühl der **Freude** stärkt unseren Lebensmut und die vitalen Kräfte, gleichzeitig hat es die Funktion vergleichbar mit einem Seismographen, der uns dabei unterstützt, den für uns richtigen Weg im Leben einzuschlagen.

Angst
Das Gefühl der **Angst** ist auf die Zukunft gerichtet und mobilisiert unsere Aufmerksamkeit und Handlungsfähigkeit. Als Grundfunktion hilft sie uns, im richtigen Moment schnell die volle Energie parat zu haben, um auf eine Gefahrensituation adäquat zu reagieren.

Trauer
Das Gefühl der **Trauer** unterstütz uns dabei, Abschied zu nehmen und offen für Neues zu werden, zudem aktiviert es das Bedürfnis nach Zuneigung und Trost.

Diese authentischen Grundgefühle, sind von Geburt an im Menschen vorhanden und haben wichtige Funktionen, um im Alltag bestehen zu können. Sie sind keine lästigen Lebensbegleiter, sondern sollen gelebt und ausgelebt werden um Lebendigkeit und Entwicklung zu ermöglichen. Merkmale dieser Grundgefühle sind ein klarer Bezug zu einer aktuellen Situation, sie geben einen passenden Handlungsimpuls und sind auf ein Gegenüber bezogen.

Neben diesen authentischen Grundgefühlen, die bereits von Geburt an vorhanden und angelegt sind, existieren Gefühle, die erst im Laufe des Lebens angelegt und erlernt werden:

Schuld
Das Gefühl der **Schuld** zeigt in positiver Ausprägung, dass wir uns nach unseren eigenen Maßstäben oder nach kulturellen oder gesetzlichen Vorgaben nicht korrekt verhalten haben und es motiviert uns, Wiedergutmachung zu leisten. In negativer Form kann ein falsches oder übertriebenes Schuldgefühl eine starke Lebenseinschränkung zur Folge haben.

Scham
Das Gefühl von **Scham** signalisiert uns in der positiven Ausprägung, dass wir uns gesellschaftlich oder kulturell nicht passend oder korrekt verhalten haben. Es führt dazu, dass wir uns anpassen und in der Folge sozial verbunden bleiben. Scham ist ein starkes Gefühl, was in negativer Ausprägung viele Folgen nach sich ziehen kann. Wird Scham beispielsweise von Bezugspersonen ausgenutzt und missbräuchlich eingesetzt, kann es bei dem betreffenden Menschen zur starken Selbstabwertung führen. Man fühlt sich ausgegrenzt, klein und „nicht ok" und möchte am liebsten unsichtbar werden.

Stolz
Das Gefühl von **Stolz** entsteht, wenn wir etwas selber erschaffen oder erreicht haben. Es signalisiert uns, dass wir etwas richtig und gut gemacht haben und motiviert uns zur Wiederholung. In positiver authentischer Ausprägung entsteht Stolz in einer aktuellen konkreten Situation. In negativer Ausprägung ist Stolz ein Dauerzustand, der ein Anzeichen für Überheblichkeit oder Narzissmus bedeuten kann.

Grundgefühle und erlernte Gefühle können als authentische Gefühle auftreten, sie begegnen uns im Alltag aber auch als nicht authentische Ersatz- oder Lieblingsgefühle.

Selbstreflexion Lieblingsgefühle
Fühlen Sie sich in folgende Situation ein:
Sie erreichen am Morgen völlig abgehetzt und gerade noch in letzter Minute den Probensaal. Ihre Kolleg*innen sitzen alle schon spielbereit da und schauen auf Sie. Der Dirigent ist schon auf dem Wege zum Dirigentenpult, um mit der Probe zu beginnen, auch ihm fällt auf, dass Sie es wohl gerade noch rechtzeitig geschafft haben. Sie bemerken, dass die Noten auf Ihrem Pult fehlen und schauen zum Orchesterwart, der ein paar Meter entfernt ebenfalls in Ihre Richtung schaut. Er zuckt aber nur mit den Schultern.

1. Bitte denken und fühlen Sie sich gut in diese Situation ein. Was sind Ihre Empfindungen? Welche Gefühle kommen in Ihnen hoch?

Mit großer Sicherheit ist dieses Gefühl, was Sie eben in dieser Situation wahrgenommen haben, auch ihr persönliches Lieblingsgefühl. Sie kennen es sicher schon ganz gut. Es wird immer wieder dann kommen, wenn Sie in diese Art von Stress geraten, völlig unerheblich, ob Sie nun faktisch daran schuld sind, ob die Noten nicht da sind, oder ob andere daran schuld sind. Wenn Sie beispielsweise großen Ärger und Wut spüren, werden Sie dieses Lieblingsgefühl rechtfertigen und immer jemanden finden, auf den Sie ärgerlich sein können. Entweder sind Sie ärgerlich auf den Orchesterwart, weil er nicht dafür gesorgt hat, dass die Noten bereitliegen oder Sie sind ärgerlich auf Ihre Kinder, die Sie am Morgen noch mit unwichtigen Dingen beschäftigt haben und daher zu spät sind und die Noten in der Hektik auf Ihrem Garderobenschrank vergessen haben. Auf diese Weise belegen Sie sich selber immer wieder, dass dieses Gefühl richtig ist. Mögliche andere Lieblingsgefühle in Reaktion auf diese Situation wären zum Beispiel: Scham, Angst oder Schuld.

6.2 Intrapersonale Konflikte

Diese **Lieblingsgefühle** wurden bereits in der Kindheit erlernt. Wir haben dafür wahrscheinlich positive Beachtung erhalten, sie waren in der Familie vermutlich gut akzeptiert und wurden von den Bezugspersonen vorgelebt. Als Kind konnte man diese Gefühle einsetzen, um das zu bekommen, was zum Überleben oder im Leben wichtig war. Also eine erlernte und schlaue Strategie, die als Kind gut geholfen hat, die aber heute im Erwachsenenalter nicht mehr notwendig ist. Trotzdem wird das Gefühl immer noch als ein existenzielles Gefühl wahrgenommen. Zu **Ersatzgefühlen** werden diese Gefühle dann, wenn sie andere Gefühle ersetzen, die in der Kindheit nicht gerne gesehen wurden und von Bezugspersonen nicht akzeptiert waren.

Beispiel
Ein Junge weint und ist traurig, weil er sein Lieblingsteddy verloren hat. Er sucht Trost bei seinem Vater, der ihm aber entgegnet: „Ein Indianer kennt kein Schmerz! Sei ein Mann, ich kaufe Dir einen neuen Teddy, dann ist alles wieder gut." Der Junge reagiert wütend auf die Reaktion seines Vaters und sagt: „Ich möchte keinen neuen Teddy haben, Du bist blöd!" Daraufhin entgegnet der Vater: „So gefällst Du mir schon besser". Der Junge lernt also, dass sein Gefühl der Trauer nicht ok ist, seine Wut aber hingegen gut ankommt. Wenn sich derartige Situationen häufiger wiederholen, ist es sehr wahrscheinlich, dass der Junge im Erwachsenenalter das Gefühl der Trauer nicht gut spüren kann und stattdessen mit Wut reagieren wird. Dieses Gefühl der Wut ist dann kein authentisches Gefühl mehr, obwohl es zu den Grundgefühlen zählt, sondern ein Ersatzgefühl. Dieses Ersatzgefühl wird ihm allerdings nicht weiterhelfen, denn Trauer und Wut haben zwei völlig verschiedene Grundfunktionen.

> **Selbstreflexion Lieblingsgefühl und Ersatzgefühl**
> Versuchen Sie sich an Situationen aus ihrem Leben zu erinnern, in denen Sie Ihr Lieblingsgefühl erlebt haben:
> 1. Gibt es Gefühle, die sie selten fühlen und die sie mit ihrem Lieblingsgefühl überdecken?
> 2. Ist ihr Lieblingsgefühl auch manchmal Ersatzgefühl?

Ein guter Zugang zu den eigenen Gefühlen ist eine ideale Basis für nachhaltige Entscheidungen und für Lösungen Intrapersonalen Konflikte. Authentische Gefühle sind ein wichtiges Element des Menschseins und helfen, den Alltag mit Lebendigkeit und Spontaneität zu bewältigen und zu erleben.

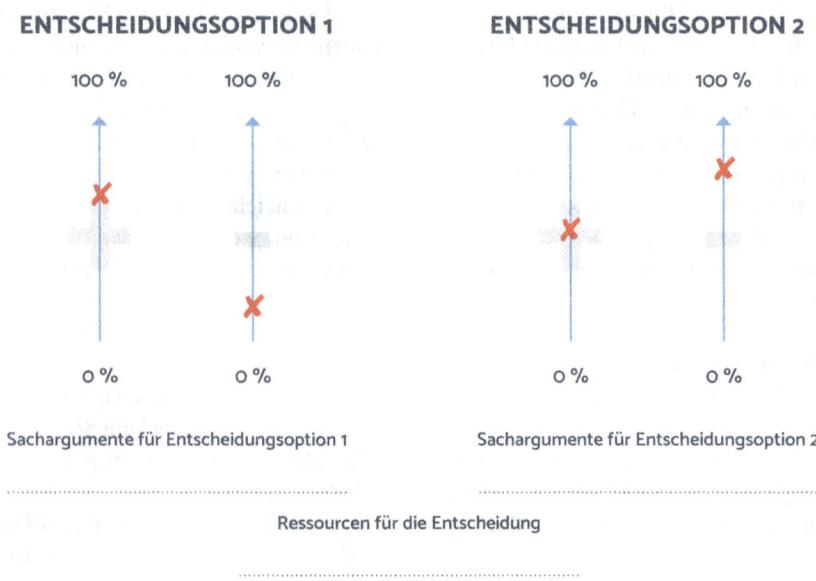

Abb. 6.1 Affektbilanz

Die Affektbilanz
Die **Affektbilanz** ist eine Methode aus dem Zürcher Ressourcen Modell, entwickelt von Dr. Maja Storch und Julius Kuhl (2017, S. 130). Sie unterstützt dabei, nachhaltige Entscheidungen für sich zu treffen, in dem die sachlichen Bewertungen des Verstands mit den dazugehörigen Bauchgefühlen in Einklang gebracht werden. Die Methode ist auch und gerade für komplexe Intrapersonale Konflikte und Entscheidungsprozesse sehr geeignet: Entscheidungen mit vielen verschiedenen Aspekten und mit einer großen Tragweite für das weitere Leben.

> **Selbstreflexion Affektbilanz**
> Welche größere Entscheidung steht Ihnen in nächster Zeit bevor? Eine Entscheidung, die Ihnen viel Kopfzerbrechen bereitet, und deren Tragweite sie vielleicht auch verängstigt und verunsichert. Haben Sie ein Thema im Kopf, dann erarbeiten Sie die Affektbilanz in Anlehnung an die Methode des Zürcher Ressourcen Modells:

6.2 Intrapersonale Konflikte

1. Nehmen Sie sich ein Blatt Papier vor und schreiben Sie zunächst die Entscheidungsoptionen auf, zwischen denen Sie sich entscheiden wollen. Das können zwei alternative Optionen sein, manchmal muss man sich aber auch zwischen drei oder noch mehr Optionen entscheiden.
2. Zeichnen Sie nun zwei senkrechte Skalen pro Entscheidungsoption mit dem Wert 100 % an der Spitze und Wert 0 % an der unteren Stelle der Skala. Schreiben Sie nun das jeweilige Thema der Option über die beiden Skalen. Versehen Sie jeweils die linke Skala mit einem „+" für die positiven Gefühle und die rechte Skala mit einem „–" für die negativen Gefühle (vgl. Abb. 6.1)
3. Fühlen Sie sich nun in jede der Entscheidungsoptionen einzeln ein und entscheiden Sie spontan, wie viel Prozent an negativen und positiven Gefühlen jede Option bei Ihnen auslöst und machen Sie ein Kreuz an der entsprechenden Position.
4. Bewerten Sie das Ergebnis. Welche Tendenz für welche Entscheidung zeigt sich auf der Skala?
5. Sammeln Sie nun ihre sachlichen Argumente (positiv und negativ) für die beiden Entscheidungsoptionen und notieren Sie diese unter die Skalen.
6. Fühlen Sie sich nun mit dem Hintergrund der Sachargumente erneut in die beiden Entscheidungsoptionen ein. Festigt sich ihre Tendenz oder ändert sich diese?
7. Wenn Sie eine Tendenz herausgefunden haben, überlegen Sie nun, welche persönlichen Ressourcen Ihnen dabei helfen können, ihre Entscheidung zu festigen und diesen Weg mit Überzeugung und Zielstrebigkeit einschlagen zu können.

Beispiel
Die stellvertretende Solo-Cellistin Christine steht vor der Entscheidung, ob sie:

a) mit ihrem Orchester auf eine mehrwöchige Asientournee gehen soll oder
b) besser bei ihren beiden schulpflichtigen Kindern zu Hause bleiben und bei ihrem Orchester für die Periode der Tournee Elternzeit einreichen sollte.

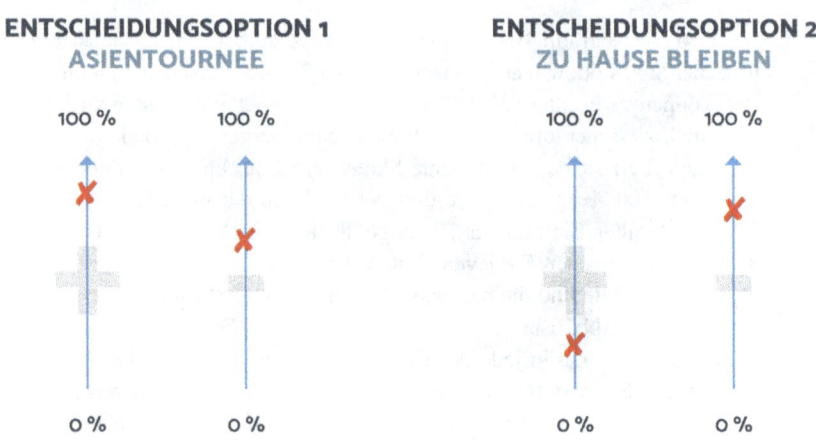

Abb. 6.2 Affektbilanz von Christine

Christine arbeitet mit der Affektbilanz an ihrer Entscheidung (Abb. 6.2):

Sachargumente für Entscheidungsoption 1	Sachargumente für Entscheidungsoption 2
• auf der Asientournee könnte sie mit ihrem neuen Orchester zusammenwachsen (+)	• ich bin für meine Familie da (+)
• toller Dirigent, tolles Programm, tolle Solisten = tolle künstlerische Erfahrung (+)	• neben der Familie komme ich sicherlich noch gut zum ungestörten Üben (+)
• mal rauskommen aus dem Alltag (+)	• ich kann es kaum ertragen, bei der Tournee nicht dabei zu sein und vermisse das Orchester (−)
• ich lasse meine Kinder und meinen Mann alleine zurück, mein Mann ist mit der Situation überfordert (−)	• der Kontakt zum Orchester wird nicht gefestigt, was in der Probezeit so wichtig wäre (−)
• ich werde sicherlich Heimweh bekommen, meine Kinder werden mich vermissen (−)	

Christine entscheidet sich vom Baugefühl und auch nach dem Sammeln der Sachargumente dafür, auf die Tournee mitzufahren. Ihre Ressourcen für eine finale Entscheidung dabei sind:

- ich entlaste meinen Mann und frage meine Schwiegereltern, ob sie während der Tournee meinen Mann unterstützen können
- ich vereinbare klare Zeiten, wann ich mit meiner Familie von der Tournee aus telefoniere
- nach der Tournee werde ich mit meiner Familie einen Urlaub machen, um wieder gut in Kontakt miteinander zu kommen
- im Alltag werde ich mich künftig besser organisieren, damit ich wieder mehr zum Üben komme (eine Elternzeit ist dafür nicht notwendig)

Mithilfe der Affektbilanz und einem guten Zugang zu ihren eigenen Gefühlen konnte Christine eine nachhaltige und verantwortungsvolle Entscheidung treffen. Sie hat einen Überblick, welche eigenen Ressourcen sie für die Entscheidung benötigt und welche organisatorischen Maßnahmen nötig sind, um die Entscheidung zu festigen und zu untermauern.

Im Laufe des Alltags ergeben sich immer wieder Situationen, die eine ähnlich fundierte und beherzte Entscheidungskompetenz brauchen. Wenn eine Entscheidung ansteht, ist es wichtig, diese auch zu realisieren und nicht aufzuschieben. Werden diese Art von Alltagskonflikten nicht gelöst und ist man stattdessen mit Rachefeldzügen, Hilfeschreien und inneren Verletzungen beschäftigt, häufen sich die ungelösten Konflikte an und es kann eine Situation der Überforderung entstehen. Dies hat zur Folge, dass auch die nachfolgenden Konflikte nicht mit genügend Raum und Kraft gelöst werden können. Eine Intrapersonale Konfliktkompetenz verlangt demnach einen guten Überblick über die aktuell anstehenden Entscheidungsthemen und eine gute und effiziente Steuerungs- und Lösungskompetenz aus dem Erwachsenen-Ichzustand heraus. Der Umgang mit Konflikten steht auf diese Weise im direkten Zusammenhang mit der eigenen Resilienz (Abschn. 4.1): Werden die anstehenden Intrapersonalen Konflikte nachhaltig gelöst, ist der Mensch positiv gestimmt und frei, den neuen Herausforderungen mit innerer Stärke zu begegnen.

6.3 Interpersonale Konflikte und Psychospiele

Im Gegensatz zum Intrapersonalen Konflikt handelt es sich bei einem Interpersonalen Konflikt um den Konflikt zwischen zwei oder auch mehreren Menschen oder auch zwischen Menschengruppen.

Drei verschiedene Beispiele für mögliche Interpersonale Konflikte im Orchester

1. Ein Orchester hat seine Streicheraufstellung grundsätzlich von der Amerikanischen zur Deutschen Orchesteraufstellung abgeändert. Dies hat zur Folge, dass die 2. Violingruppe nun vom Dirigenten aus rechts außen sitzt und dadurch mehr Pulte hintereinander stehen. Die Kolleg*innen der Gruppe, die im hinteren Bereich sitzen, sehen den Dirigenten nun schlechter als zuvor. Dies führt zu einem Konflikt zwischen den beiden Kollegen Till und Martin, die sich nicht einigen können, wer nun an welcher Position sitzen soll, damit alle gut sehen können. Der Konflikt läuft bereits seit einigen Tagen und äußert sich in verbalen Auseinandersetzungen, sobald eine Orchesterpause beginnt und alle aufstehen. Beide sind aufgebracht, die rein sachliche Ebene ist überschritten, beide befinden sich aber noch in einem recht zivilisierten Austausch ohne verbale Entgleisungen und persönliche Verletzungen.
2. Vor zwei Monaten hat ein Orchester die neue junge hervorragende Solo-Bratscherin Charlotte eingestellt. Sie hat erst kürzlich ihr Studium abgeschlossen und ist gewohnt, ihre Spielweise den Werken der verschiedenen Spielepochen entsprechend anzupassen. So beherrscht sie beispielsweise neben der romantischen Spielweise auch barocke Spieltechniken nach dem aktuellen Stand der historischen Aufführungspraxis. Dies führt zu einem Konflikt mit dem Stimmführer Oskar der 2. Violinen, der schon kurz vor der Rente steht und seine Ausbildung damals in Moskau nach der – wie er sagt – russischen Schule absolviert hat. Beide haben völlig unterschiedliche Sichtweisen, wie barocke und klassische Werke gespielt werden und kommen seit Vertragsbeginn der neuen Kollegin regelmäßig in Streit. Der Konflikt ist schon eine Stufe weiter als im vorherigen Fall, der Konflikt läuft länger und die beiden Kolleg*innen haben bereits öfters auf verletzender persönlicher Ebene gestritten. Beide sind seit kurzem nicht mehr bereit, überhaupt miteinander zu sprechen. Sie gehen sich aus dem Wege und in der Probe ignorieren sie sich.
3. Seit bereits eineinhalb Jahren hat die gesamte Oboengruppe eines Orchesters einen ersthaften Konflikt miteinander. Es gibt zwei Konfliktparteien, die beiden Solo-Oboistinnen auf der einen und die drei anderen Kolleg*innen der Gruppe auf der anderen Seite. Aufhänger des Konflikts ist der stellvertretende Solo-Oboist Hauke, der kurz vor der Rente steht und in den verbleibenden zwei Jahren noch so viel Projekte wie möglich spielen möchte. Er hat immer noch große Freude am Orchesterspiel und hält sich durch fleißiges häusliches Üben fit. Die Englischhornistin und der andere Tutti-Oboist können das sehr gut nachvollziehen und unterstützen Hauke. Dabei vertreten sie eine völlig konträre Position als

6.3 Interpersonale Konflikte und Psychospiele

die beiden Solo-Oboistinnen, die damit nicht einverstanden sind. Sie sind einer Meinung, dass Hauke schon lange seine Leistung nicht mehr bringen kann und er das Niveau der Oboen-Gruppe und somit der gesamten Holzbläsergruppe nach unten zieht. Inzwischen hat sich der Konflikt auf die anderen Holzbläsergruppen ausgeweitet, die sich entweder mit der einen oder anderen Seite solidarisieren und auch das restliche Orchester spürt bereits eine starke negative Energie in den Proben. Die Verletzungen in der Gruppe selber sind so gravierend, dass sich die Solo-Oboistin Marion bereits anwaltlichen Rat eingeholt hat, weil sie sich von ihrem Stellvertreter-Kollegen beleidigt und gemobbt fühlt. Es wurden bereits viele Gruppengespräche gemeinsam mit dem Orchestermanagement und auch der Personalvertretung geführt, allerdings sind bisher alle Interventionen erfolglos verlaufen.

Der grundlegende Charakter eines interpersonalen Konflikts ist neben der offensichtlichen sachlichen Ebene immer der darunter liegende Beziehungsaspekt. Ohne der deutlichen Beziehungsebene wäre es kein Konflikt, sondern eher ein Problem, vielleicht auch ein Streit oder eine Meinungsverschiedenheit, die mit einem Austausch von Sachargumenten gut und schnell zu lösen wäre. Ein Konflikt hingegen ist nachhaltig und beschäftigt Menschen je nach Schweregrad intensiv über einen längeren Zeitraum hinweg. Die Beteiligten eines Konflikts fühlen sich in Ihrer Existenz beeinträchtigt, möglicherweise von anderen Personen bedroht oder falsch und schlecht behandelt.

Ein tiefgehender Konflikt kann für beide Parteien nicht zufriedenstellend gelöst werden, wenn die darunter liegende Beziehungsebene nicht geklärt und aufgelöst ist. Die Gefühle der beteiligten Personen bestimmen die Situation und den Verlauf des Konflikts und deren Lösung. Den Beteiligten ist meist gar nicht bewusst, wie dominierend ihre akuten Gefühle den Prozess steuern.

Besonders gut verdeutlicht wird der Zusammenhang von Sach- und Beziehungsebene eines Konflikts durch das „Konfliktmodell Eisberg" von Karl-Heinz Risto (2003, S. 23 ff.). Ein Konflikt ist einem Eisberg ähnlich, deren fast siebenfacher Masse sich unter der Wasseroberfläche befindet. Der Großteil eines Konflikts befindet sich ebenfalls unter seiner Oberfläche: oberhalb befindet sich die sichtbare Sachebene, unterhalb die versteckte und oft komplizierte Beziehungsebene, die von persönlichen Gefühlen gesteuert wird.

Solange die Beteiligten nicht bewusst mit Ihren Gefühlen im Prozess umgehen und die Beziehungsebene des Konflikts bearbeiten, ist an eine Lösung der sachlichen Ebene nicht zu denken.

Wenn ein Konflikt grundsätzlich von verletzten Gefühlen und Ersatzgefühlen geprägt und gesteuert ist, kann es sich in der grundlegenden Auseinandersetzung von der Anlage her um ein „Spiel" handeln, allgemein auch unter der Bezeichnung „Psychospiel" bekannt. Mithilfe der Theorie der Transaktionen betrachtet (s. Abschn. 3.3) erkennen wir, dass diese Art der Auseinandersetzungen und Spiele aus dem Zustand des Eltern-Ichs oder Kind-Ichs verdeckt ablaufen. Man gibt vor, das Konfliktthema auf der Sachebene aus dem Erwachsenen-Ichzustand zu bearbeiten, agiert aber unterbewusst auf der persönlichen Beziehungsebene aus dem Eltern-Ichzustand oder Kind-Ichzustand. **Spieler A** beginnt das Spiel mit einem Anreiz in Form einer Aussage oder einer Geste, in der Transaktionsanalyse auch Spieleköder genannt, der bei **Person B** als Trigger wirkt und einen starken Gegenreiz auslöst. Folgt kein Gegenreiz von **Spieler B**, ergibt sich kein Spiel im herkömmlichen Sinne, das Spieleangebot wäre von **Spieler B** durchbrochen bzw. abgelehnt.

Beispiel
Unser Cellist Paul schaut seine Pultnachbarin Christine während einer Probe mit einem kritischen vorwurfsvollen Blick von der Seite Blick an. Dieser Blick ist in diesem Fall der Köder von Paul, mit dem er das Spiel mit Christine eröffnet. Christine geht auf das Spiel ein, in dem sie sich bei den Blicken ihres Pultnachbarn klein und schlecht fühlt. In der folgenden Probenpause reagiert sie wütend und rebelliert gegen Paul aus ihrem Kind-Ichzustand heraus. Es folgen weitere fortlaufende Transaktionen, das Gesagte läuft scheinbar auf der Sachebene ab (Erwachsenen-Ichzustand), eigentlich sind es aber verdeckte Transaktionen aus Paul's Eltern-Ichzustand und Christine's Kind-Ichzustand. Diese Art des Spiels könnte theoretisch lange so weiterlaufen, auch über die Probe hinaus am nächsten Tag, es könnte auch bestimmend sein für die weitere Zusammenarbeit der beiden bis zur Pensionierung von Paul. Keine Lösung des Konflikts scheint in Sicht. Am aktuellen Tag beendet der Orchesterwart mit der Ankündigung, dass die Probenpause vorbei sei die akute Auseinandersetzung. Christine schaut Paul böse an und sagt: „Mit Dir kann man einfach nicht sachlich reden", danach dreht sie sich um, lässt Paul stehen und geht zurück in den Probenraum. Beide sind sehr unzufrieden mit dem Ausgang der Auseinandersetzung, sie sind verwirrt, fühlen sich missverstanden und sind wütend aufeinander.

Selbstreflexion Psychospiele
1. Kennen Sie dieses ungute Gefühl nach einer Auseinandersetzung?
2. Erleben Sie aktuell Konflikte, die sich nicht lösen lassen und eine verborgene Beziehungsebene haben?
3. Aus welchen Ich-Zuständen heraus laufen Ihre Konflikte oder Spiele?

6.3 Interpersonale Konflikte und Psychospiele

Am Ende einer akuten Auseinandersetzung fragt sich jeder Beteiligte im Nachhinein für sich, wie konnte das nur passieren oder mit großer Wahrscheinlichkeit auch, wie konnte das **schon wieder** passieren? Gerade in Stresssituationen gerät man selber immer wieder in die gleichen Fallen und hat am Ende die gleichen schlechten und unangenehmen Ersatzgefühle. Christine fühlt sich in der Auseinandersetzung mit Paul, wie sie sich schon als Kind gefühlt hat, wenn Sie von ihrem Vater ermahnt wurde: sie fühlt sich klein und minderwertig und gerät in eine trotzige Haltung. Jeder Mensch hat auf diese Weise seine eigenen Lieblingsgefühle (Ersatzgefühle siehe Abschn. 6.2.1), die immer wieder in diesen ähnlichen Situationen auftauchen.

Von der transaktionsanalytischen Spiele-Theorie her (vgl. Abb. 6.3) folgt der **Spieleinladung (Köder)** eine unendlich mögliche Reihe von **fortlaufenden verdeckten Transaktionen,** die durch eine **verwirrende überraschende Wendung** unterbrochen werden (vgl. Stewart und Joines 1990, S. 345). Zum Beispiel durch einen Wechsel von der Opfer- in die Verfolgerrolle eines Beteiligten (siehe Dramadreieck, Abschn. 3.5). In unserem Beispiel wechselt Christine am Ende der Probenpause vom angepassten-Kind-Ichzustand in den Eltern-Ichzustand mit den Worten: „Mit Dir kann man einfach nicht sachlich sprechen!". Zum Schluss der Spiele-Theorie erfolgt eine entsprechende **Endauszahlung** für die Beteiligten. In unserem Beispiel fühlen sich Christine und Paul mies, unverstanden und ungerecht behandelt.

Ein Spiel ist zusammengefasst also ein Ablauf, bei dem zu Beginn eine Person einer anderen Person einen nicht authentischen Stroke gibt. Das Motiv dabei ist verdeckt, zumeist unbewusst, kann aber auch einen bewussten manipulativen Anteil beinhalten. Fühlt sich die zum Spiel eingeladene Person von der Einladung angetriggert und steigt auf die Einladung ein, folgen konstante Transaktionen aus

Abb. 6.3 Ablauf eines Spiels

bestimmten Ichzuständen der Beteiligten. Das Spiel ist beendet, sobald eine Person diese Transaktionen durchbricht, z. B. durch einen Ichzustandswechsel. Die beiden Personen fühlen sich am Schluss meist missverstanden und bleiben mit einem unguten und verwirrenden Gefühl zurück.

Die Spiele folgen hierbei immer wieder bestimmten typischen systematischen Mustern (vgl. Berne 1967. S. 103 ff.). Typische Spielemuster können sein (beispielhaft):

„Versetz mir eins!"
Der Cellist Paul handelt immer wieder nach diesem Muster. Er gängelt und kritisiert seine Mitmenschen auf so unangenehme Weise, dass sie sich irgendwann zurückziehen. Dabei reicht Paul eine kritische Rückmeldung nicht aus, er betreibt dieses Spiel so lange, bis die Menschen genug haben, ihm so richtig die Meinung sagen und sich dann komplett von ihm zurückziehen. Auf diese Weise hat er seine ganze Cellogruppe bereits gegen sich. Er fühlt sich schlecht (Ersatzgefühl und Spieleauszahlung) und sagt zu sich: „Ich hab's doch schon immer gewusst und dieser Fall beweist es mal wieder, meine Kolleg*innen sind einfach gegen mich und wollen doch gar nichts mit mir zu tun haben!"

„Hab' ich Dich erwischt, Du Schweinehund"
Nach diesem Spielemuster verhalten sich Menschen, die sich beispielsweise als Ehepartner unbewusst immer wieder Menschen aussuchen, die nicht zuverlässig sind und denen man nicht vertrauen kann. Wenn ihre Partner ihre Unzuverlässigkeit wieder unter Beweis stellen, können sie sagen „ich habe Dich wieder erwischt!" Auf diese Weise müssen sie nicht auf die eigenen Fehler schauen und sie fühlen eine vermeintliche Überhöhung über ihre Mitmenschen.

„Ja, aber…"
Einem Menschen mit diesem Lieblings-Spielemuster kann man es einfach nicht recht machen. Er kann zu nichts wirklich stehen und findet immer wieder Gründe, warum etwas nicht gut ist oder warum man sich für etwas nicht entscheiden kann. Im Grunde möchte sich dieser Mensch überhaupt nicht entscheiden. Wahrscheinlich fühlt er sich gut dabei, dass für ihn nichts gut genug ist und alle versuchen, es ihm recht zu machen und ihm zu helfen.

„Versuchen Sie es doch mal so!"
Ein Mensch mit diesem Lieblingsmuster gibt sich gerne mit dem „Ja, aber…"-Spieler ab. Er kann seine vielen gut gemeinten Ratschläge vorbringen und sich dann ärgern, dass sie alle nicht angenommen werden.

6.3 Interpersonale Konflikte und Psychospiele

„Wenn Du nicht wärst!"
Dieses Spielemuster findet man bei Menschen, die immer anderes und vor allem andere als Grund vorschieben, dass sie nicht handeln können, ihnen etwas nicht gelingt oder sie etwas nicht erreichen. Ein gutes Beispiel für dieses Spiel ist die Solo-Oboistin Marion aus dem Konfliktfall 3 in diesem Kapitel. Sie agiert nach dem Motto: „Wenn Du nicht wärst (der Stellvertreter-Kollege), ginge es mir gut. Ich würde nicht gemobbt werden und unser Orchester könnte auf einem höheren Niveau spielen." Dieses Spiel hat sie bereits schon im Studium mit einem Kommilitonen gespielt, der zugleich ihr Exfreund war: „Wenn er nicht wäre, könnte ich mich jetzt viel freier auf mein Studium konzentrieren und mit meiner Karriere schon längst weiter sein."

„Dumm" oder „Ich ärmster"
In diesem Spiel ist ein unzufriedener Mensch sehr passiv, stellt sich unbewusst eher „dumm" und tut nichts dafür, selber etwas an seiner Situation zu ändern. Entgegen einer Autonomie versucht er mit dem Spiel andere dazu zu animieren, seine Probleme zu lösen. Zugleich kann er dann das Spiel „Ich ärmster" spielen und versuchen Strokes und Zurede dafür zu bekommen, wie schlecht es ihm doch geht und in welcher misslichen Lage er sich doch befindet.

> **Selbstreflexion Spielemuster**
> 1. Finden oder erleben Sie weitere Spielemuster oder Varianten von den oben genannten?
> 2. Erkennen Sie beliebte Muster bei sich oder bei ihren Mitmenschen?

Die Theorie der Transaktionsanalyse teilt die Intensität und Qualität von Spielen dabei grundsätzlich in drei Kategorien bzw. Schweregrade ein:

1. Grad
Entspricht der beschriebenen Situation zwischen Paul und Christine. Ein Konflikt, über den die Kolleg*innen des Orchesters allgemein in der Kaffeepause sprechen würden – grundsätzlich beurteilt man die Reaktionen beider Protagonisten noch als vertretbar und nachvollziehbar.

2. Grad
Das Spiel zweiten Grades hält über einen langen Zeitraum an, mindestens ein Protagonist fühlt sich nachhaltig und über einen längeren Zeitraum hinweg von der Lage beeinträchtigt. Allgemein spricht man nur noch ungern über das Thema, und wenn, dann nicht mehr offen in der Probenpause.

3. Grad
Ein Spiel dritten Grades endet mit einem Ergebnis, das nicht mehr rückgängig zu machen ist, Gewaltanwendungen mit körperlichen Verletzungen, psychische Verletzungen, die nur mit professioneller Unterstützung zu tragen sind, auch Morde oder Fälle, die vor dem Strafgericht enden, sind immer Spiele dritten Grades.

> **Selbstreflexion Grad der Spiele**
> 1. Erinnern Sie sich wieder an Ihre Konflikte, die Sie zuvor beschrieben haben und teilen Sie diese in die drei verschiedenen Grade ein.

In Abschn. 6.4 wird näher auf die verschiedenen Möglichkeiten und Konzepte der Konfliktlösung eingegangen, an dieser Stelle aber schon vorab ein Überblick, wie Spiele im transaktionsanalytischen Sinne durchbrochen oder beendet werden können:

Im Fall von Christine und Paul gäbe es folgende Möglichkeiten des Spieleausstiegs:

1. Erkennen von Psychospielen
Der erste Schritt für den Ausstieg aus Spielen ist das Erkennen derselben. Bemerkt man direkt zu Beginn, dass man eine Spieleeinladung erhalten hat und einem der Spieleköder bildlich „vor der Nase hängt", kann man hier rechtzeitig intervenieren.

2. Ichzustands-Wechsel
Christine könnte schon zu Beginn, als sie die bösen Blicke von Paul bekommt, darauf achten, dass sie nicht in ihre angepasste kindliche Haltung hineingerät und sich schlecht fühlt. Sie könnte sich vornehmen, die Situation in der Probenpause zu besprechen und ihre Erwachsenen-Ichzustands Haltung zu bewahren, innerlich könnte sie zu sich sagen: „Paul schaut mit bösen Blicken zu mir herüber, irgendetwas scheint ihn zu irritieren oder zu stören, ich werden in der Pause mal nachfragen, ob es etwas zu klären gibt".

3. Überzogene Reaktion aus dem Kind-Ichzustand oder Eltern-Ichzustand
Christine hätte die Möglichkeit, direkt auf den bösen Blick von Paul mit einem ebenfalls bösen Blick aus dem Eltern-Ichzustand zu reagieren. Paul wäre mit Sicherheit irritiert und die Situation würde in der Folge anders verlaufen, als mit dem üblichen verschreckten angepassten und eher ängstlichen Blick aus ihrem angepassten Kind-Ichzustand.

4. Intimität erzeugen
Christine fühlt sich von den Blicken von Paul verunsichert. Statt zu rebellieren und mit Wut zu reagieren könnte Sie Paul in der Probenpause aus dem Erwachsenen-Ichzustand folgende Rückmeldung geben: „Ich habe gemerkt, dass Du mir in der Probe eben einen Blick zugeworfen hast, den ich nicht richtig deuten konnte. Bei mir löst so eine Art von Blick Unsicherheit aus und ich fühle mich nicht gut dabei. Könntest Du mich bitte künftig direkt ansprechen, wenn Du mir etwas sagen möchtest? Ich habe ein Interesse daran, dass wir in einem guten Austausch miteinander sind und keine missverständlichen Dinge zwischen uns stehen."

> **Selbstreflexion Spieleausstieg**
> 1. Nehmen Sie sich wieder Ihre akuten Konfliktfälle und Spiele vor und reflektieren Sie, welche Möglichkeiten des Spieleausstiegs Sie hätten.
> 2. Können Sie sich erinnern, wie die Spiele begonnen haben und welchen Köder Sie aufgegriffen haben?
> 3. Welche Köder nehmen Sie gerne? Bei welchen Spieleinladungen spüren Sie Ihre Trigger ganz besonders?

6.4 Lösung von Konflikten

Seitdem Menschen auf unserer Erde leben, gibt es Konflikte zwischen Ihnen. Konflikte in der Familie und im Bekanntenkreis, Konflikte in der Dorfgemeinschaft, Konflikte im Arbeitsleben, soziale Konflikte oder auch Konflikte zwischen ganzen Staaten, die zu jahrelangen Auseinandersetzungen und Kriegen führen. Seither machen sich die Menschen aber auch Gedanken, wie man mit diesen Konflikten umgeht und sie lösen kann. So gibt es schon in der Bibel, die unser heutiges Werteverständnis grundlegend geprägt hat, Empfehlungen, wie Konflikte zu lösen sind (Matthäus 18, 15–17):

*15 Sündigt aber dein Bruder an dir, so geh hin und weise ihn zurecht zwischen dir und ihm allein. Hört er auf dich, so hast du deinen Bruder gewonnen.
16 Hört er nicht auf dich, so nimm noch einen oder zwei zu dir, damit jede Sache durch den Mund von zwei oder drei Zeugen bestätigt werde.
17 Hört er auf die nicht, so sage es der Gemeinde. Hört er auch auf die Gemeinde nicht, so sei er für dich wie ein Heide und Zöllner.*

Die Entwicklung des Bevölkerungswachstums auf der Erde ist immens, die Ballungsräume werden immer dichter und somit nimmt auch die Wahrscheinlichkeit der Konflikte zwischen den Menschen zu. Der Streit um Ressourcen und Lebensräume sind wohl eine der wichtigsten Faktoren dabei. Zudem stehen heute mehr Menschen ständig in Kontakt miteinander, als das früher möglich war. Die sozialen Netzwerke bieten ein großes Forum für Streitigkeiten und Auseinandersetzungen. Durch das Aufbrechen von klassischen Hierarchien und der Verankerung von flexibleren agilen Unternehmensformen erhofft man sich größere Erfolge und eine höhere Fähigkeit der Anpassung an den schnelllebigen Markt. Diese eher basisdemokratisch geprägte Unternehmenskultur ist ein großer Fortschritt, erfordert aber eine größere Bereitschaft für Streitbarkeit und Auseinandersetzung.

Zwischenmenschliche Konflikte gehören heutzutage in der Arbeits-, Professions- und Privatwelt zum Alltagsleben dazu. Sie sind Anzeichen für Veränderungsbedarf und setzen die nötigen Energien für Lösungsprozesse frei. Besteht Mut zu einer Kultur der Vielfalt von verschiedensten Charakteren und Persönlichkeiten in einem Team und werden die daraus resultierenden Reibungen und Interessenkonflikte als Bereicherung und Energiequelle genutzt, entstehen große Entwicklungschancen für erfolgreiche und nachhaltige Endergebnisse. Zudem entstehen bei den Beteiligten Gefühle der Vertraulichkeit, Sicherheit und Zusammengehörigkeit, die eine motivierende Grundhaltung im gesamten Team und deren Umfeld erzeugen. Werden Konflikte hingegen als störender Faktor empfunden, werden sie nicht gelöst und „unter den Teppich" gekehrt, erzeugen sie eine Kultur von Scham und Misstrauen und die Fronten verhärten sich. In der Folge sinken die Motivation und Leistungsfähigkeit der Teammitglieder und die Endergebnisse sind entsprechend schlecht und ungenügend.

Das Ziel einer Konfliktlösung sollte dabei immer eine Win-Win-Lösung sein. Also ein Ergebnis, von dem alle Konfliktparteien gleichermaßen profitieren. Kein fauler Kompromiss, kein „Burgfrieden", sondern eine Lösung, die alle Seiten als Bereicherung und Entwicklungsschritt gegenüber der Situation vor dem Konflikt empfinden. Eine Lösung, die eine entspannte Grundhaltung und eine fruchtbare

6.4 Lösung von Konflikten

neue Arbeits- und Teamatmosphäre erzeugt. Diese Haltung führt zu einer positiven Konfliktkultur, in der alle Teammitglieder eine gute Sensibilität für das frühe Erkennen von Konfliktherden entwickeln und Konflikte somit schon im Entstehungsprozess gut abgefangen und gesteuert werden können (Konfliktkompetenz). In diesem frühen Stadium besteht die Chance, nicht an Symptomen herumzudoktern, sondern die Grundursachen von Konflikten am Schopfe zu fassen und sie ohne größere Schäden und Verwerfungen zu lösen. Wird ein Konflikt in diesem Frühstadium nicht gelöst, entwickelt er sich weiter und rutscht tiefer in die Eskalationsspirale.

Der Transaktionsanalytiker Karl-Heinz Risto (2003, S. 53) beschreibt sehr detailliert die Schweregrade von Konflikten des Konfliktforschers Friedrich Glasl (2011, S. 233). Das Eskalationsmodell besteht aus neun Stufen, hierbei ist in den Stufen 1–3 immer noch eine Win-Win-Lösung möglich, in den Stufen 4–6 geht es dann nur noch darum, wer verliert und wer gewinnt, in den Stufen 7–9 gibt es nur noch Verlierer:

Stufe 1 (Win-Win): Verhärtung
Diese Stufe bildet den Übergang zwischen dem argumentativen Austausch von Sachargumenten und einem beginnenden Konflikt. Meinungen bilden sich heraus, Fronten und Positionen verhärten sich. Die Beteiligten beharren auf Ihren Positionen, haben aber den Eindruck, dass sich das Problem noch durch eine geordnete verbale Auseinandersetzung auf der Ebene des Erwachsenen-Ichzustands lösen lässt.

Der Fall der beiden Geiger aus der 2. Violingruppe (Abschn. 6.3 Fall 1) spielt sich auf dieser Stufe ab. Die beiden Geiger vertreten eindeutig konträre Ansichten, der Austausch vermittelt aber den Eindruck einer Konfliktsituation mit hautsächlich sachlich geprägtem Inhalt, ohne gegenseitige persönliche Verletzungen.

Stufe 2 (Win-Win): Polarisation und Debatte
Die verbale Auseinandersetzung beginnt schärfer zu werden. Die Beteiligten fangen an, sich in der Auseinandersetzung gegenseitig zu misstrauen und haben das Gefühl zu verlieren, wenn sie in diesem fortgeschrittenen Stadium des Konflikts nachgeben würden. Die Befindlichkeiten der Beteiligten spielen nun eine größere Rolle und die Dynamik der Beziehungsebene nimmt an Fahrt auf.

Diese Stufe erreichen die beiden Geiger, wenn sie den Austausch auf der Ebene des Erwachsenen-Ichzustands verlassen und zu verdeckten und gekreuzten Transaktionen übergehen (Transaktionen siehe Abschn. 3.3).

Stufe 3 (Win-Win): Taten statt Worte
Die Eskalation des Konflikts tritt in eine neue Phase ein. Die Konfliktbeteiligten haben den Eindruck, dass eine verbale Auseinandersetzung zu nichts mehr führt und sie lassen Taten folgen. Durch den Abbruch der Kommunikation entstehen Missverständnisse und Fehldeutungen des Verhaltens der Gegenseite. Die Situation eskaliert weiter und eine Lösung auf der win-win-Ebene scheint fast nicht mehr möglich.

In dieser Phase haben unsere beiden Geiger das Gefühl, dass die verbale Auseinandersetzung zu keiner Lösung führt. Statt im verbalen Kontakt zu bleiben, indem sie die Orchesteraufstellung weiter diskutieren, reißt die verbale zielführende Kommunikation ab und sie versuchen den Konflikt für sich alleine zu lösen, indem sie die Orchesteraufstellung unabhängig voneinander in der Pause heimlich zu ihren Gunsten umstellen.

Stufe 4 (Win-Lose): Sorge um Image und Koalition
Ab dieser Stufe ist eine win-win-Lösung nicht mehr möglich. Es geht den Parteien nicht mehr darum, eine einvernehmliche Lösung zu finden, sondern jeder geht davon aus, dass es hier um Gewinnen und Verlieren geht. Die Sachebene wird zum Nebenschauplatz, die persönliche Beziehungsebene rückt in den Fokus. Der Konfliktgegner wird zum Feindbild, zum Bösen, während man selber der Gute ist. Die Auseinandersetzung ist unter rationalen Gesichtspunkten kaum noch zu durchschauen, die Beteiligten sind auf der Ebene der Psychospiele mindestens 1. oder auch 2. Grades angekommen (siehe Psychospiele Abschn. 6.3) und versuchen, die Gegenseite zu manipulieren und zu demontieren. In dieser Phase treten häufiger Vorwürfe des Mobbings auf.

Greifen wir an dieser Stelle das Beispiel der Oboengruppe auf (Abschn. 6.3 Fall 3). Die Solo-Oboistin Marion bezichtigt den Stellvertretenden Solo-Oboisten Hauke des Mobbings, es geht in dieser Phase des Konflikts nicht oder kaum noch um seine Spielqualität, sondern rein um die Beziehungsebene. Persönliche Intrapersonale Konflikte treten zutage und bestimmen die Situation.

Stufe 5 (Win-Lose): Gesichtsverlust
Unter einem Gesichtsverlust versteht man den Verlust des sozialen Wertes, Ansehens und moralischen Respekts einer Person. In dieser win-lose-Phase versuchen die Gegenspieler, unter Einbeziehung des Umfelds, das Gesicht des anderen nachhaltig zu beschädigen, zu verletzen und zu demaskieren. An dieser Stelle hat der Konflikt ein Spiel dritten Grades erreicht.

6.4 Lösung von Konflikten

Auch unserer Fall der Oboengruppe hat inzwischen diese Phase erreicht: Die Solo-Oboistin Marion prangert in einer Orchesterversammlung öffentlich die vermeintlichen Mobbing-Attacken ihres Kollegen Hauke an und versucht, durch die Mobilisierung von verschiedenen Kolleg*innen im Orchester ihrem Kollegen zu schaden und in ein schlechtes Licht zu rücken.

Stufe 6 (Win-Lose): Drohstrategien
In dieser Phase bestimmen bereits Gewaltfantasien das Geschehen. Die Konfliktparteien drohen sich gegenseitig und versuchen auf diese Weise den Konflikt zu steuern. Fügt sich der Gegner nicht der ausgesprochenen Drohung, fühlt sich der Drohende gezwungen, seine Drohung wahr zu machen, um so glaubhaft zu bleiben. Ein erster Einstieg in wirkliche Gewalthandlungen.

Stufe 7 (Lose-Lose): Begrenzte Vernichtungsschläge
In dieser Phase rechnet keiner der Beteiligten mehr mit dem Gewinnen, sondern es geht lediglich noch darum, wer den größeren Schaden hat. Beide Parteien sind nun zur Gewalt bereit und wollen ihren Gegner entmachten.

Stufe 8 (Lose-Lose): Zersplitterung
In der vorletzten Stufe geht es darum, die Existenz und auch das Leben des Gegners zu vernichten. Dabei versucht jeder Beteiligte, den eigenen Schaden so gering wie möglich zu halten.

Stufe 9 (Lose-Lose): Gemeinsam in den Abgrund
In der letzten Stufe nehmen beide Gegner bei der Vernichtung des Gegners ihre eigene Selbstvernichtung in Kauf.

> **Selbstreflexion Eskalationsstufen**
> 1. Auf welcher Stufe spielen sich Ihre aktuellen Konflikte ab?
> 2. Können Sie Konflikte aus ihrem nahen Umfeld, die Sie nicht direkt betreffen, einer der Stufen zuordnen?

Konflikte im Frühstadium, also in den Stufen 1–2 können gut von den Konfliktparteien selber untereinander gelöst werden. Sobald die Kommunikation ab der 3. Stufe abreißt, ist eine Lösung und die Deeskalation des Konfliktes ohne eine unabhängige dritte Person, die den Lösungsprozess begleitet und steuert, kaum mehr möglich. Es braucht zumindest Impulse von außen, um wieder in eine kooperative und gesprächsbereite Haltung zu kommen.

Je nach Schweregrad des Konflikts bieten sich verschiedene Möglichkeiten der Begleitung an:

Mediator*in
Konfliktmediator*innen sind unabhängige allparteiliche Personen, die Konfliktparteien bei der Lösung von Konflikten begleiten. Sie bringen die Konfliktparteien wieder an einen gemeinsamen Tisch, steuern den Prozess und sind für den formalen Ablauf der Lösungsfindung verantwortlich. Mediator*innen haben eine entsprechende Ausbildung hinter sich und sind zertifiziert. Den Qualitätsstandard regelt hierbei das seit dem Jahr 2012 bundesweit geltende Mediationsgesetz. Das Prinzip der Konfliktmediation wurde ursprünglich als Verfahren für außergerichtliche Einigungen entwickelt, inzwischen wird es aber auch in vielen anderen Kontexten erfolgreich angewendet. Mediator*innen sind dann eine sinnvolle Wahl, wenn eine Einigung der Konfliktparteien untereinander nicht mehr möglich scheint und in Arbeitskontexten auch Führungskräfte und innerhäusliche Beratungsstellen nicht mehr helfen können. Auf diese Weise bewegt sich der mögliche Einsatz von Mediatoren in dem Eskalationsmodell im Rahmen der Stufen 3–6.

Gerichtliche Verfahren
Man sollte bei Konflikten immer anstreben, eine außergerichtliche Einigung zu erzielen, um den Kern des Konflikts nachhaltig und im Sinne einer Win-Win-Strategie zu lösen. Ein Gerichtsverfahren kann keine Einigung erzielen, sondern nur eine Entscheidung treffen und die Konfliktparteien kommen sich auf diese Weise in den seltensten Fällen ein Schritt näher. Eine Annäherung ist aber gerade dann erforderlich, wenn man sich im Alltag immer wieder begegnet und auf eine kooperative Grundhaltung angewiesen ist, wie zum Beispiel in Arbeitskontexten oder auch mit Nachbarn.

In eskalierten Konflikten der Stufen 6–9 ist aber an eine Einigung nicht zu denken und die Gerichte und Staatsanwaltschaften haben die Aufgabe, durch gerichtliche Entscheidungen und Verfügungen die Menschen voreinander zu schützen und strafrechtlich relevante Vergehen zu ahnden.

Führungskräfte als Entscheider und mediative Instanz
Auch Vorgesetzte können im Rahmen eines Konflikts einzelner Mitarbeiter*innen eine mediative Rolle übernehmen. Dies setzt allerdings voraus, dass sie sich dieser Rolle fachlich mediatorisch gewachsen fühlen, in den Konflikt nicht persönlich eingebunden sind und die erforderliche allparteiliche Position einnehmen können.

6.4 Lösung von Konflikten

Spüren die Mitarbeiter*innen, dass Vorgesetzte in diesem Sinne agieren, ist dieses Verfahren für die vertrauensvolle Zusammenarbeit im Team sehr förderlich. Vorgesetzte können neben der Mediatoren-Rolle auch die Entscheider-Rolle einnehmen. Handelt es sich eher um einen sachlich-fachlichen Dissens und nicht so sehr um starke persönliche Motive in der Auseinandersetzung, kann eine Entscheidung eines fachkompetenten Vorgesetzten eine positive Wirkung haben und die Spannungen zwischen den Mitarbeiter*innen nehmen. Die Lösung mit der Unterstützung von Vorgesetzten kann im Rahmen von Konflikten der Eskalationsstufen 1–4 gut eingesetzt werden.

Konflikthelfer*innen und Streithelfer*innen
Konflikthelfer*innen oder Streithelfer*innen gibt es inzwischen in den verschiedensten Institutionen. Es sind Personen aus den jeweils eigenen Reihen, die sich in Form einer Zusatzausbildung oder Fortbildung Fähigkeiten der Konfliktbegleitung erwerben, die sie dann im eigenen beruflichen Umfeld einsetzen können. Auf diese Weise erreicht man in Form eines Multiplikatoren-Effekts eine Offenheit in der Konflikt- und Streitkultur in der gesamten Gruppe. Die Helfer*innen können Konflikte schon im Frühstadium erkennen und rechtzeitig intervenieren, damit werden höhere Eskalationsstufen in den betreffenden Gruppen größtenteils gänzlich vermieden.

> **Selbstreflexion Verfahren Konfliktlösung**
> 1. Welches der eben beschriebenen Verfahren eignet sich für Ihre aktuellen Konflikte?
> 2. Welche Personen könnten Ihnen und den Konflikten in Ihrem Orchester hilfreich sein?

In den folgenden beiden Abschnitten des Kapitels werden die Möglichkeiten der Konfliktlösung im Orchester durch die Konfliktbeteiligten selber erläutert, sowie die Unterstützung von Konflikthelfer*innen aus den eigenen Reihen.

6.4.1 Konflikte selber lösen

Berücksichtigen wir, welche Entwicklungspotenziale in einem Interpersonalen Konflikt stecken, wäre der erste Schritt zur Konfliktlösung, sein Gegenüber nicht mehr als Konfliktgegner zu betrachten, sondern als Verhandlungspartner. Ein

Mensch, der mir persönlich die Möglichkeit eröffnet, über mich selbst hinauszuwachsen. In einem akuten Moment des Konflikts fällt es einem natürlich schwer, das so zu sehen. Wenn die Wut in einem hochsteigt, das Herz klopft und man kaum noch an sich halten kann, ist an eine Verhandlung nicht zu denken. Diese Situation bietet auch gar nicht die dafür benötigte konstruktive Haltung und Arbeitsatmosphäre, in dem die Kontrahenten in eine Verhandlung treten könnten. Vielmehr müssen sie sich Luft verschaffen, es muss „Dampf abgelassen" werden und man möchte seinem Gegenüber erstmal die ganze Wut, alles was einen nervt und stört an den Kopf werfen und im Detail darlegen. In diesem eskalierten Moment schaltet der Mensch vom Hirnstoffwechsel her auf Gefahrenmodus, eine bedrohliche Situation, in dem der eigene Körper die Hormone Adrenalin und Noradrenalin ausstößt, die den Körper für die Gefahrenlage optimal vorbereiten. Alle Körperfunktionen stehen maximal zur Verfügung, um sich zu schützen und die Lage für sich persönlich bestmöglich zu lösen. Jeder Mensch reagiert auf unterschiedliche Weise auf diese vermeintliche Gefahrensituation:

1. Flucht (Ausweichung, Vermeidung)
Beispiel: An einem bestimmten Punkt der Eskalation eines Konflikts dreht sich ein Mensch kopfschüttelnd um und verlässt schnell den Raum, ohne noch etwas zu sagen. Oder er versucht einen Menschen gar nicht erst zu anzutreffen, mit dem der Konflikt besteht und meidet eine Begegnung.

2. Kampf (Vernichtung, Angriff)
Beispiel: Die Kontrahenten gehen während einer verbalen Auseinandersetzung immer weiter aufeinander zu, als würden Sie sich angreifen wollen, ihre Stimmen werden immer lauter, die Situation wird immer bedrohlicher, sie haben einen hoch roten Kopf und schnauben förmlich vor Wut.

3. Erstarrung (Passivität, nichts tun)
Beispiel: Ein Vorgesetzter hört, wie sich seine Mitarbeiter*innen vor seiner Tür über einen grundlegenden bestehenden Konflikt mit ihm als Vorgesetzten austauschen. Obwohl ihm die Thematik schon bekannt ist, spricht er das Thema überhaupt nicht an und übergeht seine Mitarbeiter*innen, wenn sie es von sich aus ansprechen, als würde es den Konflikt überhaupt nicht geben oder spiele er überhaupt keine Rolle (vgl. Passivität und Diskounten, Abschn. 4.4).

6.4 Lösung von Konflikten

> **Selbstreflexion Reaktion auf Gefahren**
> 1. In welche dieser Gefahren-Positionen geraten Sie in Konfliktsituationen oder Streitigkeiten?
> 2. Denken Sie an die letzte Situation und fühlen Sie sich ein. Welchen Gefahren-Reflex spüren Sie? Spüren Sie eher eine Tendenz zur Flucht, Erstarrung oder zum Kampf?

In den Momenten der Eskalation ist es somit von der allgemeinen Situation der Körperfunktionen schon gar nicht möglich, eine Verhandlung zu führen. Der Körper funktioniert nur und das Szenario läuft nahezu reflexartig ab. Oft ist man geneigt, diese eskalierten Situationen zu beschwichtigen: „Jetzt beruhigen wir uns hier erstmal wieder!" oder „So kommen wir hier nicht weiter, wenn wir uns wie Kinder aufführen". Diese Weisungen helfen in der Situation überhaupt nicht, ganz im Gegenteil, sie können die Eskalation sogar noch befeuern. Vielmehr ist es förderlich, diesen Dampf dosiert abzulassen, die Anliegen und die Wut der Beteiligten erst zu nehmen und die Situation möglichst ohne größere verbale Verletzungen zu überstehen. Lässt man diesen „Dampf" nicht ab und schenkt man den Konfliktsymptomen keine Beachtung, wird die aggressive Grundstimmung im weiteren Verhandlungsprozess untergründig bestehen bleiben und den Lösungsprozess behindern und blockieren. Zudem ist die Energie, die der Eskalationsmoment freisetzt, sehr hilfreich, um genügend Motivation und Kraft bereit zu haben, den Weg der Lösungsfindung bis zum Ende zu gehen. Somit ist die Haltung: „Nun erstmal Dampf ablassen!" angebracht und wichtig. Mit großer Sicherheit ist damit auch dieser wichtige Teil der Konfliktlösung zumindest in den Fällen der niedrigen Eskalationsstufen ziemlich schnell abgeschlossen und man erreicht eine konstruktive Haltung. Diese Haltung entspricht transaktionsanalytisch gesprochen der Ok-ok-Haltung des Erwachsenen-Ichzustands. In einem Prozess der Konfliktlösung darf es schließlich nicht geht darum gehen, ob jemand grundsätzlich ok ist, sondern wir verhandeln lediglich um die Sache und kommentieren das Verhalten unseres Gegenübers.

Wichtig ist es, zu Beginn einer Konfliktlösung zu erspüren und für sich zu definieren, in welchem Eskalationsstadium sich der Konflikt befindet, um dann zu entscheiden, ob man noch selber lösen möchte oder sich doch besser Unterstützung von Vorgesetzten, Konflikthelfen oder Mediatoren dazu holt. Gerade, wenn die Konfliktparteien es nicht alleine schaffen, aus der Eskalationsspirale zu kommen, manche verharren Tage, oder auch Monate oder Jahre in dieser Phase, wäre dies ein eindeutiges Indiz dafür und Grund genug, sich eine allparteiliche dritte Person mit hinzuzunehmen.

Das Harvard-Konzept
Das **Harvard-Konzept** ist eine Methode, die die US-amerikanischen Autoren Roger Fisher und William Ury zu Beginn der 1980er Jahre beschrieben haben (2018, S. 45) und sich hervorragend als Grundlage für sachliches Verhandeln und lösen von Konflikten eignet:

Das Harvard-Konzept geht von vier grundlegenden Bedingungen aus, die den Ablauf einer Konfliktlösung erfolgreich machen und ein Win-Win-Ergebnis erzielen:

1. Die Beziehungsebene und die sachliche Ebene bewusst voneinander trennen

Der Prozess der Lösung von Konflikten kann nur erfolgreich sein, wenn die Beziehungsebene der Beteiligten intakt ist. Die Beziehung soll von Vertrauen, Respekt und im besten Fall von Sympathie geprägt sein. Im Gegensatz dazu kann die Auseinandersetzung auf der Sachebene klar und hart sein. Das Motto ist „Knallhart in der Sache, weich in der Beziehung!".

2. Im Lösungsprozess die Interessen und nicht die Positionen fokussieren
Wenn wir in der Auseinandersetzung nur die eigenen Positionen konfrontieren, können wir nicht erwarten, dass unser Gegenüber einlenkt und in seiner Haltung nachgibt. Vielmehr Verständnis können wir untereinander erzeugen, wenn wir unser Interesse dahinter erläutern. Die wichtige Frage neben dem „Was?" („was ist meine Position?") ist also das „Warum?" („warum habe ich die Position, welches ureigenes Interesse steckt dahinter?").

3. Entwicklung und Präsentation von Entscheidungsoptionen
Den Kontrahenten fällt es meist schwer, einer Entweder-Oder, Ja-Nein oder Schwarz-Weiss Option seines Gegenübers zuzustimmen. Zum einen wäre das ein Gesichtsverlust, wenn man auf diese Weise seine Position aufgibt und es schränkt die Lösungsmöglichkeiten extrem ein. Es entsteht der Eindruck, dass eine Verhandlung sofort scheitert, wenn ich dieser einer Option nicht zustimme. Biete ich hingegen mehrere verschiedene Optionen an, hat mein Gegenüber eine Wahlmöglichkeit. Zudem wirke ich mit meiner offenen Grundhaltung auf mein Gegenüber weicher und flexibler und die Chance einer Einigung steigt.

4. Objektive Beurteilungskriterien stützen den Prozess

Es ist hilfreich, die eigenen Positionen mit Fakten zu stützen. Das macht die Forderung nachvollziehbarer und bringt die Auseinandersetzung wieder auf die Sachebene zurück. Zudem wirkt es wertschätzend und vertrauenserweckend für mein Gegenüber, wenn er merkt, dass ich mir Zeit genommen habe, meine Position mit sachlich fundierten Fakten zu untermauern.

Beispiel

Die beiden Geiger Till und Martin kennen bereits die Harvard-Methode und können ihren Konflikt auf diese Weise alleine und gewinnend lösen:

In einer Probenpause erkennen Till und Martin, dass das Problem der Aufstellung immer noch nicht gelöst ist und das Thema immer wieder zu Streitigkeiten führt. Sie verabreden zu einem klärenden Gespräch nach der Probe im Stimmzimmer. Beide begegnen sich in einer kooperativen und wertschätzenden Grundhaltung:

Till beschreibt seinem Kollegen, dass ihn das Thema der Aufstellung der 2. Violingruppe in den letzten Wochen sehr beschäftigt hat und er sehr aufgewühlt und auch wütend sei. Er wünscht sich sehr, dass sie in der Gruppe eine Einigung finden und wieder ohne Ärger und Störungen miteinander Musik machen können (Harvard-Konzept, Bedingung 1, Beziehungsebene). In der Sache spricht Till klare Worte: Es muss gewährleistet sein, dass jeder in der Gruppe den Dirigenten gut sehen kann und einen guten Kontakt zu Gruppe hat (Harvard-Konzept, Bedingung 1, Sachebene). Martin ist einverstanden und bestätigt die Aussagen von Till.

Martin beschreibt, warum ihn das Thema so sehr beschäftigt: Er hat seit einiger Zeit ein medizinisches Problem mit seinen Augen und kann daher schon länger nur sehr schlecht sehen. Besonders der Wechsel zwischen Notenpult und dem Hochschauen zum Dirigenten bereitet ihm Probleme und er muss sich in den Proben sehr konzentrieren, um seine Leistung zu bringen (Harvard-Konzept, Bedingung 2, Interesse hinter der Position erläutern und verständlich machen).

Till zeigt Verständnis für die Situation von Martin und macht den Vorschlag, dass er, solange das Problem mit den Augen besteht, vom Rotationsprinzip der Gruppe ausgenommen werden und immer am zweiten oder dritten Pult sitzen könnte. Sie könnten ihn auch in der aktuellen Situation nur bei den kleiner besetzten Werken einsetzen, wo jeder per se weiter vorne sitzt. Möglich wäre auch, dass sie sich nochmal die Streicheraufstellung bei anderen Orchestern anschauen, wie die diese Thematik lösen (Harvard-Konzept, Bedingung 3, Entwicklung von Entscheidungsoptionen).

Martin erwähnt, dass er in der letzten Zeit mal als Gast in zwei anderen Orchestern gespielt habe und sie dort die Aufstellung anders angehen und er dort besser sehen könnte. Er hat dazu auch schon mal nach den Bühnenplänen gefragt, um sich gemeinsam einen Überblick zu verschaffen (Harvard-Konzept, Bedingung 4, Objektive Beurteilungskriterien).

Sie einigen sich darauf, dass sie mit der Gruppe gemeinsam die Pläne der anderen Orchester anschauen und dann gemeinsam die eigene Aufstellung nochmal überdenken. In der Zwischenzeit wird Martin vom Rotationsprinzip ausgenommen, sodass er näher am Dirigenten sitzt.

Der akute Konflikt der beiden Geiger ist gelöst und es gibt mögliche Handlungsoptionen für die Zukunft. Auf diese Weise kann man mit dem Harvard-Konzept zielführend und wertschätzend Konflikte selber untereinander lösen, ohne direkt eine dritte Person hinzuziehen zu müssen.

Eine Verhandlung kann nur ein positives Ergebnis erzielen (Win-Win), wenn sich die Verhandlungspartner auf Augenhöhe begegnen und mit einer authentischen und ethisch-moralisch einwandfreien Grundhaltung in die Verhandlung gehen. Faule Tricks und Spiele bringen, wie wir wissen, selbst dem Spieler nichts. Neben den in Abschn. 6.3 genannten Psychospielen können in Verhandlungen weitere typische Spiele-Varianten und Tricks auftreten, die Anita von Hertel, Mediationspraktikerin, Mediationslehrtrainerin und Dozentin für Mediation und Konfliktmanagement folgendermaßen (2003) beschreibt (Auswahl):

Zustandsmanagementtrick
Mit diesem Trick versucht ein Beteiligter, seinen Verhandlungspartner in eine schlechte psychische Verfassung zu bringen um ihn auf diese Weise für die weitere Verhandlung zu schwächen. Der geschwächte ist dann mit den Gefahren-Symptomen seines Körpers beschäftigt (Flucht, Kampf oder Erstarrung) und der Spieler hat freies Feld.

Im Fall der Geiger hätte beispielsweise Till diesen Trick anwenden können, indem er Martin klar macht, dass die Gruppe nun wirklich nicht für seine schlechten Augen verantwortlich sei und er selber mal darüber nachdenken müsse, ob er überhaupt noch für den Dienst geeignet ist. Martin wäre getroffen und würde in den Kampfmodus schalten. Vielleicht könnte Till mit dieser Art der Zermürbungstaktik wirklich erreichen, dass Martin früher oder später in Frührente geht. Aber an eine Win-Win-Lösung ist mit dieser Trickserei nicht zu denken.

Inkulpationstrick
Hierbei fährt ein Beteiligter die Strategie, seinem eigentlichen Wunsch eine übergroße Bitte vorauszustellen. Er rechnet damit, dass seine große Bitte abgeschlagen wird, der Verhandlungspartner wird aber aus einem schlechten Gewissen heraus, die große Bitte abgeschlagen zu haben, kooperieren und der kleineren nachgestellten Bitte zustimmen. So hat der Trickser das bekommen, was er eigentlich wollte.

6.4 Lösung von Konflikten

In unserem Fall hätte Martin beispielsweise Till darum bitten können, dass er künftig immer am ersten Pult sitzt, damit er immer gut sehen kann. Schon aus hierarchischen Gründen ist dieser Vorschlag völlig abwegig und Till lehnt ab. Der nachgestellten Bitte von Martin, dass er aber dann bitte zumindest immer am zweiten Pult sitzen möchte, wird Till dann zustimmen. Vielleicht hätte er ohne die vorangestellte Bitte der nachgestellten gar nicht zugestimmt.

Auch dieser Trick ist nicht fair und spiegelt keine intakte wertschätzende vertrauensvolle Beziehung. Auf Dauer wird diese Lösung für die Gruppe nicht haltbar sein.

Durch Schweigen verunsichern

Durch Schweigen erreicht man häufig eine Verunsicherung des Gesprächspartners. Wenn der Trickser an entscheidender Stelle schweigt, wird sein gegenüber vielleicht in eine Rechtfertigungshaltung kommen und er wird aus Unsicherheit Zugeständnisse machen.

Till könnte diesen Trick anwenden, in dem er nach den Erklärungen von Martin über seine schlechten Augen schweigt. Martin schämt sich ohnehin schon dafür, dass er so schlecht sieht und daher vielleicht nicht mehr so leistungsfähig ist. Mit dem Schweigen von Till würde aus dem Schamgefühl bei Martin vielleicht ein angepasster Kind-Ichzustand entstehen, aus der er heraus seine Augenkrankheit herunterspielt. „Aber ist auch alles nicht so schlimm, das bekomme ich schon wieder in den Griff".

Auch dieser Trick bewirkt keine nachhaltige Lösung und wird nicht zu einer vertrauensvollen künftigen Zusammenarbeit führen. Die schlechten Gefühle bei Martin werden bleiben und somit auch der Konflikt.

Körpersprache Abstand und Nähe

Auch der Einsatz von Körpersprache kann als Trick gebraucht werden. Durch Abstand kann man künstlich Distanz und Kälte erzeugen, Nähe kann hingegen bedrohlich wirken.

Till kann das Schamgefühl von Martin im Zusammenhang mit seiner Augenkrankheit noch verstärken, in dem er genau in diesem Moment des Erzählens der Krankheitsgeschichte auf Körperabstand geht. Martin, der sich vielleicht eher Zuspruch und Nähe von Till gewünscht hätte, wird weiter in die Spirale von Scham und Minderwertigkeitsgefühlen geraten.

Tonfall, Klänge und Geräusche

Je nachdem, wie jemand einen Satz spricht, wie er die Betonungen setzt, Lautstärke, Rhythmus, Tonfall und Tonhöhe, alles das hat eine Auswirkung auf die Bedeutung eines Satzes und was zwischen den Zeilen transportiert wird. Der Trick ist, dass man etwas sagt, was inhaltlich völlig in Ordnung ist, nur durch die Art, wie man es sagt, beeinflusst man sein Gegenüber.

Martin könnte als Trickser nach seinen Erläuterungen zu seiner Augenkrankheit sagen: „Dass ich nun wegen meiner Krankheit weiter vorne sitzen muss, dafür habt ihr doch sicher Verständnis!". Er könnte den Satz so sprechen, dass er als Vorwurf verstanden wird und er implizit eigentlich sagt, dass er der Meinung ist, dass seine Kolleg*innen auf seine Situation überhaupt keine Rücksicht nehmen und sie eben kein Verständnis haben.

Klare ehrliche und stimmige Botschaften und Sätze sind aber gerade bei heiklen Konfliktthemen besonders wichtig. Man sollte so klar formulieren und sprechen, dass keine Missverständnisse entstehen. Dieser Trick ist manipulativ und führt nicht zu einer Win-Win-Lösung.

Sollte einer der Verhandlungspartner ein Spiel seines Gegenübers während der Verhandlung erkennen, ist es wichtig, die Manipulation direkt anzusprechen, um sie so zu entkräften.

6.4.2 Lösungen mit Konflikthelfer*innen

Ist ein Interpersonaler Konflikt in den Eskalationsstufen schon zu weit fortgeschritten und eine Lösung der Konfliktparteien untereinander nicht mehr möglich, dann kann das Hinzuziehen einer allparteilichen dritten Person eine gute Unterstützung bieten. Wenn sich in einem Orchester Musiker*innen finden, die ihre Kolleg*innen als Konflikthelfer*in unterstützen wollen, bereichert und befördert dies über die individuelle Unterstützung hinaus eine gute Konfliktkultur im Orchester. Nachhaltig gelöste Konflikte und eine Offenheit gegenüber unterschiedlichen Haltungen, Interessen und Positionen sind eine gute Grundlage für eine produktive und damit erfolgreiche künstlerische Arbeit. Wie kann aber so ein Programm im komplexen und vielschichtigen Alltag eines Orchesters integriert werden und welche Kompetenzen brauchen die Konflikthelfer*innen dazu?

Konflikthelfer*innen aus den eigenen Reihen haben gegenüber Mediator*innen in der ersten Instanz einige Vorteile. Zunächst stehen Konflikthelfer*innen viel schneller zur Verfügung, oft spielt gerade in eskalierten Konflikten der Faktor Zeit eine große Rolle. Konflikthelfer*innen können unkompliziert direkt angesprochen werden, es bedarf keinem größeren Aufwand mit Einbindung des Managements und ggf. Freigabe von Finanzmitteln für die Mediation. Bis ein/e Mediator*in

6.4 Lösung von Konflikten

dann vor der Tür steht, kann schon einige wertvolle Zeit verstreichen. Darüber hinaus kennen Konflikthelfer*innen aus den eigenen Reihen die fachlichen und organisatorischen Gegebenheiten, die typischen Herausforderungen des Alltags von Orchestermusiker*innen und auch die individuellen Kennzeichen und Gewohnheiten des eigenen Klangkörpers. Konflikthelfer*innen, die so nahe am Geschehen sind, müssen allerdings sehr genau darauf achten, dass sie im betreffenden Fall ihre allparteiliche Position einnehmen können und in den Konflikt selber nicht involviert sind. Daher empfiehlt sich für das Programm, möglichst viele Helfer*innen aus den unterschiedlichsten Stimmgruppen zur Verfügung zu haben, um im Konflikt dann die Wahl einer Person treffen zu können, die möglichst weit vom Konfliktherd entfernt ist.

Hat ein Orchester Interesse an einem Konflikthelfer*innen-Programm, sollte sich der Orchestervorstand mit dem Management gemeinsam mit der Personalabteilung auf ein Vorgehen verständigen. Ein erster Schritt sollte eine Kick-off Veranstaltung sein, die zum Beispiel im Rahmen einer Orchesterversammlung stattfindet, in der der Orchestervorstand gemeinsam mit einer erfahrenden Mediatorin oder einem erfahrenen Mediator das Konzept, die Verfahrensweise und die Vorteile des Programms dem gesamten Orchester vorstellt. Im zweiten Schritt würde es für interessierte Musiker*innen einen Workshop geben, in dem die Mediatorin bzw. der Mediator die Prinzipien und Kompetenzen der Konfliktlösung, die auch Teil dieses Buches sind, in den Grundzügen vermittelt. Der Workshop sollte theoretische Kompetenzen vermitteln, es sollte aber auch ausreichend Raum für die Praxis enthalten, in dem die Konflikthelfer*innen ihre Konfliktkompetenz erproben und üben können. Konflikthelfer*innen können natürlich in so einem Workshop nicht die Kompetenzen professioneller zertifizierter Mediator*innen erwerben, Konflikthelfer*innen sind Kolleginnen oder Kollegen, die bei alltäglichen Konflikten eine gute Unterstützung bietet, nicht mehr, aber auch nicht weniger. Alleine die Vorstellung eines solchen Programms in der Orchesterversammlung wird bereits einer Tabuisierung von Konflikten entgegenwirken und eine Sensibilität für das Erkennen von Konfliktherden schaffen.

6.4.3 Agenda für die Konflikthelfer*innen

Bevor Konflikthelfer*innen Kolleg*innen ihre Hilfe zusagen, haben sie einige Grundsätze und Bedingungen, die für eine Entscheidung wichtig sind, bereits im Kopf. Vor der Zusage erfolgt im Idealfall eine eingehende innere Prüfung, ob man seine Unterstützung überhaupt anbieten möchte und kann, bei dieser Entscheidung sollte auch das bereits beschriebene Bauchgefühl eine wichtige Entscheidungsgrundlage sein. Zudem sollten Konflikthelfer*innen sicherstellen, dass sie den erforderlichen Grundsatz der Allparteilichkeit im vorliegenden Fall erfüllen können. Allparteilich heißt, dass man nicht für **eine** Person oder eine Seite Partei bezieht, sondern für **alle** Beteiligten Partei bezieht. Ein/e Konflikthelfer*in ist also keine unparteiische Person, die sich nüchtern heraushält, sondern vielmehr allen gleichermaßen zugewandt mit einem Gefühl der wertschätzenden Grundhaltung für alle Beteiligten. Diese Haltung hilft zudem, im Prozess ein Dramadreieck zu vermeiden, in dem sich die/der Konflikthelfer*in in die Rolle des Retters der sich ihm bietenden wechselnden Opferrollen gedrängt fühlt (Dramadreieck siehe Abschn. 3.5).

Konflikthelfer*innen sind keine Berater*innen, keine Streitschlichter*innen und keine Richter*innen, sie sind allparteiliche Moderator*innen, die den formalen Ablauf des Konflikts aus dem Erwachsenen-Ichzustand steuern und verantworten und darauf achten, dass die Verhandlungspartner*innen die ethischen und moralischen Grundsätze einer gesunden, funktionalen und zivilisierten Auseinandersetzung einhalten. Dazu gehört auch das Erkennen und benennen von Psychospielen. Konflikthelfer*innen sind aber nicht für die Lösungsfindung zuständig, dies ist nur die Aufgabe der Konfliktpartner*innen, die ihren ganz eigenen individuellen Weg zur Win-Win-Lösung gehen müssen.

Konflikte und deren Lösungsprozesse haben oft eine intensive Dynamik, die Aufgabe von Konflikthelfer*innen ist es dabei, den Beteiligten genügend Raum zu schaffen, um „Dampf abzulassen", um dann wieder in eine konstruktive Arbeitsatmosphäre zu gelangen. Eine klare und gut strukturierte Agenda unterstützt die Konflikthelfer*innen dabei, zu jeder Zeit den Gesamtablauf immer gut im Überblick zu behalten. Als Unterstützung dient eine zusammengefasste Checkliste für einen Lösungsprozess im *Anhang 2* dieses Buches.

6.4.4 Ablauf einer Verhandlung mit Konflikthelfer*innen

Der Ablauf einer Verhandlung gliedert sich in 5 Phasen mit einer vorgeschalteten Vorbereitungsphase:

Vorbereitungsphase

Phase 1: Auftragsklärung
Phase 2: Themenliste erarbeiten
Phase 3: Die Interessen hinter den Positionen verstehen

6.4 Lösung von Konflikten

Phase 4: Die Lösung des gordischen Knotens
Phase 5: Abschlussvereinbarung

Dieses 5 Phasen-Modell stützt sich von der Grundanlage her auf einen durchaus allgemeingültigen Ablauf von Mediationsprozessen. Nun folgend eine Erläuterung dieser 5 Phasen mit einer direkten Verdeutlichung dieser anhand des Konfliktfalls 2 (Abschn. 6.3):

Vorbereitung
Bevor sich Konflikthelfer*innen mit den Beteiligten treffen, muss erstmal gewährleistet sein, dass sich alle Beteiligten auch treffen wollen. Eine Person vom Typ „Flucht" oder „Erstarrung" ist vielleicht erstmal gar nicht bereit, sich mit den Kontrahent*innen an einen Tisch zu setzen. Die erste Aufgabe sind also Einzelgespräche mit den Beteiligten, um ein erstes Zusammentreffen zu arrangieren und vorzubereiten. Zu klären ist zudem, ob noch weitere Personen direkt an dem Konflikt beteiligt sind und ob es für den Prozess noch Informationen braucht, wie zum Beispiel rechtliche Grundlagen, die für eine Lösungsfindung relevant sind. Sind diese Vorkehrungen getroffen, sollte eine Räumlichkeit ausgesucht werden, in dem sich alle Beteiligten wohl fühlen, ein Raum, der eine allparteiliche freundliche Ausstrahlung verbreitet und in dem man von den eigenen Kolleg*inne oder auch fremden Personen nicht gestört wird. Ein geschützter Raum ist die Grundlage eines erfolgreichen Prozesses.

Beispiel
In unserem vorliegenden Fall (s. Abschn. 6.3 Fall 2) wendet sich die Solo-Bratscherin Charlotte an die Konflikthelferin Frauke, eine Fagottistin aus dem Orchester. Da zwischen Charlotte und Oskar momentan Funkstille herrscht, wendet sich in einem Vorgespräch Frauke an Oskar, um ihm ein gemeinsames Lösungsgespräch anzubieten. Leider führt dies nicht zum Erfolg, Oskar ist nicht zu einem Gespräch bereit, er ist der Meinung, dass schon Charlotte selber danach fragen müsse. Charlotte wendet sich dann auch direkt an Oskar, der sich nach dem direkten Gespräch für ein Zusammentreffen bereiterklärt. Sie verabreden sich für den Folgetag in einem Besprechungsraum des Personalrates.

1. Phase: Auftragsklärung
Zu Beginn des Lösungsgesprächs informiert der/die Konflikthelfer*in über seine/ihre allparteiliche Rolle im Prozess: sie/er wird keine Vorschläge und Impulse zur Lösungsfindung geben, sondern den Prozess im Sinne einer Moderation steuern und verantworten. In der Phase der Auftragsklärung geht es dann darum, herauszufinden und zu definieren, worum es in dem Konflikt wirklich geht. Hierbei schließen

die Beteiligten einen Vertrag, der das Thema bzw. die Themen des Konfliktes und das Ziel des Lösungsgesprächs benennt. Die Einigung auf die Themen und das Ziel ist psychologisch für den weiteren Verlauf des Gesprächs sehr wichtig und bestenfalls motivierend. Vielleicht ist diese Einigkeit die erste Einigkeit seit langer Zeit.

Ist ein Konflikt bereits stark eskaliert, wird es in dieser Phase erstmal ziemlich lebendig zugehen. Vielleicht ist an eine Einigung auf ein Thema und ein Ziel zunächst nicht möglich. Die Parteien fallen sich ins Wort und beschimpfen sich. Sie erläutern ihre Verletzungen und machen ihrem Gegenüber schwere Vorwürfe. In dieser Phase achtet der/die Konflikthelfer*in lediglich darauf, dass der Streit im Rahmen abläuft und die Parteien sich keine ernsthaften verbalen Verletzungen und Beleidigungen zufügen, die später nicht mehr zu korrigieren sind, ansonsten achtet der/die Konflikthelfer*in lediglich darauf, dass den Beteiligten gleichermaßen Raum zum „Dampf ablassen" gegeben wird. In der Regel beruhigt sich die Lage und Eskalation auf diese Weise und ein Vertrag kann geschlossen werden.

Beispiel
Nach den einleitenden Worten (Rollenklärung Konflikthelfer*in) lässt Frauke Charlotte und Oskar die Thematik mit eigenen Worten nochmal erläutern. Man spürt, dass der Konflikt schon lange unbearbeitet geblieben ist und der Druck für einen Redebedarf groß ist. Es wird heftig diskutiert und sich ins Wort gefallen, am Ende beruhigt sich aber die Lage und ein Vertrag kann mit folgendem Wortlaut geschlossen werden: „Im Gespräch wollen wir klären, auf welche Weise und mit welcher Spieltechnik wir die Werke der verschiedenen Epochen künftig spielen wollen und wir möchten klären, wie wir künftig miteinander umgehen, wenn wir in Streit geraten. Unser Ziel ist es, dass wir gemeinsam frei musizieren können und dabei so spielen, wie wir es uns persönlich wünschen".

Phase 2: Themenliste erarbeiten
In dieser Phase erläutern die Parteien ihre Themen, die aus Ihrer Sicht zum Konflikt gehören. Im Gegensatz zur Phase 1 sollten die Gemüter an dieser Stelle einigermaßen beruhigt sein, sodass jeder in Ruhe und ausgiebig seine Themen erläutern kann. Aufgabe des Konflikthelfers wäre an dieser Stelle, die Themen zu sammeln und zu notieren. Häufig kommen auch Themen zum Vorschein, die der Vortragende nur im Nebensatz erwähnt, die/der Konflikthelfer*in erkennt aber ein wichtiges Thema dabei. Die /der Konflikthelfer*in sollte den Eindruck ansprechen und fragen, ob es als Thema mit auf der Liste notiert werden kann.

6.4 Lösung von Konflikten

Beispiel
Oskar fängt an und erläutert seine Themen: ihm geht es vor allem darum, dass die Werke im Orchester in dem Stil gespielt werden, wie sie in unserem Orchester traditionell schon immer gespielt wurden. So hatte er sich damals auf die Stelle beworben, das ist auch sein Stil den er spielt und den er beibehalten will. Ein weiteres Thema ist für ihn, wie man in den Proben miteinander umgeht. Aus seiner Sicht muss er nicht die Ideen seiner Kolleg*innen annehmen, er spielt so, wie es der Dirigent von ihm verlangt. Der Dirigent hat das zu entscheiden und zu sagen.

Charlotte ist da ganz anderer Meinung. Ein Orchester muss mit der Zeit gehen: in den letzten Jahrzehnten hat sich in puncto historischer Aufführungspraxis viel getan und ein Orchester dieser Güte sollte den Anspruch haben, mit der Zeit zu gehen. Aus ihrer Sicht ist es nie zu spät, neue Spielweisen zu erlernen und auch anzuwenden. Sie stimmt im Grunde ihrem Kollegen zu, dass das letzte Wort der Interpretation der Dirigent haben muss. Sie ist aber der Meinung, dass die Umsetzung der Stoßrichtung unter den Kolleg*innen besprochen und abgestimmt werden sollte. Auf diese Weise würde ein Dialog mit dem Dirigenten entstehen. Die Zeit der Patriarchen-Dirigenten ist vorbei!

Phase 3: Die Interessen hinter den Positionen verstehen
Nachdem in der vorherigen Phase die einzelnen Themen erörtert und sich gegenseitig vorgestellt wurden, geht es in dieser Phase darum, zu verstehen, warum jemand diese Position vertritt, was genau dahintersteckt. Was treibt eine Person zu seiner Haltung, was ist sein Interesse dabei? In den meisten Fällen wird dadurch nicht nur Verständnis für die Position des anderen geweckt, sondern man hat grundlegend Verständnis für die ganze Person. Man spürt vielleicht Sympathie und ist damit der Lösung möglicherweise schon recht nahe.

Beispiel
Charlotte erläutert, dass sie im Studium unter anderem mit einem Professor gearbeitet habe, der damals noch unter Nikolaus Harnoncourt im Concentus Musicus Wien gespielt hat. Gerade die Arbeit an den Bach-Suiten hat ihren weiteren Stil sehr geprägt (Oskar hört sehr interessiert zu und wirkt erstaunt, welchen Weg Charlotte hinter sich hat). Der Professor achtete strengsten darauf, dass Charlotte die Suiten von der Artikulation her und vom Einsatz des Bogens und des Vibratos möglichst historisch authentisch spielt. Das hat Charlotte sehr geprägt und seither ist ihr der bewusste Einsatz dieser historischen Stilmittel besonders wichtig (Oskar nickt zustimmend, was Marianne wahrnimmt und mit einem Lächeln bestätigt). Von der Kommunikation her wurde sie stark von der Ensemble-Arbeit geprägt. Sie ist es gewohnt, dass man als Musiker*in aktiv am Probenprozess beteiligt ist und mit

allen auf Augenhöhe arbeitet, auch mit den Dirigent*innen. Ihr ist klar, dass das im großen Sinfonieorchester nicht immer möglich ist und sie sich da auch zum Teil zurücknehmen sollte.

Der Ton zwischen den beiden ist inzwischen sehr kooperativ und verständnisvoll geworden. Oskar erläutert nun seinerseits, dass er damals in Moskau studiert hat und diese neuen Spieltechniken der historischen Aufführungspraxis nie erlernt hat. Zu Hause hat er mal versucht, mit einem Barockbogen zu spielen, das klang aber scheußlich und auch das Spiel ohne Vibrato liege ihm gar nicht, somit hat er für sich entschieden, dass er für diese Art des Spiels völlig unbegabt sei. Er hat immer noch, nach den vielen Jahren einen hohen Anspruch an sein Spiel und mit der neuen Technik wäre das nicht vereinbar (an dieser Stelle nickt auch Marianne zustimmend). Es ist ihm unangenehm und peinlich, aber er kann das einfach nicht leisten (dabei wirkt er peinlich berührt. Charlotte schaut mitfühlend zu Oskar herüber). Es ist spürbar, dass die beiden innerlich einen großen Schritt aufeinander zugemacht haben und großes Verständnis füreinander zeigen. Eine Lösung scheint in greifbarer Nähe.

Phase 4: Die Lösung des gordischen Knotens
Wie gerade in unserem Beispiel erlebt, gibt es einen Moment der Phase 3, in dem der gordische Knoten zu platzen scheint. Das Verständnis für die Bedürfnisse und Interessen des anderen bewirkt eine Entspannung und zieht zugleich eine Art kreativen Schub nach sich. Man meint zum Teil ein Leuchten in den Augen zu erkennen und die Beteiligten können mit ihren Ideen kaum an sich halten. Im besten Fall sprüht es nur vor Lösungsmöglichkeiten. In diesem Moment sind wir in Phase 4 angekommen. In dieser Phase sollte der/die Konflikthelfer*in die Ideen nur mitschreiben, aber auf keinen Fall darf er/sie sich am kreativen Prozess beteiligen und ebenfalls Ideen vorbringen. Diese Ideen sollten nur von den Beteiligten kommen, nur dann sind sie nachhaltig.

Beispiel
Oskar unterbricht seine eigenen Erläuterungen, lächelt und hält einen Moment inne. Dann macht er einen Vorschlag: von seiner Dienstverpflichtung her wäre er nicht gezwungen, jedes Projekt mitzuspielen. Er könnte sich künftig auf sämtliche Projekte mit großem sinfonischem Repertoire konzentrieren und die Barockprojekte dann in der Folge freimachen. Er hat sich bisher nie getraut, das auszusprechen, er wollte nur ungerne zugeben, dass ihm dieses Repertoire einfach nicht liegt. Jetzt möchte er das aber gerne vorschlagen und fühlt sich wohl damit. Charlotte bedankt sich für seine Offenheit und schlägt vor, sich demnächst zu treffen, um dann in Ruhe die Saison Projekt für Projekt gemeinsam durchzugehen, um die Besetzungen

6.4 Lösung von Konflikten

zu besprechen. Sie lächelt und schiebt nach, dass sie sich künftig mit Kommentaren in den Proben etwas zurückhalten werden, schließlich sind wir ja kein kleines Barock-Ensemble. Oskar lacht und bedankt sich.

Phase 5: Abschlussvereinbarung
In Phase 5 erfolgt zunächst eine gemeinsame mündliche Zusammenfassung der verschiedenen Lösungsideen. Aus diesen Optionen entwickeln dann die Konfliktpartner eine finale Lösungsstrategie mit den daraus resultierenden konkreten nächsten Handlungsschritten, die der/die Konflikthelfer*in dann in einer schriftlichen Abschlussvereinbarung festhält. Diese Vereinbarung ist für beide Seiten verbindlich und sollte in Form eines Vertrags oder zumindest als Ergebnis-Protokoll festgehalten werden. In dieser Phase sollte die/der Konflikthelfer*in zudem nochmal die Themenliste und die Zielvereinbarung aus Phase 1 vorlesen, um dann zu besprechen, ob das gemeinsame Ziel nun erreicht ist. Möglicherweise hat sich das Ziel im Laufe des Prozesses nochmal geändert oder es konnten nicht alle Themen final geklärt oder besprochen werden. Die Abschlussvereinbarung sollte die erledigten und nicht erledigten Punkte enthalten. Sind noch Punkte offen geblieben, sollte besprochen werden, ob die Konfliktpartner dazu einen weiterführenden Termin vereinbaren möchten. Die Verhandlung ist damit formal beendet.

Beispiel
Charlotte und Oskar fassen die gemeinsam erarbeitete finale Lösung nochmal zusammen, Frauke hält in der schriftlichen Abschlussvereinbarung entsprechend folgenden Text fest:

1. Oskar wird künftig die Projekte mit großem Orchesterrepertoire spielen, für die Barockprojekte wird er nicht eingeteilt.
2. Charlotte und Oskar setzen sich künftig vor dem Start einer Spielzeit zusammen, um die Besetzung der einzelnen Projekte zu besprechen und festzulegen.
3. Charlotte wird sich künftig in den Proben etwas mehr zurückhalten und sich weniger aktiv in die Probenarbeit der Dirigenten einbringen.

Danach liest Frauke nochmal die Themen und die Zielvereinbarung aus Phase 1 vor. Charlotte und Oskar sind sich einig, dass sich zumindest das Ziel eindeutig verändert habe. Sie stellen fest, dass sie im Spiel barocker Werke niemals auf einen gemeinsamen Nenner kommen werden und das auch nicht das Ziel sein kann. Beide sind zufrieden mit der Einigung, die Verhandlung ist beendet.

Selbstreflexion Lösung mit Konflikthelfer*innen
1. Erleben Sie Konflikte in Ihrem Orchester, die sich mit der Methode der Konflikthelfer lösen ließen?
2. Sind das Konflikte, die Sie persönlich betreffen oder sich in Ihrem Umfeld abspielen?
3. Gibt es vielleicht in Ihrem Orchester bereits Kolleg*innen, die die Funktion des/der Konflikthelfer*in mehr oder weniger bewusst übernehmen?
4. Wie könnten Sie persönlich und wie könnte das gesamte Ensemble seine Konfliktfähigkeit entwickeln?
5. Was wären Ihre nächsten Schritte für eine Veränderung?

Für die Lösung mit Konflikthelfer*innen hilft Ihnen die Checkliste im Anhang des Buches.

Literatur

Berne, Eric. 1967 [1964]. *Spiele der Erwachsenen. Psychologie der menschlichen Beziehungen*. Reinbek bei Hamburg: Rowohlt Verlag

Fisher, Roger; William, Ury und Patton, Bruce. 2018 [1981]. *Das Harvard-Konzept. Die unschlagbare Methode für beste Verhandlungsergebnisse*. München: Deutsche Verlags-Anstalt

Freud, Sigmund. 2010 [1940]. *Abriss der Psychoanalyse*. Stuttgart: Reclam

Glasl, Friedrich. 2011 [1980] *Konfliktmanagement*. Bern: Freies Geistesleben

von Goethe, Johann Wolfgang 1986 *Faust. Der Tragödie erster Teil*. Stuttgart: Reclam

von Hertel, Anita. 2003. *Professionelle Konfliktlösung*. Frankfurt am Main: Campus Verlag

Kahler, Taibi und Capers, Hedges. 1974. *The Miniscript*. Transactional Analysis Journal 4

Risto, Karl-Heinz. 2003. *Konflikte lösen mit System*. Paderborn: Junfermann Verlag

Roth, Gerhard und Ryba, Alica. 2016. *Coaching, Beratung und Gehirn*. Klett-Cotta

Schneider, Johann. 2006. *Das dynamische Handlungspentagon*. Zeitschrift für Transaktionsanalyse. Paderborn: Junfermann Verlag

Stewart, Ian und Joines, Vann. 1990. *Die Transaktionsanalyse*. Freiburg im Breisgau: Verlag Herder

Storch, Maja und Kuhl, Julius. 2017 [2011]. *Die Kraft aus dem Selbst. Sieben PsychoGyms für das Unbewusste*. Bern: Hogrefe

Verträge und Änderungsverträge im Orchesteralltag

7

Im Alltag begegnet man immer wieder den verschiedensten Arten von Verträgen: im Arbeitsumfeld vielleicht Arbeitsverträgen oder auch Manteltarifverträgen, im privaten Bereich Mietverträgen oder Kaufverträgen.

Neben diesen klassischen geschäftlichen Verträgen, spielen aber auch Verträge im zwischenmenschlichen Bereich eine wichtige Rolle. Im Alltag erleben wir sehr häufig, dass wir uns mit jemandem einigen oder abstimmen und dazu eine mündliche Vereinbarung treffen. Das beginnt schon mit der Vereinbarung eines Termins. Wir bestätigen einer Person, dass wir zu einer bestimmten Uhrzeit an einem bestimmten Ort sein werden um gemeinsam etwas Bestimmtes zu tun. Das wäre eine verbindliche Vereinbarung zwischen zwei Menschen, vielleicht Kolleginnen und Kollegen oder im privaten Umfeld mit Freundinnen oder Freunden. Das könnte aber auch ein Termin bei einem Arzt oder Frisör sein. Solche Absprachen würden wir im Alltag nicht als Vertrag bezeichnen, vom Grunde her ist dies aber schon ein kleiner mündlicher Vertrag. Beim Arzt bekommt man bei der Terminvereinbarung vielleicht einen kleinen Terminzettel mit dem Datum, dies alles zeigt die vertrauensvolle Verbindlichkeit zwischen zwei Menschen oder auch Parteien. Neben terminlichen Absprachen könnte auch das Ergebnis eines Konflikt- oder Klärungsgesprächs einen Vertrag enthalten. Also eine Regelung, wie man künftig bezüglich einer bestimmten Thematik miteinander umgehen möchte und was man voneinander erwartet. In langjährigen persönlichen oder beruflichen Beziehungen verzichtet man häufig nach und nach auf nähere Absprachen, man ist der Meinung, dass man sich sehr gut kennt und quasi wortlos miteinander leben und umgehen kann. Langjährige vertrauensvolle Beziehungen bieten in der Tat den Vorteil, dass man den Umgang und die Vorgehensweisen seines Gegenübers gut kennt und einschätzen kann, allerdings birgt es auch die Gefahr, dass man nicht mehr miteinander redet und dann eben Veränderungen und Entwicklungen

© Der/die Autor(en), exklusiv lizenziert durch Springer Fachmedien Wiesbaden GmbH, ein Teil von Springer Nature 2021
A. Wunsch, *Mein erfolgreiches Orchester*,
https://doi.org/10.1007/978-3-658-33235-8_7

nicht mehr richtig mitbekommt. Man lebt zwar miteinander, aber möglicherweise trotzdem aneinander vorbei. Beziehungen leben von Veränderungen und brauchen Entwicklung, ein guter kontinuierlicher verbaler Austausch ist an dieser Stelle wichtig.

Auch Verträge und Absprachen zwischen Kolleginnen und Kollegen sollten wenn möglich schriftlich festgehalten werden, vielleicht kurz in Form einer E-Mail, das könnte aber auch ein kurzes Gesprächsprotokoll sein oder man belässt es eben je nach Komplexität und Tragweite bei einer mündlichen Absprache.

Wenn sich Menschen im beruflichen Kontext treffen und gemeinsam ein Thema besprechen und erörtern, zum Beispiel im Rahmen einer Teamsitzung, einer Versammlung oder einer Konferenz, wird häufig ein Protokoll oder Ergebnis-Papier geschrieben, welches sämtliche in der Besprechung vereinbarten Punkte zusammenfasst und schriftlich fixiert. Oft wird das Papier zum Abgleich und gemeinsamen Verständnis an alle Beteiligten verschickt, sodass sie nachlesen können, was sie miteinander vereinbart haben. Auch dieses Protokoll entspricht einem Vertrag. Es regelt, wie man sich künftig gemeinsam zu einem bestimmten Thema oder Sachverhalt verhalten möchte. Der Begründer der Transaktionsanalyse, Eric Berne, definiert einen Vertrag als *„eine explizite beiderseitige Verpflichtung, sich an ein klar definiertes Vorgehen zu halten'* (Stewart und Joines 1990, S. 371).

Verträge können auch bei Veränderungsprozessen in Unternehmen oder Teams ein hilfreiches Instrument sein, um allen Beteiligten ein sicheres und verlässliches Terrain zu bieten. In diesem Fall würden wir so einen Vertrag einen **Änderungsvertrag** nennen. Dieser regelt im Detail, was sich ändern soll, wie es sich verändern soll und was das gewünschte Ergebnis des Prozesses ist und welchen Nutzen alle Beteiligten davon haben. Nur wenn diese Teilaspekte auf diese Weise in einem Veränderungsprozess klar strukturiert kommuniziert sind, können die Veränderungen dauerhaft Erfolg haben.

Auch persönliche Verträge mit sich selbst sind möglich, ganz im Sinne einer Ziele- und Werteanalyse mit der S.M.A.R.T.-Methode oder den Motto-Zielen (s. Kap. 5) können persönliche Entwicklungsfelder erfahren und abgesteckt werden und dann im Sinne einer Zielformulierung vertraglich für sich fixiert werden.

> **Selbstreflexion Verträge**
> 1. Was bedeutet dies nun alles für Ihren Orchesteralltag? Mit welcher spezifischen Art von Verträgen haben Sie es hier abgesehen von den geschäftlichen Verträgen zu tun?

7.1 Verträge im Probenalltag eines Orchesters

Musiker*innen haben es in ihrem Alltag im Orchester mit vielen verschiedenen Arten von Verträgen zu tun. Die Grundlage bildet der Arbeitsvertrag, in dem die Laufzeit des Arbeitsverhältnisses, die Vergütung, der Arbeitsumfang und weitere Verpflichtungen des Arbeitnehmers und Arbeitgebers geregelt sind. Meist verweisen diese Verträge auf Regelungen von Tarifverträgen, die den Arbeitsverträgen unterliegen. Die Kulturorchester in Deutschland unterliegen meist dem ‚Tarifvertrag für die Musiker*innen in Kulturorchestern' (kurz: TVK), Rundfunkorchester haben wiederum ihre eigenen Manteltarifverträge. Tarifverträge regeln zum einen detailliert den spezifischen Arbeitsbereich der Musiker*innen, zudem bieten Tarifverträge in vielen Punkten verbesserte Bedingungen, als es das geltende Arbeitsrecht als Mindeststandard festlegt.

Neben diesen klassischen Verträgen schaffen sich Orchester im Alltag weitere Regelungen, die die die Abläufe und den künstlerischen Betrieb, also die Zusammenarbeit genauer regeln (s. Abschn. 7.2). Aber auch schon im Probenprozess selber werden permanent kleine zwischenmenschliche musikalische Verträge zwischen den Musiker*innen und Dirigent*innen geschlossen: Man vereinbart ein bestimmtes Tempo und trägt sich dieses in die Noten ein, man legt fest, welche Wiederholungen, Artikulationen und Dynamiken man spielen möchte, man stimmt sich zu konkreten Spielanweisungen ab, wie zum Beispiel Bogenstriche und Atemzeichen und vieles mehr. Auch die Noten an sich sind schon ein kleiner Vertrag, den man mit dem Komponisten geschlossen hat, als man das Werk ins Programm genommen hat. Wenn man ein bestimmtes Werk aufführt, verpflichtet man sich – ideell gesehen –, sich an die Vorgaben des Komponisten zu halten. Umso klarer und unmissverständlicher die Noten und Angaben des Komponisten sind, umso weniger Fragen und Klärungsbedarf gibt es in der Probenarbeit. Umso strukturierter dann die Probenarbeit ist, umso sicherer und klarer wird sich die Interpretation und Aussage des Werkes dem Publikum vermitteln.

7.2 Verträge im Orchester außerhalb der Proben

Außerhalb der Proben werden im Orchester unter den Musiker*innen viele weitere Verträge geschlossen. Kleine mündliche Verträge und Absprachen innerhalb der Gruppen, aber auch Verträge mit größerer Tragweite und Verbindlichkeit:

- **Orchesterproben-Kodex:**
Ergänzend zu den arbeitsvertraglichen Regelungen, die beispielsweise festlegen, wann und wie Proben abzulaufen haben, haben viele Orchester einen zusätzlich schriftlich festgelegten Proben-Kodex. Hier regeln die Musiker*innen unter sich, wie sie die Zusammenarbeit in den Proben effektiv gestalten wollen, was erlaubt ist und was eben nicht erlaubt ist. Zum Beispiel das Verbot der Nutzung von Smartphones, Verbot von Getränken auf der Bühne (vielleicht ist nur Wasser in kleinen Flaschen erlaubt) und vieles mehr.
- **Kleiderordnung:**
Die Kultur der Kleiderordnung besagt, dass ein Frack nur am Abend getragen wird. In einer Matinee trägt man einen schwarzen Anzug mit Krawatte. Darüber hinaus hat aber jedes Orchester seine ganz eigenen individuellen Regeln und Traditionen.
- **Probespielordnung:**
Eine Probespielordnung legt fest, wie der Abstimmungsprozess für die Auswahl von neuen Kolleginnen und Kollegen im Orchester im Rahmen eines Probespiels geregelt ist. Welche Stimmanteile aus der betreffenden Stimmgruppe und aus dem restlichen Orchester wie angerechnet werden, welche Abstimmungsrunden es geben soll und welche Mehrheiten für ein Engagement entscheidend sind.
- **Einteilung der Musiker*innen für die Projekte (Dienstbuch):**
Das Orchestermanagement legt fest, welche Werke in einer bestimmten Konzertwoche gespielt werden und welche Besetzungen dazu erforderlich sind. Die Einteilung, welche Musiker*innen einer Stimmgruppe dann konkret dazu eingeteilt sind, legen die Gruppen selber fest. Der Einteiler der jeweiligen Stimmgruppe ist der Ansprechpartner der betreffenden Musiker*innen und versucht eine Einigkeit über die Einteilung zu erreichen. Die Gruppen organisieren sich an dieser Stelle auf ganz unterschiedliche Weise, die einen haben ein klassisches Dienstbuch, in dem Sie die Einteilungen und Einteilungswünsche handschriftlich fixieren, viele Gruppen erledigen diese aber inzwischen mithilfe von Online-Tools, um ortsunabhängig kommunizieren zu können.
- **Sitzordnung innerhalb der Streichergruppen:**
Die Funktionsstellen einer Streichergruppe, wie Stimmführer oder stellvertretender Stimmführer, haben einen festen Sitzplatz innerhalb ihrer Gruppen. Alle anderen Plätze der Streicher werden nach ganz individuellen Regeln einer Gruppe festgelegt. Manche Gruppe rotieren und regeln die Sitzordnung auf diese Weise demokratisch, andere haben eine feste Ordnung, orientiert nach Dienstalter.

7.2 Verträge im Orchester außerhalb der Proben

- **Besetzung von Gastmusiker:**
  Jedes Orchester hat einen Bedarf an Gastmusikern*innen, die projektweise engagiert und bezahlt werden, um erkrankte Kollegen, freie Planstellen oder auch partiturbedingte Mehrbedarfe zu besetzen. Jede Gruppe hat ein individuelles Prozedere, welche Gäste für welche Projekte eingeladen werden.
- **Auftritts- und Applausordnung:**
  Wie ein Orchester zu Beginn auf die Bühne tritt, wie es sich zwischen den Werken verhält und wie es sich dem Publikum beim Applaus zuwendet ist in jedem Orchester mehr oder weniger geregelt.

> **Selbstreflexion Verträge im Orchesteralltag**
> 1. Welche weiteren Regeln im Orchester fallen Ihnen ein?
> 2. Welche Verträge haben Sie in Ihrem Orchester geschlossen?
> 3. Gibt es über alle diese genannten Punkte klare Absprachen und ein gemeinsames Verständnis?

Darüber hinaus sind Verträge sehr hilfreich, die die Aufgaben und Verantwortlichkeiten im Orchester klar regeln:

- **Vertrag mit den Führungskräften:**
  In Kap. 2 sind die verschiedenen Rollen im Orchester beschrieben, mit den entsprechenden Aufgaben und Führungsaufgaben. Besteht im eigenen Orchester und ganz speziell in der eigenen Stimmgruppe Einigkeit darüber, welche Aufgaben über die musikalischen hinaus die Stimmführer*innen haben? Gibt es ein stillschweigendes Einvernehmen darüber und es läuft eigentlich ganz gut, oder wurde darüber in der Gruppe einmal konkret gesprochen? Möglicherweise ist es gar nicht nötig und sogar eher befremdlich für die eigenen Kolleginnen und Kollegen, wenn man anfängt, einen Vertrag darüber zu schreiben, wie die Aufgaben verteilt und festgelegt sind, aber vielleicht könnte man nach einem klärenden Gespräch mit der Stimmgruppe ein kurzes Ergebnisprotokoll dazu schreiben, in dem das gemeinsames Verständnis darüber fixiert ist.
- **Dreiecksvertrag Orchester-Orchestervorstand-Management:**
  Die Transaktionsanalytikerin Fanita English hat das Prinzip der Dreiecksverträge veranschaulicht (2001, S. 211). In dieser Art der Verträge gibt es nicht zwei Vertragspartner bzw. zwei Vertragsparteien, sondern drei. Ein gutes Beispiel aus dem Alltag wäre zum Beispiel das Verhältnis zwischen Arzt, Patient

und Krankenkasse. Ein Arzt und ein Patient können nicht völlig autark ihr Verhältnis gestalten, sondern sie müssen immer die betreffende Krankenkasse oder Ersatzkasse mit in die Überlegungen und Planungen einbeziehen. Ein klassischer Dreiecksvertrag. Im Orchester finden wir diese Art von Vertrag zum Beispiel zwischen den Parteien: Orchestermitgliedern – Orchestervorstand - Orchestermanagement. Umso mehr Parteien ein Vertrag hat, umso komplexer ist das Verhältnis der Parteien und umso wichtiger ist es, für alle klare und transparente Verhältnisse und Regelungen zu haben. Eine klare Struktur für die Kommunikation und die Verantwortlichkeiten. An dieser Stelle wäre es in der Tat empfehlenswert, einen wirklichen schriftlichen Vertrag zu schreiben, der alle Details der Zusammenarbeit regelt. Dieser Vertrag muss nicht starr eingehalten werden, ganz im Gegenteil, er kann immer wieder flexibel geändert werden und sich den aktuellen Gegebenheiten anpassen. Dieser Vertrag wird es aber schaffen, dass Sie jederzeit ein klares Verhältnis untereinander haben.

- **Vertrag über die programmliche Ausrichtung eines Orchesters:**
  Jedes Orchester hat seine ganz eigene Geschichte und Traditionen. Oft verbunden mit bestimmtes Repertoire-Schwerpunkten und den verschiedenen musikalischen Prägungen von verschiedenen Chefdirigenten und Musiker*innen. Welche Identität spüren die einzelnen Mitglieder des Orchesters aktuell? Verfolgen sie dieselben Ziele und Werte? Spüren sie alle die Tradition, aus der das Orchester kommt, oder sind die Wertvorstellungen womöglich unterschiedlich? Alle modernen Orchester machen irgendwann mal einen Markenleitbildprozess durch und werden in diesem Zusammenhang gebeten, ihre gemeinsamen Ziele und Werte zu ermitteln und zu formulieren. So ein Prozess, eine Vereinbarung der Orchestermitglieder untereinander würde aber nicht nur das Marketing voranbringen, sondern auch das Selbstverständnis und Zugehörigkeitsgefühl der einzelnen Mitglieder stärken. Ein starkes Orchester mit klaren Vorstellungen über Repertoire und musikalischen Strategien ist ein starker und kompetenter Austauschpartner für die Dirigent*innen, die Dramaturgen und das Orchestermanagement, die das Programm eines Orchesters vornehmlich entwickeln. Oft ist es schon hilfreich, wenn es ein Einvernehmen aller Beteiligten darüber gibt, welches Repertoire ein Orchester weniger oder vielleicht gerade gar nicht spielen möchte.
- **Begrüßungsschreiben für neue Musiker*innen:**
  Die neuen Kolleginnen und Kollegen, die ins Orchester kommen, haben gerade einen Arbeitsvertrag unterschrieben und suchen oft nach Antworten auf Fragen bezüglich der Regelungen und daraus resultierenden Pflichten. Viele Abläufe und Regeln, die besonders für Musiker*innen wichtig sind, sind

aber gerade nicht in einem Arbeitsvertrag zu finden. Um den neuen Musiker*innen eine Orientierung zu geben, könnte ein **Begrüßungsschreiben vom Orchestervorstand** mit den entsprechenden FAQs sehr hilfreich sein.

7.3 Nur ein guter Vertrag ist ein hilfreicher Vertrag

Juristische Kompetenzen sind nicht notwendig, um zwischenmenschliche Verträge nachhaltig und wirksam zu formulieren, allerdings gibt es einige Rahmenbedingungen und Empfehlungen von transaktionsanalytischer Seite, die dabei unterstützen, eindeutige, gute, nützliche und alltagstaugliche Verträge mit seinen Mitmenschen zu schließen:

Ein Vertrag legt fest (vgl. Stewart und Joines 1990, S. 371)

- **wer die Vertragsparteien sind und um was es grundsätzlich geht:**
  Der entsprechende juristische Fachausdruck wäre an dieser Stelle das ‚Rubrum'. Dieser dem Vertrag vorangestellte Teil benennt die Vertragsparteien namentlich und fasst den Inhalt des Vertrags in Form eines prägnanten und klar verständlichen Titels zusammen. Die Personen oder Gruppen müssen dabei namentlich benannt sein, jeder muss klar verstehen, wer gemeint ist und verantwortlich ist. Aus der Formulierung sollte zudem klar hervorgehen, welche Rollen und Funktionen die Beteiligten Personen grundsätzlich und in dem vorliegenden Fall haben.
- **was die Vertragsparteien zusammen tun werden:**
  Ein Vertrag sollte nicht nur das Ziel benennen, sondern im Detail aufführen, was dafür zu tun ist. Umso konkreter die einzelnen Schritte benannt sind, umso eher die Wahrscheinlichkeit, dass jeder wirklich versteht, wer was zu tun und zu erfüllen hat.
- **welches das Ziel oder Resultat dieses Prozesses sein wird, inwiefern das für den Klienten vorteilhaft und/oder angenehm sein wird und wie lange es dauern soll:**
  Die Ziele in einem Vertrag kann man nach dem Prinzip des S.M.A.R.T.-Konzepts (Abschn. 5.2) sehr gut festlegen.
- **woran man feststellen kann, dass Ziel erreicht wurde:**
  Was bringt ein Vertrag, wenn man am Schluss keine Einigung darüber hat, ob er wirklich erfüllt wurde. Das Ziel und Ergebnis eines Vertrags sollten somit so formuliert sein, dass sie nachprüfbar sind.

Ein nützlicher Vertrag (vgl. Gührs und Nowak 1991, S. 35 ff.)

- **ist von allen Beteiligten gewollt:**
  Ein Vertrag ist nur dann nützlich und erfüllbar, wenn alle Beteiligten aus freien Stücken und ohne zu zögern dem Vertrag zustimmen. Ein dienstlich angeordneter Vertrag oder eine Regelung, die aus einer Überredung heraus oder aus „faulen" Motiven geschossen wird, kann nicht zum Erfolg führen.
- **ist eindeutig:**
  Der Vertragstext ist so formuliert, dass ihn alle verstehen und begreifen können und alle das gleiche darunter verstehen. Der Text enthält keine Botschaften zwischen den Zeilen.
- **ist kurz:**
  Die Sätze des Textes sind prägnant und kurz formuliert und enthalten keine verschlungenen und verwirrenden Regelungen und Bezüge.
- **ist positiv formuliert:**
  Die Regelungen sind für alle Vertragsparteien wertschätzend formuliert und beinhalten keine Verneinungen.
- **ist erfüllbar:**
  Die Forderungen und Regelungen des Vertrages sind angesichts der Möglichkeiten der Beteiligten zeitlich und inhaltlich erfüllbar.
- **beinhaltet alle Persönlichkeitsanteile (Ich-Zustände) aller Beteiligten:**
  Der Vertrag wird vom Erwachsenen-Ich geschlossen, vom Kind-Ich gewünscht und vom Eltern-Ich toleriert.
- **ist rechtlich einwandfrei:**
  Alle Regelungen des Vertrags entsprechen dem geltenden Recht, sind ethisch einwandfrei und bieten allen Beteiligten die Möglichkeit der autonomen Entwicklung.

Selbstreflexion Verträge im Orchesteralltag
1. Reflektieren Sie Ihren Alltag im Orchester und überlegen Sie, bei welchem für Sie persönlich wichtigem Thema ein Vertrag den Prozess gut unterstützen und leiten könnte.
2. Wer sind die Beteiligten des Vorgangs, welches Ergebnis soll dabei herauskommen und was müssen die Beteiligten dafür tun?

Literatur

English, Fanita. 2001. *Transaktionsanalyse. Gefühle und Ersatzgefühle in Beziehungen.* Salzhausen: iskopress Verlag

Gührs, Manfred und Nowak, Claus. 1991. *Das konstruktive Gespräch. Ein Leitfaden für Beratung, Unterricht und Mitarbeiterführung mit Konzepten der Transaktionsanalyse.* Meezen: Limmer Verlag

Stewart, Ian und Joines, Vann. 1990. *Die Transaktionsanalyse.* Freiburg im Breisgau: Verlag Herder

Das System Orchester inspiriert 8

„Es sind die Künstler auf dieser Welt, die Fühlenden und die Denkenden, die uns schlussendlich erretten werden, denn sie sind in der Lage, die großen Träume auszudrücken, zu lehren, herauszufordern, festzuhalten, vorzusingen, herauszuschreien. Nur Künstler können das 'Nochnicht' Wirklichkeit werden lassen."
(Leonard Bernstein 1983, S. 200)

Orchestermusiker*innen und Künstler*innen ganz allgemein wollen meist nicht nur unterhalten. Sie spüren einen tieferen Sinn hinter ihrem Tun, einen höheren Auftrag, sie möchten verändern und wachrütteln und damit in ihrer Umgebung und Gesellschaft nachhaltig etwas verändern, in der sie leben. Mit Musik lassen sich Emotionen transportieren, politisch und gesellschaftliche Botschaften kommen auf diese Weise in einem berührenden Gewand daher, sie erreichen die Menschen zuerst emotional und regen damit einen öffentlichen Diskurs in der Gemeinschaft an. So sind es immer zuerst die Emotionen, die die Menschen zu Veränderungen und zu größeren Taten animieren, nur so wachsen sie über sich hinaus. Die reine Vernunft reicht da oft nicht aus. Und so sind es gerade die öffentlichen klassischen Konzertereignisse, in denen sich die Entscheider*innen und einflussreichen Menschen unserer Gesellschaft liebend gerne tummeln und treffen. Welcher politisch-, unternehmerisch- oder gesellschaftlich -einflussreicher Zuhörer wünscht sich dabei nicht bei sich im ganz Geheimen, selber mal auf dem Dirigentenpodest zu stehen und ein großes Sinfonieorchester machtvoll zu dirigieren. Entspricht die Figur eines Dirigenten, zumindest oberflächlich von außen betrachtet, nicht dem Inbegriff eines machtvollen und einflussreichen Chefs oder Anführers? Einem Menschen, dem man gerne folgt und der mit einem gehörigen Schuss an Narzissmus als Stern dem musikalischen Fluss voransteht?

Die Pausen an einem Konzertabend bieten bei einem „guten Glase" eine wunderbare Möglichkeit für tiefgehende und anregende Gespräche. Ein Konzertabend inspiriert auf diese Weise auf ganzer Linie und bietet eine perfekte Gelegenheit, die angenehme Zerstreuung im Alltag mit dem geschäftlichen zu verbinden.

Der große und legendäre Dirigent, Komponist und Pianist Leonard Bernstein hat sich Zeit seines Lebens als Botschafter verstanden. Er engagierte sich für den musikalischen Nachwuchs und setzte aber auch in politischen Umbruchsituationen seine musikalische Stimme ein, um die Menschen zu vereinen. So dirigierte er beispielsweise 1989 ein Konzert in Berlin, in dem er im Rahmen des Falls der Berliner Mauer als Zeichen der Völkerverständigung Musiker*innen aus West- und Ostdeutschland gemeinsam mit Musiker*innen der Besetzungsmächte auftreten ließ.

Vorreiter im Sinne der Völkerverständigung sind Künstler*innen und Musiker*innen gerade in Gesellschaften, die durch, wie in westlichen Zivilisationen durchaus übliche, gegenseitige Abgrenzung der einzelnen Gemeinschaften voneinander geprägt sind (Hüther 2011, S. 29). Die Wahrscheinlichkeit ist groß, dass Menschen, die in einer sich auf diese Weise abgrenzenden Umgebung aufwachsen, ebenfalls diese Abgrenzung im Erwachsenenalter spüren und leben. Neben den Künstler*innen und Musiker*innen sind es vor allem die jungen Menschen, die trotz dieser Prägung im Sinne einer Rebellion oder auch eines tief empfundenen Bedürfnisses nach Veränderung mit einer Entdeckungs- und Gestaltungslust dieser Tendenz der Abgrenzung entgegenwirken und damit neue Impulse setzen für eine Entwicklungschance einer Gesellschaft.

Wer schon einmal ein Orchester bei seiner Arbeit außerhalb der öffentlichen Konzerte bei den Proben begleiten durfte, ist fasziniert von dem einzigartigen Arbeitsprozess und der Zusammenarbeit aller Beteiligten miteinander. Die Arbeitsweise eines Orchesters ist im Vergleich zu anderen professionellen Arbeitskontexten einzigartig und sucht seinesgleichen.

In diesem Kapitel widmen wir uns der Frage, wie und an welcher Stelle sich andere Unternehmungen und Teams von der Arbeit eines Orchesters inspirieren lassen und profitieren können.

8.1 Probensaal statt Büro

Ein Sinfonieorchester hat im Schnitt 80 bis 120 feste Mitglieder, wenn wir an dieser Stelle die kleineren Kammerorchester außer Acht lassen. Von der Anzahl der Mitarbeiter*innen her also vergleichbar mit einem kleinen oder mittelständigen Unternehmen. Neben dem individuellen Üben eines jeden Orchestermitglieds

8.1 Probensaal statt Büro

für sich, wird ein Konzert in gemeinschaftlicher Arbeit in einem Konzert- oder Probensaal vorbereitet. Hierbei wird das Orchester nach einer vorher festgelegten Orchesteraufstellung aufgebaut. Die Orchesterlandschaft auf der Bühne ist von den Höhen her gestuft und nach Hinten hin aufsteigend angelegt. Auf diese Weise ist gewährleistet, dass alle Mitglieder die Dirigentin bzw. den Dirigenten gut sehen können und auch einen guten Sichtkontakt und akustischen Kontakt untereinander zu den anderen Orchestermitgliedern haben. Mal ganz abgesehen davon, dass auch das Publikum so alle Mitglieder im Konzert gut sehen und hören kann. Die meisten Konzertsäle werden von spezialisierten Konzertakustiker*innen geplant, um so den optimalen Klang für das Publikum und die Orchestermitglieder selber zu gewährleisten.

Auf Basis von seit Jahrhunderten entwickelten Grundaufstellungen von Orchestern, hat jedes Orchester seine ganz individuelle detaillierte Form der Aufstellung und Sitzordnung entwickelt, die sich an dem Kernrepertoire des Orchesters und der individuellen Akustik der Hauptkonzertorte orientiert. Die Werke und Partituren des Orchesterrepertoires sind komplex und anspruchsvoll und brauchen eine gute Positionierung eines jedes Orchestermitglieds auf der Bühne, damit jeder professionell arbeiten und die maximale Leistung erbringen kann. Manche Orchester bevorzugen dabei eine ganz enge Sitzordnung mit wenig Platz zwischen den einzelnen Mitgliedern, wie zum Beispiel im Wiener Musikverein, andere Orchester, wie zum Beispiel die Rundfunkorchester, haben tendenziell lieber ein wenig mehr Platz untereinander.

Wie auch immer die individuellen Kulturen der Aufstellungen aussehen mögen, eines vereint alle Orchester: während des Probenprozesses und natürlich auch im Konzert arbeiten alle Mitglieder des gesamten Orchesters nahe beieinander in einem Raum. Die ranghöchste Chefin/der ranghöchste Chef (Dirigent*in), die Führungskräfte (Stimmführer*innen und Solist*innen) gemeinsam mit der weiteren Belegschaft (Tuttisten). Dies führt zu einer besonderen Stimmung und einzigartigen Arbeitsweise. Der enge und dauerhafte Kontakt aller hierarchischen Instanzen ist durchaus eine Herausforderung, erfordert ein gutes Gespür und eine Kompetenz für soziales Verhalten und Miteinander (s. Kap. 2), führt aber zugleich zu einer intensiven und offenen verbalen und musikalischen Kommunikation aller Beteiligten untereinander. Äußert sich die Dirigentin oder der Dirigent während des Probenprozesses zur Interpretation eines Werkes oder gibt Spielanweisungen, so erfahren dies alle Mitglieder direkt und nicht wie in einem klassischen Unternehmen in der Regel von den nachfolgenden Führungsebenen aus zweiter oder dritter Hand. Die Art der Kommunikation eines Orchesters in der Probe wirkt effizient und entspricht vom Kontext her einer Situation, in der eine Unternehmerin oder ein Unternehmer seine gesamte Belegschaft zusammenruft und zu einem wichtigen Thema direkt informiert. Unternehmer*innen werden diese Methode wählen, wenn sie/er beispielsweise eine für das gesamte Unternehmen wichtige und weitreichende Entscheidung getroffen hat und dies allen Menschen persönlich und direkt mitteilen möchte und dazu die Einigkeit und Unterstützung der gesamten Belegschaft benötigt. Diese Situation hat eine besondere Dynamik und Kraft, jede Mitarbeiterin und jeder Mitarbeiter fühlt sich persönlich angesprochen, hat die Chance auf eine direkte Reaktion und erfährt auf diese Weise eine besondere Wertschätzung. Gute und erfolgreiche Unternehmer*innen werden die Art des Kommunikationsweges bewusst auswählen und die Unternehmenskommunikation in der Belegschaft auf diese Weise gezielt und effektiv steuern.

Das kollektive Zusammenspiel eines Orchesters hat einen weiteren spannenden Effekt: Das gemeinsame Musizieren, der Fluss der zu spielenden Musik wirkt gleichsam eines gemeinsamen Mantras, wie eine Meditation oder in der Ausprägung der gemeinsamen Bewegungen gleichsam einer kollektiven Qigong-Übung. Die gemeinsame Konzentration, der gemeinsam empfundene Rhythmus, die gemeinsam empfundene Harmonie hat eine faszinierende Wirkung auf alle Beteiligten und nicht zuletzt auch auf die Zuhörer. Die Achtsamkeit im Hier und Jetzt auf den einen musikalischen Moment hat einerseits einen Gruppeneffekt, man fühlt einen gemeinschaftlichen Fluss und eine gemeinschaftliche Stärke und Einigkeit, gleichzeitig besteht aber eine tief empfundene persönliche Konzentration auf sich und sein eigenes Spiel. Die Arbeit eines Orchesters ist somit im besten Fall eine gewinnende Begegnung von Menschen mit einer guten inneren Balance, Entspanntheit und Ausgeglichenheit von Körper und Geist.

Führungskräfte und Unternehmer*innen sollten, wenn möglich, mal einer Probe eines Sinfonieorchesters beiwohnen und die Kraft und Dynamik dieser konzentrierten Arbeitsweise erleben und spüren. Der ein oder andere Impuls wirkt womöglich inspirierend für den Arbeitsalltag im eigenen Unternehmen.

8.2 Individuelles und kollektives Arbeiten

Effizient, erfolgreich und dabei zufriedenstellend für alle Beteiligten ist eine Arbeitsweise in einem Unternehmen nur dann, wenn eine gute Balance zwischen individueller und kollektiver Arbeitsweise gegeben ist. Ein Orchester kann nur dann eine anspruchsvolle und qualitativ gute Performance abliefern, wenn jedes Orchestermitglied zu Hause im privaten Kämmerlein gut individuell geübt hat und persönlich in einer guten grundlegenden Spielverfassung ist. Dazu muss sie/er täglich selbstverantwortlich seine Spieltechnik mit instrumentenspezifischen Übungen auf Niveau halten und auch die schwierigen Passagen des aktuellen

8.2 Individuelles und kollektives Arbeiten

Orchesterrepertoires vorbereiten. Nur nach einer individuell guten Vorbereitung macht das Arbeiten im Kollektiv Sinn, nur dann können die Orchesterproben effektiv und erfolgreich sein und die Arbeit als Orchestermusiker*in ist zufriedenstellend und inspirierend. Jedes Orchestermitglied braucht dabei unterschiedlich viel Zeit für die individuelle Vorbereitung. Das liegt an instrumentenspezifischen Voraussetzungen und am Repertoire, welches das Orchester auf dem Programm hat. Die orchestrale Arbeitszeit, die Probe im Kollektiv hingegen ist klar strukturiert und zeitlich vorbestimmt. Weit im Voraus legt das Orchestermanagement dazu die benötigte Probenzeit für das spezifische Programm einer Projektwoche gemeinsam mit dem Orchester und den Dirigent*innen fest. Akribisch genau wird darauf geachtet, dass die kollektive Probenzeit gut bemessen ist: Einerseits muss genügend Probenzeit geplant sein, damit das Orchester dem angesetzten Programm gerecht werden kann und gut geprobt und mit einem guten Gefühl in das Konzert geht. Andererseits darf aber nicht zu viel Zeit angesetzt werden, denn damit würde wertvolle und kostenintensive Probenzeit verschwendet werden und die für das Konzert benötigte Spannung ginge verloren. Je nach Programm und Kultur eines Orchesters variiert die kollektive Arbeitszeit in Vorbereitung auf ein Konzertprojekt im Schnitt zwischen 1–4 Probentagen. Pro Probentag werden dabei zwischen 3 und 6 h kollektive Probenzeit angesetzt. Diese klare und gut strukturierte gemeinsame Probenzeit bewirkt eine konzentrierte und effektive Arbeitsweise, es entstehen im besten Fall keine Durststrecken und Durchhänger und die Motivation und Aufmerksamkeit aller Beteiligten ist maximal geschärft und das Konzert kann mit einer guten Haltung beginnen. Eine gute Dirigentin, ein guter Dirigent kann mit einer gut und bewusst eingeteilten Probenzeit eine nahezu magische Spannung vor dem Konzert erzeugen.

So wie ein Orchester ist auch jede andere Unternehmung auf eine gute Vorplanung und Balance zwischen kollektiver und individueller Arbeitsweise angewiesen. Je nach Fachgebiet ist die optimale Balance hierbei unterschiedlich. So mögen wissenschaftlich geprägte Arbeitsabläufe eher einen Schwerpunkt auf die individuelle Arbeit legen, in kommunikativen Arbeitsfeldern, wie beispielsweise im Bereich Marketing und Werbung, ist hingegen tendenziell die kollektive Teamarbeit und eine intensive umtriebige Kommunikation für den Erfolg sehr wichtig. Zu wenig Absprachen, zu wenig Teamsitzungen bewirken eine Entfremdung der Mitarbeiter*innen am Gesamtprodukt und -ergebnis, zu viele Sitzungen bewirken eine lähmende und gelangweilte Grundstimmung oder erzeugen in Situationen mit einem hohen Arbeitsdruck Frustration und Stress.

In Orchestern wird diese Balance zwischen kollektiver und individueller Arbeit sehr gut gemeinsam ausgearbeitet, der kreative Prozess ist also von Anbeginn in gute Bahnen gelenkt und hat das fix geplante Ziel, das anstehende Konzert immer klar vor Augen.

8.3 Lang- und kurzfristige Ziele

Der Dienstplan der Orchester orientiert sich an der Saisonplanung. Die Saison eines Orchesters beginnt nach der Sommerpause und geht bis zum Sommer des Folgejahres. Das Programm für die folgende Spielzeit wird in der Regel im Frühjahr publiziert, die dienstliche Planung erfolgt ebenfalls mit dieser Frist. Somit stehen schon im Frühjahr fest, welche Programme und Werke mit den dazugehörigen Orchesterbesetzungen die nächsten 1,5 Jahre geplant sind. Somit steht nicht nur fest, was auf dem Programm steht, sondern auch die groben Probenpläne und welche dazugehörige Orchesterbesetzung bei den Projekten erforderlich ist. Ein Saisonprogramm hat in der Regel eine strategische Ausrichtung mit bestimmten Repertoire-Schwerpunkten und Höhepunkten. Diesen langfristigen Strategien und Zielen folgen die kurzfristigen Ziele mit den entsprechenden Projektwochen. Ein Orchester hat auf diese Weise die nächsten Schritte immer gut vor Augen und kann sich entsprechend professionell auf die Projekte vorbereiten und die Diensteinteilungen vornehmen.

Ist ein Ziel erreicht, ist es für die Beteiligten des Projekts wichtig, eine Rückmeldung zum Ergebnis zu bekommen, im besten Fall ein wertschätzendes Feedback. Das Feedback kann positiv sein oder auch differenzierte Kritikpunkte enthalten. Wichtig ist aber, dass es überhaupt eine Rückmeldung zur eigenen Arbeit gibt. Ein Orchester erhält dieses Feedback quasi automatisch direkt nach dem Konzert in Form von Applaus vom Publikum, bei besonderen solistischen Leistungen auch von den Kolleginnen und Kollegen und von den Dirigent*innen. Im Anschluss, ein paar Tage später erfolgt zumeist eine Konzertkritik in der Zeitung.

Auch viele andere Unternehmen haben einen, von außen vorgegebenen Zeitplan und entsprechende Fristen, wie zum Beispiel Veröffentlichungstermine, Fristen für das Angebot neuer Produktlinien und so weiter. Es gibt aber auch Branchen, in denen Termine nicht durch derartige Fristen automatisch vorgegeben werden, aber auch hier sind klar formulierte individuelle und unternehmerische Ziele wichtig: Ziele und das anschließende Feedback geben Sicherheit und Orientierung, schaffen Vertrauen und tragen auf diese Weise für ein gutes Betriebsklima und Zusammengehörigkeitsgefühl der Belegschaft bei. Eindeutige Ziele erleichtern die Zusammenarbeit und schaffen Klarheit für die benötigten Strukturen und Abläufe im Unternehmen und den Teams und die Aufgaben der einzelnen Mitarbeiter*innen.

8.4 Qualitäts- und Erfolgsdruck

Alle Orchestermitglieder stehen unter ständigem Qualitäts- und Erfolgsdruck und müssen sich im Konzert immer wieder aufs Neue beweisen, egal, in welcher persönlichen Kondition oder Lebenssituation sie sich aktuell an dem betreffenden Tag gerade befinden.

Im Konzert kann man sich nicht „verstecken": Ein Solo-Bläser beispielsweise hat an einem Konzertabend in der Regel mehrere präsente Solo-Passagen zu spielen, die von jeder/m Zuhörer*in, aber auch von den eigenen Kolleginnen und Kollegen gehört und bewertet werden, viele Orchester werden zudem vom Rundfunk live übertragen oder heutzutage im Internet live gestreamt und im Anschluss als Abruf angeboten. Eine glänzende Performance, aber auch eine weniger gute Leistung bleibt in den Köpfen der Menschen, aber auch im Netz erhalten. Das schafft oft einen erheblichen psychischen Druck bei den Beteiligten. Einige Musiker*innen nehmen es sportlich, gerade wenn sie jung sind, fühlen sie sich von den Herausforderungen des Rampenlichts angefeuert und wachsen auf diese Weise über sich hinaus. Später, im betagteren Berufsalter kann dieser Wettbewerbsdruck aber auch zur Last werden. Das Spielen eines Instruments grenzt zum Teil an Höchstleistungssport. Der Körper wird an vielen Stellen stark belastet, Fehlhaltungen machen sich gerade im höheren Alter stärker bemerkbar und schränken das Spielniveau ein. Die Muskeln und Gelenke können die Belastung dann oft nicht mehr gut ausgleichen. Um leistungsfähig zu bleiben und seine Spielqualität auch im höheren Alter weiter zu erhalten, müssen sich die Kolleginnen und Kollegen fit halten, Ausgleichssport treiben und individuelle tägliche Körperübungen machen.

Viele Orchestermusiker*innen spielen neben ihrem regulären Orchesterdienst Kammermusik. Damit sichern sie ihre künstlerische Weiterentwicklung und Inspiration im Laufe ihres Berufslebens und halten ihr technisches Spielniveau auf dem gewünschten und geforderten Level.

Der stetige Wettbewerb, der permanente Qualitäts- und Erfolgsdruck, die Auseinandersetzung mit seiner körperlichen Verfassung und seiner künstlerischen Persönlichkeit sind eine starke Herausforderung für die Orchestermitglieder. Auf der anderen Seite bleiben die Musiker*innen auf diese Weise aber stets in der Auseinandersetzung mit sich und ihrem Beruf, erhalten damit ihre Freude an der Musik und bewahren ihren Stolz. Aus diesem Grund erlebt man Musiker*innen oft auch im hohen Berufsalter noch sehr dynamisch und motiviert wie am ersten Arbeitstag.

Bleibende Herausforderungen, sich immer wieder neu dem Wettbewerb stellen und in der Auseinandersetzung mit sich und seinem Beruf bleiben sind wichtige Elemente in jedem Berufsfeld, um ein langes Berufsleben lang motiviert zu bleiben und stets eine Erfüllung bei seinen täglichen Aufgaben zu finden.

8.5 Gemeinsames emotionales Erleben und Kreativität

Gefühle und Affekte spielen in der Musik eine wichtige und entscheidende Rolle. In den Werken von Wolfgang Amadeus Mozart wechseln diese oft innerhalb von nur wenigen Takten von überbordender Freude zu tiefer Traurigkeit. In spätromantischen Sinfonien oder Opern halten Gefühle teilweise einen ganzen langen Satz oder auch mal eine ganze Oper oder Sinfonie lang an. Diese Gefühle hat jede Musikerin, jeder Musiker im tiefen Inneren gespeichert und hält sie jederzeit abrufbar für die verschiedensten Werke bereit. Irgendwann müssen diese Gefühle aber mal abgespeichert und gelebt worden sein und müssen immer mal wieder gelebt werden um sie glaubhaft und überzeugend zeigen zu können.

Authentisches Musizieren ist möglich, wenn man echt gefühlte Emotionen für die Ausgestaltung eines entsprechenden Themas aus seinem reichhaltigen Gefühle-Repertoire abruft. Auch wenn man in dem Moment, bei den Proben und Konzerten, in einer professionellen und gefassten Haltung musiziert, man entgleitet nicht und verliert sich nicht in den Emotionen, so ist man aber doch verletzbar und zeigt sich in einer offenen empfänglichen Haltung. Diese Gradwanderung zwischen professioneller Haltung im beruflichen Kontext mit Kolleginnen und Kollegen und dem gemeinsamen künstlerischen Ausgestalten von Werken und dem sich zeigen in seiner Verletzbarkeit ist ein fragiles Spannungsfeld. Die einzelnen Orchestermitglieder sind auf den professionellen emotionalen Austausch angewiesen, nur dann wirkt ein Werk im Konzertsaal authentisch und echt. Die Musiker*innen haben auf diese Weise im Arbeitsalltag einen sehr intensiven Kontakt miteinander. Sie nehmen sich gegenseitig sehr intensiv und als ganzen Menschen wahr, mit all ihren Gedanken, Gefühlen und ihrem Verhalten.

So wie im privaten Bereich spielen auch im Arbeitskontext gelungene Beziehungen, die die eigenen Wünsche und Bedürfnisse erfüllen, eine entscheidende Rolle. Ein lebendiger und emotionaler Kontakt zu seinen Mitmenschen ist stets ein guter Nährboden für ein erfolgreiches und gewinnendes Arbeitsumfeld.

Die Konzentration während des Musizierens, der Moment des gemeinsamen Folgens des musikalischen Flusses, ist ein außergewöhnlicher geistiger Gemütszustand. Die Aufmerksamkeit entspricht dabei der sogenannten *nondualen Aufmerksamkeit*. Diese höchste Stufe der Aufmerksamkeit, die ein Mensch erlangen kann, ist ein Moment, in der man die Welt als verbunden, nicht mehr als in irgendwelche Kategorien getrennt erlebt (Mohr 2020, S. 59). Der Prozess des Musizierens ist für einen Menschen eine hoch komplexe Gesamtleistung: die Musiker*innen brauchen eine große nach außen gerichtete Aufmerksamkeit, die Sinne sind aufs möglichste geschärft, um die Impulse der musikalischen Parter*innen mit Ohren und Augen wahrzunehmen. Manche Musiker*innen geben an, dass sie sogar mit den Füßen Schwingungen aufnehmen können, so wie beispielsweise die schottische Schlagzeugerin Evelyn Glennie, die nahezu gehörlos ist. Neben der Aufnahmebereitschaft für die äußeren Impulse, verlangt das Musizieren unserem Gehirn eine schnelle und komplexe Verarbeitungs- und Rechenleistung ab: Die musikalische Vorstellungskraft wird in Form von vielen verschiedenen Nervenimpulsen an alle Körperregionen weitergeleitet, die am Musizieren beteiligt sind. Der Körper ist also höchst empfangsbereit und gleichzeitig ganz bei sich und mit sich beschäftigt. Das Gehirn wird zwar sehr gefordert, gleichzeitig ist es aber kein Denkvorgang im klassischen Sinne, wenn wir uns im Alltag auf eine Tätigkeit oder Arbeit konzentrieren, also etwas erdenken oder ausdenken. Es ist kein grüblerischer Zustand der Anstrengung, vielmehr ein fast entrückter nahezu meditativer Zustand, der wohl kaum mit anderen Tätigkeiten des Menschen zu vergleichen ist. Im Idealfall fühlen Musiker*innen eine entspannte innere Gleichgewichtslage ohne Druck und Anstrengung, einen spielerischen Zustand, der vom Ernst des Lebens gleichsam abgerückt scheint. Genau dieser Zustand ist ganz grundsätzlich die ideale Voraussetzung für kreative schöpferische Leistungen des Menschen (Hüther 2011, S. 128).

8.6 Recruiting

Ein Orchester rekrutiert seinen Nachwuchs im Rahmen eines sogenannten „Probespiels". Dazu wählt das Orchester aus den vielzähligen Bewerbungen im Schnitt 15–30 Kandidat*innen aus, die zum Probespiel eingeladen werden und sich im Konzertsaal oder Probensaal des Orchesters zumeist in drei Runden dem Orchester einzeln präsentieren. Hierzu ist im Schnitt die Hälfte aller fester Orchestermitglieder anwesend: Die betreffende Stimmgruppe, für die ein/e neue Musiker*in gesucht wird, ist vollzählig dabei, von den anderen Gruppen sind jeweils immer die Stimmführer*innen oder Solist*innen und die Hälfte der Stimmgruppe eingeteilt.

Die erste Runde findet oft anonym hinter einem Vorhang statt, auf diese Weise können die Orchestermitglieder zwar die einzelnen Kandidat*innen hören und dann eine Entscheidung treffen, sie sehen aber nicht, für wen sie sich entscheiden und lassen sich nicht von Äußerlichkeiten ablenken oder leiten. Nach den einzelnen Runden entscheidet das gesamte Orchester, welche Kandidat*innen in die nächste Runde kommen sollen. In der ersten Runde wird in der Regel ein klassisches Solokonzert verlangt, in der zweiten Runde ein romantisches Konzert und in der letzten Runde werden Orchesterstellen aus dem für das Instrument typischen Repertoire angehört. Je nach den spezifischen Anforderungen des Instruments werden Orchesterstellen ggf. auch schon in den Runden eins und zwei gespielt.

Jedes Orchester hat für seinen Entscheidungsprozess eine eigene individuelle Probespielordnung, die auch immer wieder mal verändert und diskutiert wird, um die Entscheidung möglichst demokratisch, gerecht und effektiv zu gestalten. Die Führungskräfte haben bei der Entscheidung das gleiche Stimmrecht, wie die Tuttisten, im System Orchester werden hier keine Unterschiede aufgrund der Rangordnung gemacht. Lediglich der betreffenden Stimmgruppe selber wird bei der Entscheidung ein stärkeres Stimmrecht zugestanden. Also ein vom Grund auf basisdemokratischer Prozess, jeder hat die Chance, nach seinen eigenen Gesichtspunkten und Kriterien eine persönliche Entscheidung zu treffen und seine Stimme entsprechend abzugeben. Auf diese Weise ist gewährleistet, dass alle Musiker*innen die Chance bekommen, bei der Auswahl und der Entscheidung mitzuwirken. Ein Probespiel ist also eine Art Assessment-Center mit einem demokratischen Mitentscheidungsrecht aller fester Orchestermitglieder.

In anderen Unternehmen werden die Entscheidungen bei der Personalauswahl gerne den Führungskräften alleine überlassen, die Personen, die später mit den einzustellenden Personen direkt und alltäglich zusammenarbeiten, werden meist gar nicht am Entscheidungsprozess beteiligt.

Am Schluss eines jeden Probespiels wird dem Gewinner bei der Mitteilung der Entscheidung mit einem gebührenden Applaus und einem persönlichen Händedruck eines jeden Mitglieds gratuliert. Häufig sind die Gewinner*innen in dieser Situation sehr bewegt und gerührt, die Anspannung fällt ab und die Freude über das gewonnene Probespiel und auf die neue Position ist groß. Im Anschluss führt das Management in der Regel noch ein Gespräch mit dem Kandidaten, um ggf. formale Fragen zu klären, wie zum Beispiel der Arbeitsbeginn.

Der Prozess eines Probespiels ist im Grunde stark ritualisiert, alle Orchestermitglieder haben einen guten Eindruck von der Lage und der Qualitäten der

Bewerber, weiterhin nehmen Gewinner und Orchester und die Orchestermitglieder untereinander einen guten Kontakt miteinander auf. Von Anbeginn ein guter und fruchtbarer Nährboden für eine gewinnende Zusammenarbeit.

8.7 Fachliche Vorgesetzte sind nicht die dienstrechtlichen Vorgesetzten

In der Regel ist in klassischen Unternehmen die/der fachliche Vorgesetzte auch die Instanz, die die dienst- und arbeitsrechtlichen Entscheidungen für die Mitarbeiter*innen trifft. In einem Orchester sind diese beiden Entscheidungsinstanzen voneinander getrennt (siehe Kap. 2): Die Stimmführer*innen oder Solist*innen einer Instrumentengruppe und in nächster Instanz die Konzertmeister*innen und die Dirigent*innen sind für die reinen künstlerischen Aspekte verantwortlich und den Mitarbeiter*innen auch nur für diesen Bereich entsprechend vorgesetzt. Die dienst- und arbeitsrechtlichen Entscheidungen sind, natürlich in enger und vertrauensvoller Abstimmung mit dem Orchester, in das Orchestermanagement verlagert. Auf diese Weise können sich die Musiker*innen mit ihrem Dirigenten auf die sensible künstlerische Arbeit konzentrieren und werden im fließenden kreativen Prozess der Probenarbeit nicht von störenden Formalitäten und dienstlichen Alltagsfragen abgelenkt und eingeschränkt. Die Probe ist ein geschützter „privater" und „intimer" Raum, der nur dem Orchester und seiner künstlerischen Arbeit gehört.

Wie oft kann man in Unternehmenskontexten erleben, dass fachlich-unternehmerische Entwicklungsprozesse von Positionierungsgerangel und internem Wettbewerb geprägt sind. Fachliche Ideen werden zum Teil strategisch eingebracht und die Mitarbeiter*innen versuchen sich auf diese Weise im Team und Unternehmen persönlich zu positionieren. Je nachdem, wie ein Unternehmer diese Vorgänge steuern kann, ist dieser interne Wettbewerb förderlich oder auch störend und einschränkend für die Motivation der Kolleginnen und Kollegen für die Beteiligung am Gesamtprozess und das gute und sozial verträgliche Betriebsklima. Besonders in Unternehmensbereichen mit prekären Beschäftigungsverhältnissen kann diese Positionierung existenziell für die Mitarbeiter*innen sein, entsprechend hart und unkollegial müssen die Ellenbogen benutzt werden und ein für die Entwicklung des Unternehmens nicht förderlicher Konkurrenzdruck entsteht.

Im Orchestersystem ist diese klare Trennung der Instanzen sehr förderlich und führt zu einem freien künstlerischen Schaffensprozess. Das gemeinsame Musizieren braucht zwar eine klare Struktur von Impulsgebern, vom Grunde funktioniert der Prozess des gemeinsamen Musizierens aber nur auf Augenhöhe aller Beteiligten erfolgreich. Das komplexe hierarchische System eines Orchesters ist für einen gut organisierten Probenalltag wichtig und förderlich, für den kreativen Prozess beim Musizieren spielt das aber keine Rolle. Musik machen kennt keine Hierarchien und Weisungsbefugnisse. Das Musizieren eines Orchesters ist auf diese Weise ein positives Beispiel für eine basisdemokratische agile Zusammenarbeit.

8.8 Ein lebendiges soziales Miteinander und kulturelle Vielfalt

Die Zusammenarbeit eines Orchesters ist lebendig und emotional, das Endprodukt wird während des kreativen Probenprozesses gemeinschaftlich erarbeitet. Dabei entsteht eine starke Gruppendynamik, die beteiligten Menschen stehen im guten und engen Kontakt miteinander und nehmen sich gegenseitig als ganze Person und künstlerische Persönlichkeit wahr. Eine erfolgreiche künstlerische Arbeit braucht den ganzen Menschen mit seiner gesamten Aufmerksamkeit, seine intellektuellen Ressourcen verbunden mit körperlichem und seelischem Empfinden. Auf diese Weise verschwimmen und verschmelzen die privaten und beruflich-professionellen Kontexte, eine Trennung der beiden Bereiche, der privaten Welt und der Organisationswelt ist nur schwer oder gar nicht möglich. Der intensive Kontakt führt zu einem reichhaltigen gemeinsamen Erleben und häufig entstehen daraus auch engere private Kontakte, Beziehungen oder ganze Familien. Im Vergleich zu anderen Berufen kann man als Musiker*in nur schwer in Distanz zu seiner beruflichen Tätigkeit leben. Musiker*innen beleben die Umgebung, in der sie leben: Neben dem Spiel im Orchester unterrichten sie an Musikschulen und Musikhochschulen, durch Schulbesuche bereichern sie die allgemeine musikalische Bildung des Nachwuchses, sie spielen in verschiedenen Kammermusikformationen in subkulturellen Kontexten und beziehen Stellung, in dem sie ihre musikalische Stimme und Aussagekraft nutzen.

Die meisten Orchester sind internationale Ensembles bestehend aus Musiker*innen vieler unterschiedlicher Nationalitäten. Neben der Arbeit besteht ein reges, reichhaltiges und vielfältiges über die Musik hinausgehendes kulturelles Leben und Miteinander. Viele Musiker*innen sprechen mehrere Sprachen fließend und sind in der Welt schon viel herumgekommen. Sie sind politisch und kulturell meist sehr gebildet, informiert und interessiert und dabei motiviert, die großen Zusammenhänge in der Welt zu erleben und zu verstehen, sie wollen Verständnis füreinander schaffen und mit ihrer Musik die Menschen und Völker einen und verbinden. Orchester sind als Kulturvermittler ein wichtiger und unersetzbarer Bestandteil der Gemeinschaft einer komplexen globalisierten Welt.

Literatur

Bernstein, Leonard. 1983. *Erkenntnisse. Beobachtungen aus fünfzig Jahren.* München: Albrecht Knaus Verlag

Hüther, Gerald. 2011. *Was wir sind und was wir sein könnten.* Frankfurt am Main: Fischer Verlag

Mohr, Günther. 2020. *Einführung in die systemische Transaktionsanalyse von Individuum und Organisation.* Heidelberg: Carl-Auer Verlag

Anhänge

Anhang 1

Antreiber-Test für Musiker*innen (© Armin Wunsch)

Bitte bewerten Sie die folgenden Aussagen auf einer Skala von 1–5:

0 = tritt gar nicht zu

…

5 = trifft genau zu

1.	Auch wenn ich für ein Konzert sehr viel Applaus bekommen habe und auch meine Kolleg*innen voll des Lobes sind, kann ich persönlich nur zufrieden sein, wenn ich so gespielt habe, wie **ich** es von mir erwarte hatte	
2.	Ich möchte oft alles möglichst schnell und effizient erledigt haben	
3.	Wenn ich Wünsche habe, erfülle ich mir diese so **schnell** wie möglich	
4.	Manchmal denke ich: „Zähne zusammenbeißen, dann wird es schon klappen/ gut gehen!"	
5.	Ich spüre oft eine Verantwortung, dass es allen Kolleg*innen in meiner Stimmgruppe gut geht. Dafür nehme ich auch in Kauf, meine Bedürfnisse zurückzunehmen	
6.	Ich habe das Gefühl, dass ich Erfolg oft nur richtig genießen kann, wenn ich auch intensiv dafür gearbeitet habe	

© Der/die Herausgeber bzw. der/die Autor(en), exklusiv lizenziert durch Springer Fachmedien Wiesbaden GmbH, ein Teil von Springer Nature 2021
A. Wunsch, *Mein erfolgreiches Orchester*,
https://doi.org/10.1007/978-3-658-33235-8

7.	Es ist mir wichtig, dass meine Mitmenschen mich mögen und akzeptieren
8.	Als Student*in habe ich versucht, die Erwartungen meiner Professor*innen zu übertreffen
9.	Ich ertappe mich oft dabei, dass ich im Alltag oft schnell spreche und schnell esse
10.	Ich habe im Studium meinen Professor*innen erst dann ein Werk vorgespielt, wenn ich wusste, dass ich optimal vorbereitet war
11.	Mir fällt es schwer, meinen Kolleg*innen gegenüber einen Fehler zuzugeben
12.	Aussagen von mir beginnen öfters mit den Worten: „Ich versuche,….", „es ist schwierig,…."
13.	Es fällt mir schwer, Werke vorzubereiten, die mich keine Mühe kosten
14.	Ich bin ein diplomatischer Mensch
15.	Wenn es mir nicht gut geht, fällt es mir schwer, das anderen gegenüber zu äußern
16.	Ich bin eher ein aktiver Mensch und es fällt mir schwer, nichts zu tun
17.	Ich strenge mich beim Üben oft an, das gehört für mich dazu
18.	Ich halte im Umgang mit meinen Kolleg*innen besser eine gesunde Distanz
19.	Ich kann am Tag erst so richtig entspannen und mich vergnügen, wenn ich weiß, dass ich ausreichend geübt habe
20.	In einem Gespräch nicke ich gerne meinem Gesprächspartner bei seinen Ausführungen zustimmend zu
21.	Manchmal denke ich, dass ich auf meinem Instrument nicht perfekt genug bin
22.	Wenn ich mich langweile oder mir etwas nicht schnell genug geht, tendiere ich dazu, körperlich aktiv zu werden (z. B. wackeln mit dem Fuß, mit den Fingern und Händen in Bewegung sein, schnelle Blickwechsel)
23.	Manchmal denke ich, dass sich meine Kolleg*innen aus meiner Orchestergruppe für die Proben nicht gut genug vorbereitet haben
24.	Bei der Lösung von Problemen bin ich ungerne von anderen Menschen abhängig
25.	Es fällt mir schwer, meinen Kolleg*innen ein kritisches Feedback zu geben
26.	Ich bin „der Fels in der Brandung", so schnell kann mich nichts erschüttern

27	Es ist mir wichtig, von meinen Mitmenschen ein positives Feedback zu erhalten	
28.	Ich kann oft nicht nachvollziehen, wenn Kolleg*innen Proben von komplizierten und schwierigen Werken entspannt und locker entgegentreten	
29.	Ich handele oft nach der Devise: „wenn ich mich anstrenge, wird es schon klappen!"	
30.	Ich tendiere zu Aussagen wie: „Ich habe keine Zeit…", „Ich hab's eilig…", „Beeile Dich bitte…"	
31.	Wenn ich einen Sachverhalt erläutere, verwende ich oft nummerische Aufzählungen: „Ersten…, zweitens…, drittens…"	
32.	Manchmal traue ich anderen Menschen nicht zu, dass Sie etwas gut und richtig erledigt haben und ertappe mich dabei, dass ich das nachkontrolliere	
33.	Ich mache oft zwei Sachen gleichzeitig	
34.	Es fällt mir schwer, Hilfe anzunehmen	
35.	Wenn mich Kritik von Kolleg*innen trifft und berührt, habe ich oft den Wunsch, härter zu werden	
36.	Mir ist es wichtig zu wissen, was andere Menschen von mir denken und erwarten	
37.	Ich bin nicht nachtragend und gebe oft nach	
38.	Oft schiebe ich etwas lange vor mir, bevor ich es angehe	
39.	Es nervt mich, wenn andere Menschen herumtrödeln und sich zu viel Zeit lassen	
40.	Ich kann Konflikte gut aushalten, so schnell geht das nicht an mich heran	

→ Tragen Sie nun die Bewertungen in die unten stehenden Zuordnungen ein und zählen Sie die Werte zusammen. Durch den Vergleich der unterschiedlichen Gesamtwerte erhalten Sie einen groben Überblick über die Gewichtung und Tendenzen Ihrer Antreiber.

1. Sei perfekt!

1. Sei perfekt!

1	8	10	19	21	23	31	32	GESAMT

2. Beeile Dich!

2. Beeile Dich!

2	3	9	16	22	30	33	39	GESAMT

3. Streng Dich an!

3. Streng Dich an!

6	12	13	17	28	29	35	38	GESAMT

4. Mache es allen recht!

4. Mache es allen recht!

5	7	14	20	25	27	36	37	GESAMT

5. Sei stark!

5. Sei stark!

4	11	15	18	24	26	34	40	GESAMT

Anhang 2

Checkliste für Konflikthelfer*innen

Vorbereitung

- Sind Sie persönlich bereit, Ihre Kolleg*innen als Konflikthelfer*in bei der Lösungsfindung zu unterstützen?
- Können Sie die nötige Allparteilichkeit in dem vorliegenden Fall einhalten?
- Konnten Sie durch Einzelgespräche vorab herausfinden, worum es in dem Konflikt wirklich geht? Welche Beziehungsaspekte spielen eine Rolle?

- Ist die Lösung mit einem/einer Konflikthelfer*in die richtige Wahl? Welche Alternative gäbe es?
- In welcher Eskalationsstufe befindet sich der Konflikt?
- Haben Sie alle Konfliktbeteiligten ausmachen können?
- Sind für die Konfliktlösung weitere Informationen notwendig? Wie z. B. rechtliche Grundlagen?
- Haben Sie einen Raum gefunden, in dem sich alle wohlfühlen und in dem man nicht gestört wird

Phase 1: Auftragsklärung

- Informieren Sie die Beteiligten zu Beginn des Lösungsgespräches über Ihre Rolle im Prozess
- Sorgen Sie als Moderator*in des Gesprächs dafür, dass jede Person genügend Redezeit erhält, unterbrechen Sie den Austausch nur, wenn persönliche Verletzungen erfolgen, lassen Sie ansonsten genügend Raum zum „Dampf ablassen"
- Unterstützen Sie die Beteiligten dabei, einen wirksamen Vertrag zu den Konfliktthemen und einem gemeinsamen Ziel zu schließen
- Notieren Sie Themen und Ziel in einem Protokoll

Phase 2: Themenliste erarbeiten

- In dieser Phase des Lösungsgesprächs sollte bereits eine entspannte wertschätzende Gesprächsatmosphäre herrschen
- Lassen Sie nun die Parteien ihre Themen im Detail erläutern
- Notieren Sie die Themen im Protokoll
- Seien Sie aufmerksam für Themen, die von den Beteiligten ggf. nur in einem Nebensatz erwähnt werden, vielleicht spielen sie für den weiteren Verlauf eine größere Rolle
- Sprechen Sie die Beteiligten auf diese Seitenthemen an und fragen Sie, ob Sie diese auch notieren sollen (das hilft den Beteiligten, den Fokus auf ggf. wichtige Themen zu lenken, die nicht offensichtlich sind und eher unterbewusst mitlaufen)

Phase 3: Die Interessen hinter den Positionen verstehen

- Sie erreichen diese Phase, wenn Sie das Gefühl haben, dass alle Themen nun „auf dem Tisch liegen"
- Fragen Sie die Beteiligten, wie sie zu ihren Positionen kommen? Was steckt dahinter, warum ist das ein wichtiges Thema? Was treibt die Beteiligten an?
- Beobachten Sie dabei den Zuhörenden, zeigt er Verständnis für die Position des Gegenübers? Versteht sie/er die Motive?

Phase 4: Die Lösung des gordischen Knotens

- Seien Sie wachsam für die kreativen Lösungsideen der Beteiligten, lassen Sie die Ideen sprudeln!
- Schreiben Sie die Ideen mit, beteiligen Sie sich aber nicht aktiv bei der Lösungsfindung, lassen Sie die Beteiligten allein ihre Ideen finden!

Phase 5: Abschlussvereinbarung

- Auf welche finale Lösung können sich nun die Konfliktpartner einigen? Und welche konkreten Handlungsoptionen folgen darauf? Lassen Sie sich die Ergebnisse mündlich von allen Seiten einzeln erläutern und bestätigen
- Formulieren Sie die Lösung und die nächsten Handlungsschritte im Protokoll
- Prüfen Sie, ob die Themen aus der Auftragsklärung geklärt sind und ob das Ziel erreicht wurde
- Haben sich ggf. Ziele und Themen im Laufe des Prozesses nochmal geändert?
- Sind noch Themen offen geblieben? Falls ja, soll es einen weiteren Termin geben oder wie soll mit den offenen Themen umgegangen werden?
- Händigen Sie allen Beteiligten das Protokoll aus und bitten Sie um Bestätigung der Inhalte

Anhang 3

Übersicht der Konzepte kompakt

3-Welten-Modell, Abschn. 2.1
Das 3-Welten-Modell schafft ein Bewusstsein für die eigenen Rollen aus den Bereichen Privatwelt, Professionswelt und Organisationswelt. Ein gutes Rollenbewusstsein und Rollenmanagement helfen dabei, Rollenkonflikte rechtzeitig zu erkennen und zu lösen.

Fähigkeiten und Kompetenzen der Führungskräfte im Orchester, Abschn. 2.2
Das Modell zeigt auf, welche verschiedenen Fähigkeiten und Kompetenzen eine Führungskraft in einem Orchester haben kann, unterteilt in weiche und harte Faktoren, betreffend der eigenen Gruppe und des gesamten Orchesters.

Feedbackregeln, Abschn. 3.1
In einer professionellen Zusammenarbeit, aber auch in privaten Kontexten unterstützen diese Feedbackregeln bei einer wertschätzenden Kommunikation. Gerade die Formulierung von Kritikpunkten und Verbesserungsvorschlägen erfordern besonderes Fingerspitzengefühl und Einfühlungsvermögen.

Strokes, Abschn. 3.2
Als Stroke bezeichnet die Transaktionsanalyse eine Einheit der Anerkennung. Das können verschiedene Arten der Kommunikation sein, Worte und Sätze oder auch nur kleine Gesten. Jeder Mensch hat eine bestimmte Vorliebe für das Aussenden und den Empfang von Strokes. Das Modell schafft Verständnis und eine Bewusstheit für die Grundbedingung der gegenseitigen Wahrnehmung und eine gelingende Kommunikation.

Die Stroke-Ökonomie, Abschn. 3.2
Das Konzept der Stroke-Ökonomie möchte die Menschen zu einem bewussten Umgang mit Strokes im Alltag ermutigen. Menschen neigen häufig dazu, Strokes aus verschiedenen Gründen zurückzuhalten, die Methode gibt einen positiven Impuls, Strokes mit Freude einzusetzen und anzunehmen.

Das Modell der Ichzustände, Abschn. 3.3
Das Modell der Ichzustände gibt den Menschen eine Möglichkeit, das eigene Fühlen, Denken und Handeln zu verstehen und die daraus resultierenden Kommunikationen mit anderen Menschen zu reflektieren und bewusster zu gestalten. Das Ziel der

Methode ist ein spontaner, bewusster und persönlicher und in der Folge gewinnender Umgang mit seinen Mitmenschen.

Die vier Seiten einer Nachricht, Abschn. 3.4
Dieses Modell schafft ein Bewusstsein dafür, dass eine Nachricht, die man an einen Menschen aussendet oder von einem Menschen empfängt, Informationen auf vier verschiedenen Ebenen enthält. Um Missverständnisse in der Kommunikation zu vermeiden und eine Nachricht klar und eindeutig zu formulieren, ist eine Bewusstheit auf der Sachebene, Ebene der Selbstoffenbarung, Beziehungsebene und der Appell-Ebene erforderlich.

Das Dramadreieck und Gewinner-Dreieck, Abschn. 3.5
Das Dramadreieck ist ein psychologisches Spiel zwischen drei Personen oder Parteien. Die Positionen Verfolger, Opfer und Retter werden während des Spiels gewechselt. Das Spiel kann unendlich lange dauern, wenn es nicht von einer der Personen durchbrochen wird. Das Spiel ist nicht konstruktiv, löst das Problem nicht und lässt die Beteiligten unbefriedigt zurück. Das Gewinner-Dreieck ist eine positive Umdeutung oder Entwicklung des Dramadreiecks. Hier handeln die Personen aus einer Autonomie heraus und die Auseinandersetzung kann zu einem konstruktiven gelösten Ergebnis führen.

Das Ok-Geviert, Abschn. 4.1
Ein Mensch kann nach diesem Konzept vier verschiedene Grundhaltungen einnehmen. Die ursprüngliche, gesunde und natürliche Grundhaltung ist die Haltung „Ich bin ok, Du bist ok" (1). Also eine Akzeptanz der eigenen Person und des Gegenübers, so wie man ist. Daneben existieren noch die Grundhaltungen „Ich bin ok, Du bist nicht ok" (2), „Ich bin nicht ok, Du bist ok" (3) und „Ich bin nicht ok, Du bist nicht ok" (4). Die Transaktionsanalyse möchte die Menschen befähigen, sich im Sinne einer Autonomie zur 1. Grundhaltung hin zu entwickeln.

Das Discounten, Abschn. 4.4
Discounten wird in der Transaktionsanalyse folgendermaßen definiert: „*unbewusst Informationen nicht zur Kenntnis nehmen, die für die Lösung eines Problems relevant sind*". Statt im Hier und Jetzt mit den vollen persönlichen Möglichkeiten des Erwachsenen-Ichzustands ein Problem zu lösen, gerät man in eine Passivität und löst aus verschiedenen Gründen ein Problem nicht.

Die Problemlösungstreppe, Abschn. 4.4
Die Problemlösungstreppe zeigt die verschiedenen Stufen einer Problemlösung auf. Erst wenn Hinweise auf ein Problem wahrgenommen werden (1), das Vorhandensein eines Problems akzeptiert wird (2), die Bedeutsamkeit (3) und Lösbarkeit (4) anerkannt werden und die eigene Fähigkeit (5) der Lösbarkeit gesehen wird, kann ein Problem wirklich gelöst werden.

Das Eisenhower-Prinzip, Abschn. 4.6
Das Eisenhower-Prinzip ist eine Methode, mit der man seine alltäglichen Aufgaben priorisieren kann. Die Aufgaben werden hierbei in die Kategorien dringend und wichtig, nicht dringend und wichtig, dringend und nicht wichtig und nicht dringend und nicht wichtig eingeteilt.

Die Analyse der eigenen Werte, Abschn. 5.1
Die Analyse der eigenen Werte und Aversionswerte bringt zutage, was einen im Leben antreibt, wo die Lebensenergie steckt, die grundlegenden Treiber, die das eigene Leben lenken und bestimmen. Gerade für professionelle Musiker*innen ist die Beschäftigung damit, wie und warum und auf welchem Wege man überhaupt Musiker*in geworden ist, von entscheidender Bedeutung.

S.M.A.R.T.-Ziele, Abschn. 5.2
Die S.M.A.R.T.-Ziele sind eine ideale Methode, spezifische Ziele so zu formulieren, dass sie auch erfolgreich erreicht werden. S.M.A.R.T. ist ein Akronym für: Spezifisch (S), Messbar (M), Attraktiv (A), Realistisch (R) und Terminiert (T).

Motto-Ziele, Abschn. 5.3
Komplexere unspezifische und dynamische Ziele sind mit dem S.M.A.R.T.-Konzept nicht zu erfassen. Hier eignet sich die Formulierung und Analyse der eigenen Ziele mit der Methode der Motto-Ziele. Diese Methode erfasst bewusste und unbewusste Aspekte eines Ziels und berücksichtigt dabei auch das Baugefühl und die Emotionen. Nach der Formulierung eines Motto-Ziels erfolgt daraus die Ableitung eines spezifischen Ziels und eines damit verbundenen konkreten Handlungsplans.

Die Analyse der eigenen Lebensziele, Abschn. 5.4
Die Lebensziele werden an dieser Stelle unter Berücksichtigung der zuvor erarbeiteten persönlichen ureigenen Werte formuliert. Hierbei wird zwischen Lebenszielen unterschieden, die man für sich ganz alleine erreichen möchte und Ziele, die man für andere erreichen möchte. Es werden dabei verschiedene Ziele aus den Kategorien Persönlichkeit und Lernen, Emotionen, Familie/Partnerschaft, Netzwerke und

Freunde, Körper und Gesundheit, Materielles und Finanzielles und „mein Leben als Musiker*in" formuliert und im weiteren Schritt auf die fünf wichtigsten und vornehmlichen Ziele fokussiert.

Die Autonomie, Abschn. 5.5
Das Erlangen von Autonomie von Menschen ist eine der zentralen Ziele der Transaktionsanalyse. Nach Eric Berne, dem Begründer der Transaktionsanalyse, manifestiert sich die Erringung der Autonomie ‚*in der Freisetzung oder Wiedergewinnen von drei Fähigkeiten: Bewusstheit, Spontaneität und Intimität*'

„Ich kann nicht" und „ich muss" – einschränkende Glaubenssätze, Abschn. 5.5.1

Die Übung „Ich kann nicht" und „ich muss" hilft dabei, seine einschränkenden Glaubenssätze herauszufinden und sie in eine positive Ausprägung, im Sinne einer Autonomie, umzuformulieren.

Antreiberverhalten, Abschn. 6.2.1
Im Alltag werden wir in unserem Denken, Fühlen und Verhalten häufig von inneren Antreibern geleitet und verleitet. Strategien, die schon in der Kindheit entwickelt wurden und im Erwachsenenalltag in starker Ausprägung auch einschränkende Auswirkungen haben können. Eine bewusste Dosierung der eigenen Antreiber und das Nutzen deren positiver Aspekte hat einen positiven Einfluss auf die eigene Entwicklung und Fähigkeiten. Das ursprüngliche Konzept beinhaltet dabei die Antreiberverhaltensweisen: „Sei perfekt!" (1), „Beeile Dich!" (2), „Streng Dich an!" (3), „Mache es allen recht!" (4) und „Sei stark!" (5).

Gefühle, Ersatzgefühle und Lieblingsgefühle, Abschn. 6.2.2
Die Grundgefühle Ärger, Freude, Angst und Trauer sind bereits seit Geburt angelegt und in ihrer authentischen Ausprägung für die Alltagsbewältigung der Menschen existenziell wichtig. In Stresssituationen verfallen Menschen häufig wieder in die gleichen gewohnten Gefühlsmuster, die in der Kindheit besonders anerkannt und akzeptiert wurden, die sogenannten Lieblingsgefühle. Werden bestimmte Gefühle stellvertretend für andere Gefühle empfunden, werden diese als Ersatzgefühle bezeichnet.

Die Affektbilanz, Abschn. 6.2.2
Die Affektbilanz ist eine Methode, nachhaltige Entscheidungen für sich zu treffen, in dem die sachlichen Bewertungen des Verstands mit den dazugehörigen Bauchgefühlen in Einklang verbunden werden. Dabei werden die jeweils positiven und

negativen Empfindungen anhand einer Skala von 1–100 % bewertet und mit entsprechenden Sachargumenten unterstützt. Im Rahmen der Entscheidung werden die nötigen Ressourcen für den präferierten Weg benannt.

Psychospiele, Abschn. 6.3

Ein Psychospiel ist ein Ablauf, bei dem eine Person A zu Beginn, im Sinne einer Spieleeinladung, einer Person B einen nicht authentischen Stroke gibt. Das Motiv dabei ist verdeckt, zumeist unbewusst, kann aber auch einen bewussten manipulativen Anteil beinhalten. Fühlt sich die zum Spiel eingeladene Person B von der Einladung angetriggert und steigt auf die Einladung ein, folgen konstante Transaktionen aus bestimmten Ichzuständen der Beteiligten. Das Spiel ist beendet, sobald eine Person „nicht mehr mitspielen" möchte und diese Transaktionen durchbricht, z. B. durch einen Ichzustandswechsel. Die beiden Personen fühlen sich am Schluss meist missverstanden und bleiben mit einem unguten und verwirrenden Gefühl zurück.

Das Eskalationsmodell von Konflikten, Abschn. 6.4

Das Eskalationsmodell von Konflikten beschreibt verschiedene Stufen oder Schweregrade von Konflikten. Das Modell besteht aus neun Stufen, hierbei ist in den Stufen 1–3 (1. Verhärtung, 2. Polarisation und Debatte, 3. Taten statt Worte) immer noch eine Win–Win-Lösung zwischen den Konfliktbeteiligten möglich, in den Stufen 4–6 (4. Sorge um Image und Koalition, 5. Gesichtsverlust, 6. Drohstrategien) geht es dann nur noch darum, wer verliert und wer gewinnt, in den Stufen 7–9 (7. Begrenzte Vernichtungsschläge, 8. Zersplitterung, 9. Gemeinsam in den Abgrund) gibt es nur noch Verlierer.

Das Harvard-Konzept, Abschn. 6.4.1

Das Harvard-Konzept ist eine Methode, die sich als Grundlage für sachliches Verhandeln und Lösen von Konflikten eignet. Die Methode geht hierbei von vier grundlegenden Bedingungen aus, die den Ablauf einer Konfliktlösung erfolgreich machen und ein Win–Win-Ergebnis erzielen:

1. Die Beziehungsebene und die sachliche Ebene voneinander trennen,
2. Im Lösungsprozess die Interessen und nicht die Positionen fokussieren,
3. Entwicklung und Präsentation von Entscheidungsoptionen,
4. Objektive Beurteilungskriterien stützen den Prozess

Ablauf einer Verhandlung mit Konflikthelfer*innen, Abschn. 6.4.4
Können Konflikte nicht mehr alleine von den Konfliktbeteiligten untereinander gelöst werden, weil sie bereits zu weit eskaliert sind, bietet sich ein Lösungsprozess mit der Unterstützung und Beteiligung einer allparteilichen dritten Person an. Im beruflichen Kontext können das in bestimmten Situationen Kolleginnen oder Kollegen sein, die als Konflikthelfer*innen ihre Unterstützung anbieten. Der Prozess der Konfliktlösung mit allparteilichen dritten Personen folgt hierbei einem standardisierten Ablauf:

Vorbereitung

- Phase 1: Auftragsklärung
- Phase 2: Themenliste erarbeiten
- Phase 3: Die Interessen hinter den Personen verstehen
- Phase 4: Die Lösung des gordischen Knotens
- Phase 5: Abschlussvereinbarung

Verträge und Änderungsverträge, Kap. 7
Neben klassischen administrativen Verträgen oder Geschäftsverträgen, spielen auch Verträge im zwischenmenschlichen Bereich eine wichtige Rolle. Mündliche oder auch schriftliche Vereinbarung, die das Zusammenleben oder auch die Zusammenarbeit von Menschen oder Menschengruppen verlässlich und vertrauensvoll regeln und ordnen. In beruflichen oder privaten Veränderungsprozessen können Änderungsverträge neue Ziele und die Erreichung derer festlegen und spezifizieren.

GPSR Compliance

The European Union's (EU) General Product Safety Regulation (GPSR) is a set of rules that requires consumer products to be safe and our obligations to ensure this.

If you have any concerns about our products, you can contact us on

ProductSafety@springernature.com

In case Publisher is established outside the EU, the EU authorized representative is:

Springer Nature Customer Service Center GmbH
Europaplatz 3
69115 Heidelberg, Germany

www.ingramcontent.com/pod-product-compliance
Lightning Source LLC
LaVergne TN
LVHW020330260326
834688LV00037B/959